国家示范性高等职业院校优质核心课程改革教材

Qiche Chaizhuang

汽车拆装

主　编　周林福
副主编　吴晖彤
主　审　郭远辉

人民交通出版社

内容提要

本教材为四川交通职业技术学院国家示范建设汽车运用技术重点专业建设教学研究与改革成果之一，学习任务源于汽车维修企业机电维修岗位、钣金维修岗位真实的生产任务，以组成汽车的各个总成及部件作为学习任务的载体，结合学院实践教学条件编写而成。全书共有10个学习任务，包括发动机总成更换、发动机拆装、离合器拆装、手动变速器与驱动桥拆装、万向传动装置拆装、自动变速器拆装、转向系及行驶系拆装、制动系拆装、车身电器拆装、汽车分解与装配。

本教材可供高职汽车运用技术专业学生使用，也可供相关岗位培训参考。

图书在版编目（CIP）数据

汽车拆装／周林福主编. --北京：人民交通出版社，2011.1

ISBN 978-7-114-08834-6

Ⅰ.①汽… Ⅱ.①周… Ⅲ.①汽车－装配（机械）－高等学校：技术学校－教材 Ⅳ.①U472.4

中国版本图书馆CIP数据核字（2010）第264391号

国家示范性高等职业院校优质核心课程改革教材

书　　名：汽车拆装
著 作 者：周林福
责任编辑：翁志新
出版发行：人民交通出版社
地　　址：（100011）北京市朝阳区安定门外外馆斜街3号
网　　址：http://www.ccpress.com.cn
销售电话：（010）59757969，59757973
总 经 销：人民交通出版社发行部
经　　销：各地新华书店
印　　刷：北京密东印刷有限公司
开　　本：787×1092　1/16
印　　张：13.75
字　　数：316千
插　　页：4
版　　次：2011年2月　第1版
印　　次：2012年7月　第2次印刷
书　　号：ISBN 978-7-114-08834-6
定　　价：38.00元

四川交通职业技术学院
优质核心课程改革教材编审委员会

序 Xu

为贯彻教育部、财政部《关于实施国家示范性高等职业院校建设计划，加快高等职业教育改革与发展的意见》（教高【2006】14 号）和《关于全面提高高等职业教育教学质量的若干意见》（教高【2006】16 号）精神，作为国家示范性高等职业院校建设单位，我院从 2007 年开始组织探索如何设计开发既能体现职业教育类型特点，又能满足高等教育层次需求的专业课程体系和教学方法。三年来，我们先后邀请了多名国内外职业教育专家，组织进行了现代职业技术教育理论系统学习和职业技术教育课程开发方法系统的培训；在课程开发专家团队指导下，按照"行业分析，典型工作任务，行动领域，学习领域"的开发思路，以职业分析为依据，以培养职业行动能力为核心，对传统的学科式专业课程进行解构和重构，形成了以学习领域课程结构为特征的专业核心课程体系；与企业专业技术人员共同组成课程开发团队，按照企业全程参与的建设模式、基于工作过程系统化的建设思路，完成了 10 个重点建设专业（4 个为中央财政支持的重点建设专业）核心课程的学材、电子资源、试题库、网络课程和生产问题资源库等内容的建设和完善，在课程建设方面取得了丰厚的成果。

对示范院校建设工程而言，重点专业建设是龙头；在专业建设项目中，课程建设是关键。职业教育的课程改革是一项长期艰苦的工作，它不是片面的课程内容的解构和重构，必须以人才培养模式创新为核心，实训条件的改善、实训项目的开发、教学方法的变革、双师结构教师团队的建设等一系列条件为支撑。三年来，我们以课程改革为抓手，力图实现全面的建设和提升；在推动课程改革中秉承"片面地借鉴，不如全面地学习"，全面地学习和借鉴，认真地研究和实践；始终追求如何在课程建设方面做出中国特色，做出四川特色，做出交通特色。

历经 1 000 多个日日夜夜的辛劳，面对包含了我们教师团队心血，即将破茧的课程建设成果的陆续出版，感到几分欣慰；面对国际日益激烈的经济的竞争，面对我国交通现代化建设的巨大需求，感到肩上的压力倍增。路漫漫其修远兮，吾将上下而求索！希望更多的人来加入我们这个团结、奋进、开拓、进取的团队，取得更多更好的成果。

在这些教材的编写过程中，相关企业的专家给予了很多的支持与帮助，在此谨表示衷心的感谢！

四川交通职业技术学院院长

前　言　Qian Yan

2009 年中国汽车产销量超过 1 300 万辆，成为世界第一汽车大国，中国汽车工业进入了一个新的发展阶段。汽车工业的迅猛发展带动了汽车后市场相关产业链的发展，给汽车相关专业毕业生提供了广阔的就业空间和良好的发展前景。四川交通职业技术学院汽车运用技术专业创办于 1952 年，2002 年确定为国家高职高专精品建设专业，2007 年被教育部、财政部批准立项为中央财政支持的国家示范高职重点建设专业。为全面贯彻《关于全面提高高等职业教育教学质量的若干意见》（教高[2006]16 号）提出的“加强素质教育，强化职业道德，明确培养目标；加大课程建设与改革的力度，增强学生的职业能力”精神，在系统总结学院汽车运用技术专业近 60 年的专业建设和教学改革经验基础上，以工学结合一体化的课程开发理念和方法为指导，充分利用学院与丰田、宝马、通用、东风雪铁龙和东风标致五个汽车制造厂商的项目合作资源，依托成都三和汽车、四川申蓉汽车、港宏汽车等区域内集团化汽车维修企业，基于汽车维修生产过程，开发出了具有“校店融合、行业融通、名企融入”特色的学习领域课程，结合学院实践教学条件的实际情况，编写了汽车运用技术专业系列教材——引导课文。

本系列教材在组织编写过程中，注意吸收发达国家先进的职教理念和方法，认真总结和践行工学结合一体化课程的开发路线，形成了以下特色。

1. 基于整体化的职业资格研究，注重学生综合职业能力培养。

汽车运用技术专业的课程不是以本科的知识为纲进行简化，也不是从岗位出发，而是基于整体化的职业资格研究方法——实践专家访谈会总结出的典型工作任务进行设置。典型工作任务描述一个职业的具体工作领域，是工作过程结构完整（明确任务、制订计划、实施计划和评估反馈等）的综合性学习任务，反映了该职业典型的工作内容和工作方式❶。因此，本轮教材体现了“学习的内容是工作，通过工作实现学习”的工学结合课程特色，实现了学习与工作的一体化，能让学生亲身经历结构完整的工作过程，通过在真实工作情境中的实践学习，帮助学生形成自己对工作的认识和经验，从而培养学生的综合能力，而不仅仅是技能。

2. 任务驱动，学生主体，教师主导，倡导行动导向的引导式教学方法。

将每个典型工作任务从教学的角度划分为若干个具体理论与实践一体化的学习任务，按照工作过程组织学习过程。每个学习任务中将知识学习与技能操作有机地渗透在一起，每一个任务，既是学习任务，又是工作任务，有工作要求、工作对象、工具、方法与劳动组织方式等方面的要素。本系列教材注重对学习目标和引导问题的设计，体现以学生为主体，强化学生的地位，给学生留下充分思考、实践与合作交流的时间和空间，让学生亲身经历从观察→操作→交流→反思的活动过程。

3. 以学习目标为主线，采用全新的结构编排模式。

---

❶赵志群著《职业教育工学结合一体化课程开发指南》。

本系列教材打破了传统教材的章节体例，以工作情境描述（学习任务）入手，明确学习目标，勾勒学习脉络。在学习过程中，以学习目标为主线，按照“计划→资讯→决策→实施→评估→反馈”这样一个完整的行动模式设计引导问题，以引导问题将知识、技能以及素质要求等方面有机地结合起来。

《汽车拆装》是本系列教材中的一本，全书共有10个学习任务。学习任务源于汽车维修企业机电维修岗位、钣金维修岗位真实的生产任务，以组成汽车的各个总成及部件作为学习任务的载体，按照由单一到综合、从简单到复杂、由独立任务到综合化任务的思路分层次设计。以汽车总成更换、总成解体与装配为工作内容，培养学生总成更换与拆装的能力，并获取汽车结构、工作原理等知识。

参加本书编写工作的有：四川交通职业技术学院周林福（编写学习任务1）、吴晖彤（编写学习任务2）、张性伟（编写学习任务3～6）、方文（编写学习任务7、8）、李臻（编写学习任务9）、祝勇（编写学习任务10）。全书由四川交通职业技术学院周林福担任主编，四川交通职业技术学院吴晖彤担任副主编，四川交通职业技术学院郭远辉担任主审。

限于编者经历和水平，教材内容难以覆盖全国各地的实际情况，希望各教学单位在积极选用和推广本系列教材的同时，注重总结经验，及时提出修改意见和建议，以便再版修订时改正。

编者

2010年2月

目　录　*Mu Lu*

学习任务1　发动机总成更换

工作情境描述

客户新购置的一辆轿车因发动机突然熄火而停驶,需要救援,公司派工作人员将轿车运回,技术人员检查后发现,汽车发动机总成存在严重的质量问题,因车辆在保质期内,电话通知制造厂商索赔人员,共同检查后决定为客户更换一台新发动机总成。维修服务顾问安排由你及你的团队完成新发动机总成的更换任务。

学习目标

通过本学习任务的学习,你应当能:

1. 根据工单内容确定工作内容和制订工作计划;
2. 认识和描述汽车的总体结构及类型;
3. 描述汽车行驶的基本原理和主要技术参数;
4. 根据维修手册制订原车旧发动机总成拆卸工艺流程;
5. 在规定时间内,根据拆卸工艺流程和技术要求,正确、安全使用工具和设备,完成发动机总成拆卸;
6. 根据维修手册制订新发动机安装工艺流程;
7. 在规定时间内,按照安装工艺流程和技术要求,正确、安全使用工具和设备,完成发动机总成安装;
8. 正确进行旧件和废料回收。

建议学习时间:25h

引导问题

一、任务准备

引导问题1　汽车是如何定义的?其总体构造是怎样的?

(1)将与汽车相关的常见英文单词填入表1-1。

(2)我国国家标准GB/T 3730.1—2001对汽车的定义是:由__________,具有四个或四个

与汽车相关常见的英文单词　　表 1-1

英文单词			Car		
含义			主要指轿车		

以上车轮的＿＿＿＿＿承载的车辆，主要用于：载运＿＿＿＿＿；牵引载运＿＿＿＿＿的车辆；包括与电力线相连的无轨电车、整车整备质量超过 400kg 的车辆。

(3)现代汽车一般由四大部分组成，在图 1-1 中标出汽车四大组成部分的名称，并完成表 1-2。

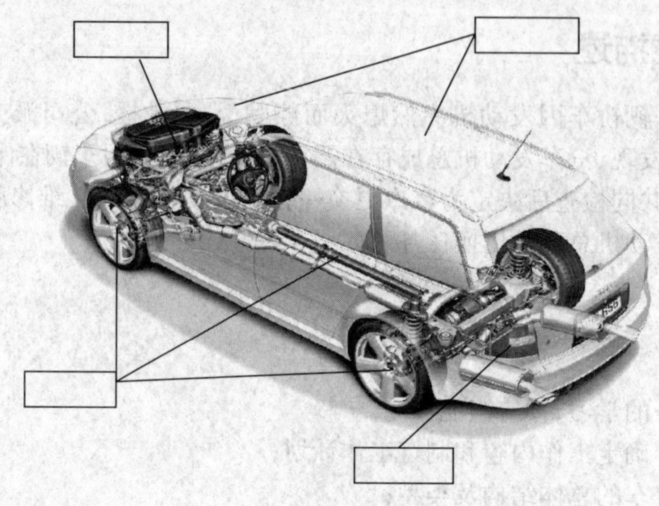

图 1-1　汽车总体构造

汽车四大组成部分　　表 1-2

名称			车身	
各部分功用				

(4)就车认识并介绍汽车的总体构造。

汽车总体构造介绍：＿＿＿＿＿＿＿＿＿＿＿＿＿＿＿＿＿＿＿＿

拓展知识：汽车四大部分组成中，各部分包括哪些系统和总成？功用是什么？

引导问题 2　汽车有哪些类型？

(1)汽车种类繁多，分类方法各不相同，根据国家标准 GB/T 3730. 1—2001 之规定，按照用途将汽车分类填入表 1-3。

汽车按用途分类　　表1-3

两大类型	乘用车	
主要用途		
包含小类	普通乘用车	

(2)汽车代号：现在世界各国汽车生产厂商生产的汽车大部分都使用了VIN(Vehicle Identifcation Number)17位车辆识别代号编码。为了和国际车辆识别代号编码(VIN)接轨，国家标准GB 16735—2004、GB 16737—2004规定，我国汽车代号由三部分、17位字母和阿拉伯数字组成，查找实训用车识别代号编码，填入表1-4，并完成表中相关内容。

我国汽车17位代号编码含义　　表1-4

VIN位置																	
VIN																	
三部分	WMI ( )			VDS (车辆说明)						VIS ( )							
各部分含义解释与说明																	

引导问题 3　汽车是如何驱动行驶的？

汽车行驶基本原理见图 1-2。

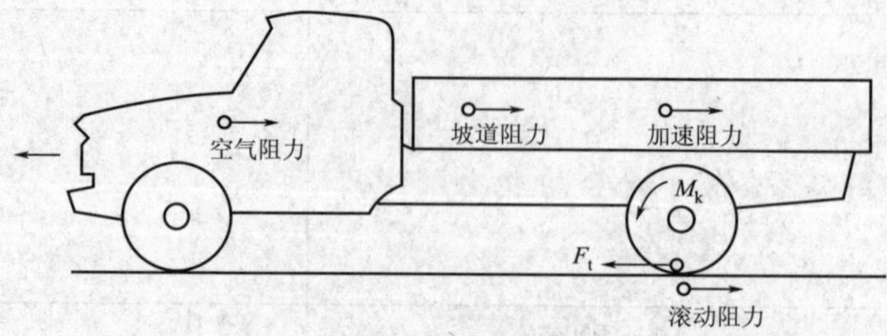

图 1-2　汽车行驶基本原理

（1）汽车行驶的阻力通常有：__________、__________、__________、__________。

（2）描述汽车驱动力 F_t 的产生过程：______________________________

____

____

（3）汽车行驶的驱动附着条件是：______________________________

____

____

引导问题 4　汽车主要技术参数有哪些？

在图 1-3 中标出汽车主要尺寸参数，并完成表 1-5 ~ 表 1-7。

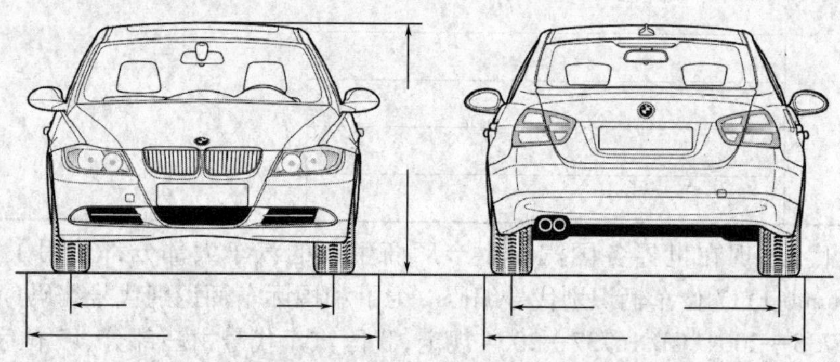

图 1-3　汽车主要尺寸参数

汽车主要尺寸参数与说明　表1-5

汽车主要尺寸参数名称	解释与说明
1. 轴距	
2.	
3.	
4.	
5.	
6.	
7.	
8.	
9.	

汽车质量参数与定义　表1-6

汽车质量参数名称	定义与说明
1. 汽车整车整备质量	
2.	
3.	
4.	
5.	

汽车的主要性能指标与定义　表1-7

汽车主要性能指标名称	定义与说明
1. 百公里油耗	
2.	
3.	
4.	
5.	
6.	
7.	

拓展知识:对比学习发动机性能指标与汽车销售手册宣传的技术参数。

二、方案制订与优选

引导问题5　如何制订发动机吊卸工艺流程?

(1)需要准备何种学习资料进行学习?

专业学习资料有:__________、__________、__________。

(2)在什么地方吊卸发动机?(　　)

A. 举升机上　　　　B. 地面上

(3)从汽车上吊卸发动机需要拆除哪些部件?填入表1-8。

吊卸发动需拆除的部件

表1-8

外部附件类型	拆除件名称
导线连接	
油气管道连接	
其他连接件	
发动机固定件	

(4)确认以上件的拆除部位和所用工具,填入表1-9。

拆除部位和所用工具

表1-9

拆 除 部 位	所 用 工 具	拆 除 部 位	所 用 工 具

(5)有哪些安全操作要求?填入表1-10。

安 全 操 作 要 求

表1-10

作 业 项 目	安全注意事项描述
拆除蓄电池、电脑连接线	
举升机使用与举升汽车	
汽油管道卸压与防火	
发动机支撑与移动	

(6)有哪些环保要求？填入表1-11。

环 保 要 求　　表1-11

作 业 项 目	环保注意事项描述
汽油回收与存放	
机油回收与存放	
冷却液回收与存放	
废气排放处理	

(7)5S的内涵是什么？填入表1-12。

5S 的 内 涵　　表1-12

5S内容	整理			清扫	
英文单词					
5S内涵					

(8) 根据上述分析,制订发动机吊卸工艺流程。

引导问题6　如何制订动机吊装工艺流程？

(1)吊装与吊卸有何联系？

工具选用有无差异？________________

工艺顺序关系如何？________________

运行材料补给包括：________________

(2)制订的发动机吊装工艺流程如下：

三、实施与控制

引导问题7　如何吊卸发动机总成？

(1)正确选用并备齐所有工具和设备,完成表1-13～表1-15。

通 用 工 具　　表1-13

名　　称	使 用 要 求
扳手	优先使用梅花扳手,其次使用开口扳手,最后使用活动扳手

专 用 工 具　　表1-14

名　　称	使 用 要 求

举升与吊装设备　　表1-15

设 备 名 称	使 用 要 求

(2)如何断开蓄电池供电线路？并完成表1-16。

断开蓄电池电路　　表1-16

注 意 事 项	内　　容
记录车辆信息	
断电方法(正、负极)	
不断电可能导致的后果	

(3)如何断开汽油输油管道？并完成表1-17。

断开汽油输油管道　　表1-17

作 业 内 容	操 作 方 法
油管卸压	
防止油液喷射和泄漏	
油管放置	

(4)如何进行空调压缩机固定与冷凝器保护操作？

空调压缩机固定方法是：____

____

冷凝器保护方法是：____

____

(5)发动机吊移注意事项有：

发动机支撑__________、不与车身发生__________。

(6)执行5S操作：

5S作业内容有：____

引导问题8　如何吊装发动机总成？

(1)冷却液补给与放气。

冷却液补给注意事项有：____

____

放气方法是：____

____

(2)主要螺栓及拧紧力矩(表1-18)：

主要螺栓与拧紧力矩表

表1-18

主要螺栓名称	拧紧力矩	主要螺栓名称	拧紧力矩

(3)机油补给。

①确定机油油质与品牌：____

②机油的加注方法：____

③机油油量检查与确认：____

(4)检查空调工作情况：____

____

(5)试车，确认汽车及发动机工作情况：____

____

(6)执行5S：做好车间5S，清洁、__________、__________、__________、__________。

四、评价与反馈

1. 小组成果展示

简述本小组收获与体会。

(1)____

____

(2)____

____

（3）

你对其他小组的建议。

（1）

（2）

2. 课程过程评价（表1-19）。

课程过程评价表

表1-19

考核项目	评分标准	分数	学生自评	小组互评	教师评价	小计
劳动纪律	有无迟到、早退和旷工	10				
团队合作	是否和谐	5				
活动参与	是否精彩	5				
安全生产	有无安全隐患	10				
环保要求	是否达到要求	5				
方案制订	是否正确、合理	15				
操作过程	是否正确、熟练	25				
任务质量	是否圆满完成	10				
工单填写	是否完整、规范	5				
现场5S	是否做到	10				
总分		100				
教师签字：		年　月　日			得分	

注意：没有按照操作流程操作，出现人身伤害或设备严重事故，本任务考核结果为0分。

学习任务2 发动机拆装

工作情境描述

一辆捷达乘用车行驶过程中，与另一辆货车发生碰撞，车身及发动机受损严重，电话通知救援，公司已将车辆拖回，并将严重受损的发动机从车上吊下来，准备进行拆卸、检查、维修，最后装配。你所在的维修组安排你完成拆卸和装配工作。

学习目标

通过本学习任务的学习，你应当能：

1. 描述发动机的组成、类型、四行程发动机的工作原理；
2. 描述发动机常见术语、性能指标的含义；
3. 识别常用的工具和量具，并正确使用；
4. 描述电喷汽油机供给系的功能、类型、组成；
5. 描述电喷汽油机空气供给系统、燃油供给系统、电子控制装置及相关的传感器的组成、工作原理；
6. 描述电喷汽油机怠速控制系统、进气控制系统、排气控制系统的组成、工作原理；
7. 正确选用汽油、柴油，并描述汽油牌号、柴油牌号的意义；
8. 在教师的指导下，按照维修手册的要求，制订电喷汽油机供给系拆装的计划，在规定的时间内，按照制订的计划，实施电喷汽油机供给系的拆装；
9. 描述发动机冷却系的类型、组成；描述冷却液的类型、意义；
10. 绘制冷却液大循环、小循环的路线图；
11. 拆装水泵，描述水泵的结构与工作原理；描述节温器的功能及工作原理；
12. 在教师的指导下，制订冷却系拆装的计划，在规定的时间内，按照制订的计划，拆装冷却系；
13. 描述发动机润滑系的类型、组成，绘制机油压力润滑的油路路线；
14. 正确选用机油，描述机油的性能；
15. 拆装机油泵，描述其类型、工作原理；查找发动机上曲轴箱通风的管子，并描述其原理；
16. 在教师的指导下，制订润滑系拆装的计划；在规定的时间内，按照制订的计划，拆装润滑系；
17. 描述曲柄连杆机构的功能、组成、工作条件；绘制受力图，分析气体作用力对发动机工作的影响；
18. 制订曲柄连杆机构拆装的计划；在规定的时间内，按照制订的计划，拆装曲柄连杆机构；

19. 描述缸体、活塞连杆组、曲轴飞轮组的组成、各个零件的功能、工作条件、采用的金属材料类型、发动机的形式，按照正确的工艺拆装、装配时的注意事项；

20. 描述曲轴所能驱动的附件名称，说明其传递路线；

21. 观察发动机，说明发动机提高充气效率的措施；分析发动机进气门和排气门提前打开、迟后关闭的意义；

22. 在老师的指导下，制订配气机构拆装的计划；在规定的时间内，拆卸配气机构；

23. 描述气门传动组、气门组的组成，各个零部件的名称、工作原理、动力传递路线；

24. 叙述发动机留有气门间隙的原因，找到气门留有间隙的地方；

25. 装配配气机构，保证其有正确的配气相位；

26. 观察一台装可变进气系统的发动机，描述可变进气系统的类型，说明其工作原理；

27. 观察一台装可变配气相位的发动机，描述该发动机的可变配气相位的类型和工作原理。

建议学习时间:44h

引导问题

一、任务准备

引导问题 1　为了完成本次任务，你需要准备哪些资料和维修手册？

(1)资料名称：____

(2)维修手册：____

引导问题 2　广义的发动机的定义是什么？

发动机是能将某种__________转化为__________的机器。

引导问题 3　汽车用发动机定义与结构特点是怎样的？

观察实训用发动机，如图 2-1 所示，查阅资料，完成下列相关内容学习。

(1)汽车用发动机是__________内燃机，属于__________的一种，通常简称发动机。

(2)内燃机的定义是：______________________________

____

____

____

(3)按燃料不同，内燃机分为：

①__________、②__________、③__________。

(4)请将汽油发动机和柴油发动机的组成与区别填入表 2-1。

图 2-1　发动机结构图

汽油发动机和柴油发动机的组成与区别　　表 2-1

组成部分	汽油机组成	柴油机组成	功用
机构名称			
系统名称			
组成区别	柴油机与汽油机相比，没有__________系，原因是：__________		

(5)发动机的分类方法与类型。

提示

图 2-2 所示为多缸发动机的排列方式图。

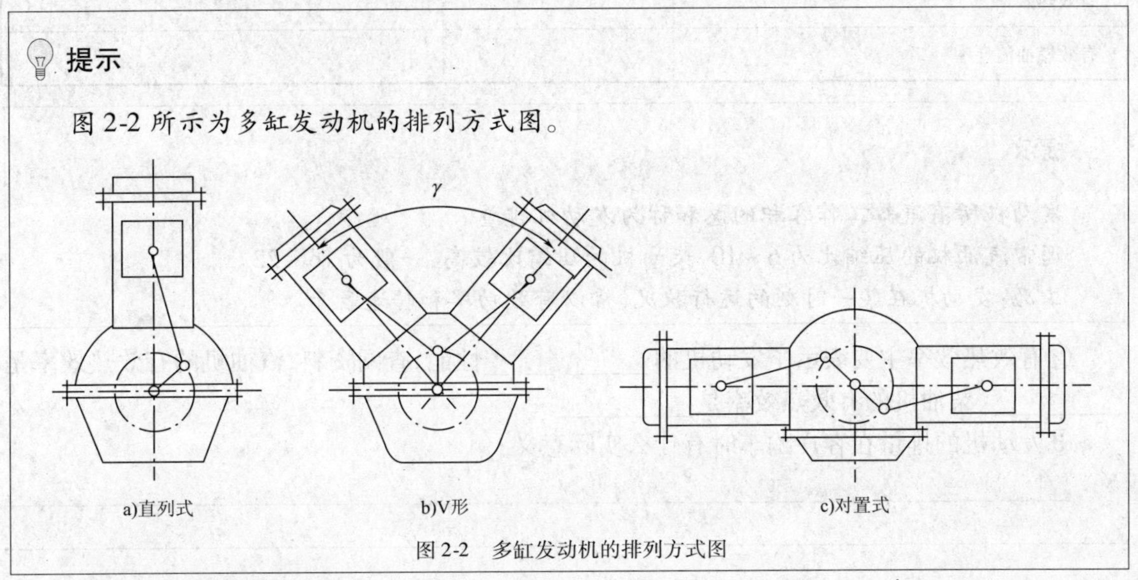

图 2-2　多缸发动机的排列方式图

①填写发动机的分类表(表 2-2)。

发 动 机 分 类 表　　表 2-2

发动机的分类方法	相 应 类 型
按燃料的不同分类	
按完成一个工作循环的行程数分类	
按冷却方式分类	
按汽缸数分类	
按排列方式分类	

②你所要拆装的发动机的类型及特点是：____
____

(6)发动机的常用术语及主要性能参数。

①学习了解发动机的常用术语及主要性能参数，完成表2-3。

发动机的常用术语及主要性能参数表 表2-3

术语及主要性能参数	常用表示的字母	定 义
压缩比		
发动机排量		
行程数		
有效转矩		
转速		
有效功率		
有效热效率		
有效燃油消耗率		

提示

发动机所有汽缸工作容积的总和称为发动机排量。

通常汽油机的压缩比为6~10，柴油机的压缩比较高，一般为16~22。

工况：发动机在某一时刻的运行状况，常以有效功率和转速表示。

②有效热效率主要表示了发动机的__________性能，查阅资料，汽油机的有效热效率是__________，柴油机的有效热效率是__________。

③发动机的排量在客户购车时有什么实际意义？

____
____
____

④压缩比的大小有什么实际意义？

____
____
____

引导问题4 发动机是如何工作的？

(1)四冲程发动机中四冲程的含义是____
____________________，四冲程发动机完成一个循环要经过____________________
____几个过程。

(2)四冲程汽油机工作原理如图2-3所示。完成下列填空。

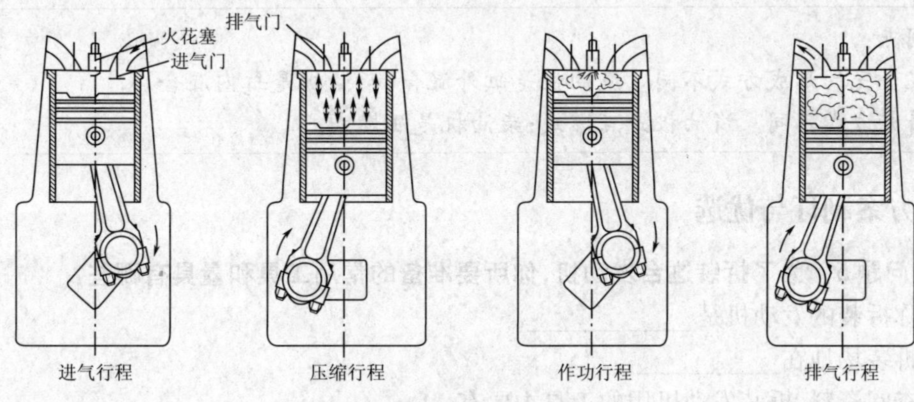

图2-3　四冲程汽油机工作原理图

①汽油机进气行程的特征为：____

②汽油机压缩行程的特征为：____

③汽油机作功行程的特征为：____

④汽油机排气行程的特征为：____

(3)查阅资料，学习四冲程柴油机工作原理，完成下列填空。

①柴油机进气行程的特征为：____

②柴油机压缩行程的特征为：____

③柴油机作功行程的特征为：____

④柴油机排气行程的特征为：____

提示

汽油机与柴油机的相同点与不同点

相同点：

1. 每个工作循环曲轴转两周，每一行程曲轴转半周，进气行程进气门开，排气行程排气门开，其余两个行程进、排气门均关。

2. 四个行程中，只有作功行程产生动力，其余三个行程消耗能量。

3. 必须用外力启动。

4. 工作循环基本内容相似，主要机件的运动相同，结构基本相同。

不同点：

1. 混合气的形成方式不同。汽油机是缸外混合；柴油机是缸内混合。

2. 着火方式不同。汽油机是点燃式；柴油机是压燃式。

二、方案制订与优选

引导问题5　为了拆装这台发动机，你所要准备的常用工具和量具有哪些？

(1)你拆装的发动机是__________。

(2)拆装场地在__________。

(3)查阅资料，拆装发动机用的工具主要有：______________________________

①选择扳手的原则是：______________________________

②填写表2-4，列出本次拆装所需要的常用工具，并准备这些工具。

常用工具　表2-4

常用工具名称	型　号	安全注意事项

(4)查阅资料，常用的量具有：______________________________

填写表2-5，列出本次拆装所需要的常用量具，并准备这些量具。

常用量具　表2-5

量具名称	型　号	安全注意事项

(5)查阅维修手册，拆装这台发动机，是否需要专用工具？请准备这些专用工具，填写表2-6。

专用工具　表2-6

专用工具名称	编　码	安全注意事项

引导问题6　完成本次拆装任务需要注意哪些安全事项?

提示

发动机拆装安全注意事项

1. 正确使用起重设备,起重设备下严禁站人。
2. 保持现场环境整洁有序。
3. 发动机试车注意配合。
4. 正确使用工量具。
5. 离开实训室之前,检查实训室门、窗、灯、水阀及电源是否关好,注意防火,防盗。

与老师讨论,请罗列你们小组的安全注意事项,并严格执行:

引导问题7　如何保持车间和工位的整洁与卫生?

在操作中,你和组员保持车间和工位的整洁的方案是:

引导问题8　在将要进行的具体拆装工作中,你有什么疑惑?

提示

发动机装配的一般原则

1. 发动机装配前的准备工作:发动机装配前应清点各零件是否备齐,同时对可预装的总成和部件应仔细清洗后进行预装。

2. 发动机装配前必须认真清洗零件及工具,保持装配工作场地清洁。

3. 准备适当的密封胶及机油、润滑脂等常用润滑油料。

4. 拧紧螺栓、螺母应用适合的扳手按规定的顺序和力矩旋紧,对称的螺栓应交错分2~3次拧紧。

5. 动配合零件的表面在装合时应涂上润滑油。

6. 如需在零件表面施以压力或锤击时,需垫软金属块或使用铜锤。

7. 各部位的密封衬垫和油封装配必须换用新件。

8. 对有装配记号的零件必须按记号装配。

9. 拆下的各零部件注意按一定规律摆放整齐,擦拭并进行清洗。

10. 发动机拆装完毕,注意清理现场、清点工量具,交接好工具。

罗列并与教师讨论你们还存在的疑惑：

引导问题 9　你们小组是如何分工与协作的？

工作安排与工作职责是：

(1)组长及职责：________________

(2)组员名单：________________

(3)各组员的工作分配是：________________

(4)时间的大体分配是：________________

引导问题 10　如何制订发动机拆装工作计划？

(1)A 同学在没有任何工作经验的情况下制订了一个工作计划：

准备工量具→准备发动机→布置场地→安排一部分同学拆发动机的右边→安排一部分同学拆发动机的左边→拆下的零部件放置在自己方便安装的地方→工具放在自己方便的地方→按照先拆的后装、后拆的先装原则进行装配。

(2)B 同学参考了一部分资料，制订了一个工作计划：

布置场地→准备工量具→准备发动机→安排一部分同学拆附件→安排一部分同学拆主件→零件整齐放置在自己方便安装的地方→工具由组员自己放置在方便拿取的地方→装配重要部件的螺栓时要按照拧紧力矩装配→装配时可以随意装配。

(3)以上两位同学的工作计划是有问题的，请仔细学习维修手册和参考资料，制订你们小组的工作计划。

引导问题 11　如何优化工作计划？

与教师讨论后，你们小组最后确定的工作计划是：

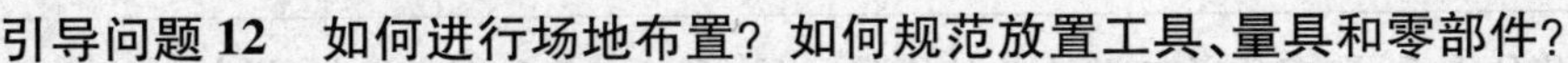

引导问题12　如何进行场地布置？如何规范放置工具、量具和零部件？

(1)场地布置的规范有：

(2)工具和量具的规范放置方法是：

(3)零部件的规范放置方法是：

三、实施与控制

引导问题13　如何进行电控汽油机供给系统的拆装作业？

1.预备知识

(1)现代轿车普遍采用电子控制的供给系统，它与传统的化油器式的供给系统相比，有什么优势？

(2)查阅资料，发动机采用燃油喷射系统经历了哪几个阶段？

(3)可燃混合气的表示方法。

提示

可燃混合气的表示方法有两种：

1.过量空气系数。用α表示，它是指燃烧1kg燃料实际供给的空气质量与理论上1kg燃料完全燃烧所需的空气质量之比。$\alpha=1$的可燃混合气定义为理论混合气；$\alpha<1$时为浓混合气；$\alpha>1$时为稀混合气。

2. 空燃比。用 R 表示,即空气量与燃油量的比值。约 15kg 空气配 1kg 燃料,燃料可完全燃烧。目前,大多数发动机采用空燃比大小表示可燃混合气的浓度。

①用空燃比 R 表示可燃混合气的浓度:浓混合气的 R(　　)15;稀混合气的 R(　　)15;理论混合气的 R(　　)15。

②真空度大的含义是指________________________,真空度小的含义是指________________________。

③汽油的蒸发性评价指标分别是________________________________,汽油的蒸发性对发动机工作的影响是:____

④汽油的抗暴性是指________________________,它的意义在于________________________,目前市面上销售的汽油牌号有________________________,你怎样选用?

⑤柴油的蒸发性评价指标分别是________________________,与汽油的蒸发性相比,它们的不同在于________________________。柴油的低温流动性是划分柴油牌号的依据,柴油的牌号主要有____,你如何正确选用柴油的牌号?

2. 电控汽油喷射系统原理图

提示

如图 2-4 所示为电控汽油喷射系统原理图。根据图 2-4,写出各序号对应的零件名称,并完成下列问题。

(1)打开一辆配置电喷系统的轿车发动机罩,在指导教师的指导下,你们是从几个方面迅速弄清其组成的?

(2)查阅资料,电控汽油机供给系统能实现哪些功能?

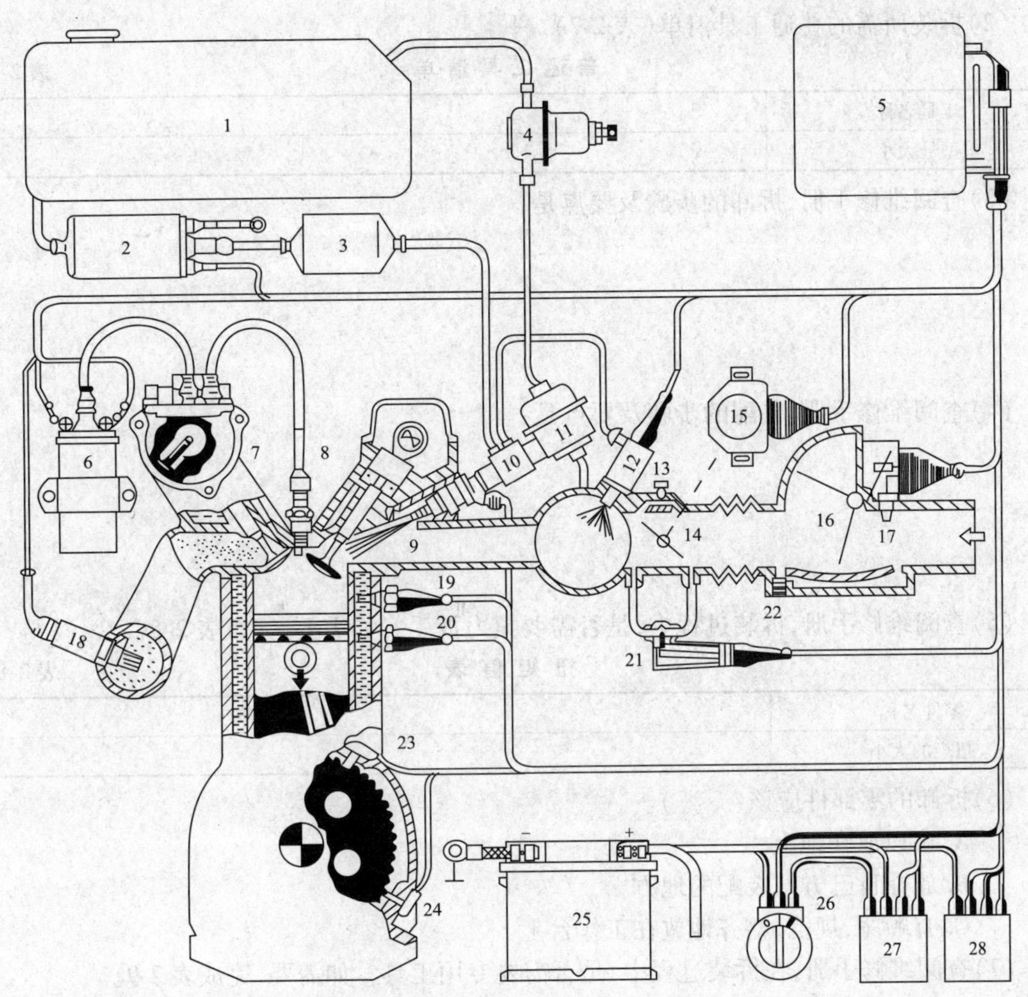

图2-4　电控汽油喷射系统原理图

1-燃油箱；2-燃油泵；3-燃油滤清器；4-燃油压力脉动阻尼器；5-控制器；6-点火线圈；7-高压分电器；8-火花塞；9-主喷油器；10-燃油分配总管；11-燃油压力调节器；12-冷启动喷油器；13-怠速转速调节螺钉；14-节气门；15-节气门位置开关；16-空气流量传感器；17-进气温度传感器；18-氧传感器；19-热限时开关；20-冷却液温度传感器；21-辅助空气阀；22-怠速混合气浓度调节螺钉；23-曲轴位置传感器；24-转速传感器；25-蓄电池；26-点火开关；27-主继电器；28-油泵继电器

（3）按照进入汽缸空气量的检测方法分类，电喷系统主要分成______________、______________两类，你所观察的发动机电喷系统是属于______________类型。

3. 拆装电控汽油供给系统

（1）制订拆装计划并与指导教师讨论：

(2)拆装所需的普通工具清单(表2-7)。

普通工具清单　　表2-7

工具名称	
型号大小	

(3)查阅维修手册,拆卸的步骤及要点是:

(4)查阅维修手册,装配的步骤及要点是:

(5)查阅维修手册,拆装过程中,是否需要扭力扳手?如需要,完成表2-8。

扭矩值表　　表2-8

零件名称	
扭矩的大小	

(6)拆卸的零部件应该(　　)。

A.可以放在地上

B.放在自己方便装配的地方

C.有顺序,规范、整齐地放在工作台上

(7)查阅维修手册,在拆装过程中,是否需要专用工具?如需要,完成表2-9。

专用工具清单　　表2-9

专用工具名称	
代号(型号)	

4.熟悉并掌握电控汽油喷射系统各零部件的结构、工作原理

(1)空气供给系统的原理如图2-5所示,查阅资料,完成下列问题:

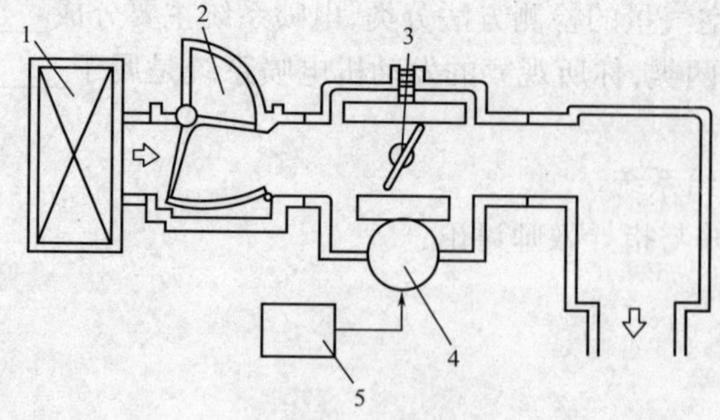

图2-5　进气系统

1-空气滤清器;2-空气流量计;3-节气门;4-怠速空气调整器;5-ECU

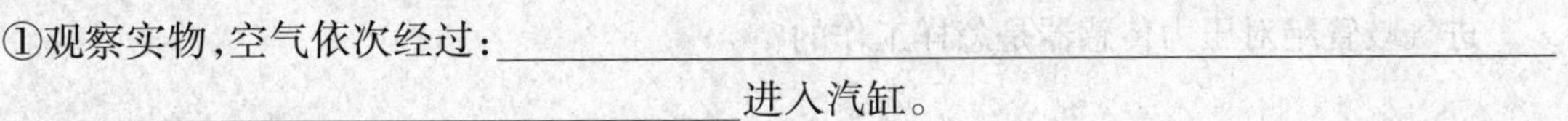

①观察实物，空气依次经过：________________________________
________________________________进入汽缸。

②对空气供给系统的要求是：

(2) 熟悉并掌握空气供给系统的零部件结构，完成下列任务。

①空气计量装置：

提示

空气计量装置有两种：

1. 直接测量空气的装置；

2. 间接测量空气的装置。

a. 查阅资料，直接测量空气的装置有________________________；你所拆卸的直接测量空气的装置名称是：________________。

b. 图2-6所示为常见的热膜式空气流量计的结构和原理图，完成下列任务：

a. 热膜式空气流量计是怎样工作的？

b. 查阅资料，间接测量空气装置的名称是：

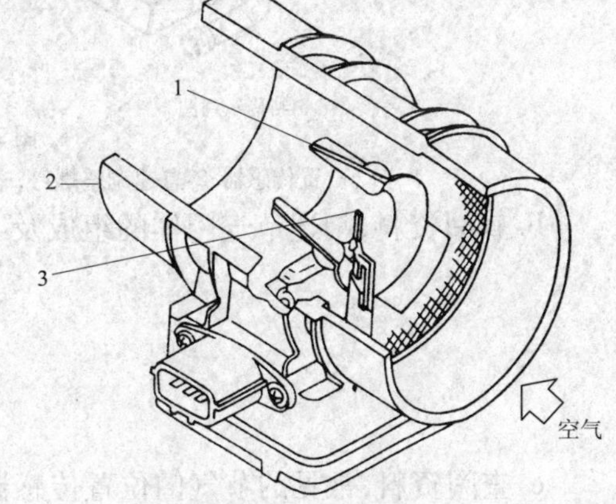

图2-6　热膜式的空气流量计

1-测量管；2-壳体；3-热膜

图2-7所示为进气歧管绝对压力传感器的安装位置图，完成下列问题。

a)

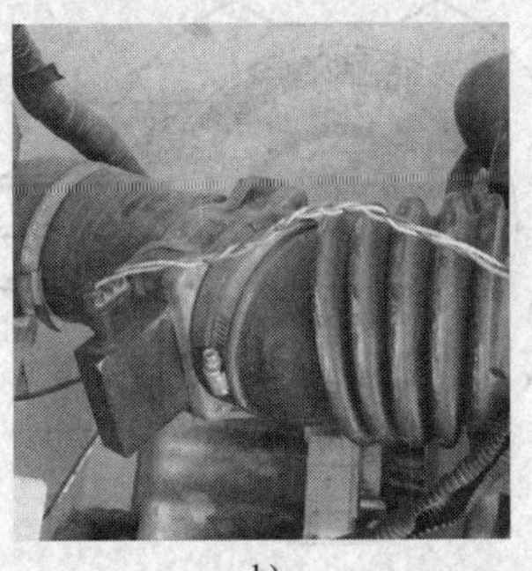

b)

图2-7　进气歧管绝对压力传感器安装位置图

进气歧管绝对压力传感器是怎样工作的?

②节气门体和节气门位置传感器:

a. 图 2-8 所示为节气门体结构图,完成下列问题。

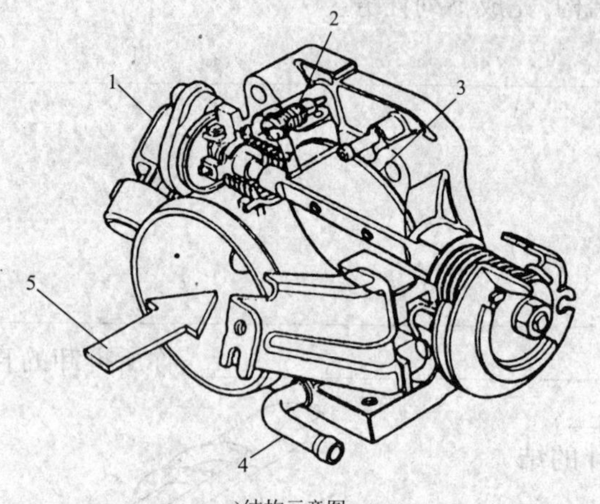

a)结构示意图

b)实景照片图

图 2-8 节气门体图

1-节气位置传感器;2-怠速调整螺钉;3-节气门;4-冷却液连接管;5-从空气滤清器来的空气

b. 查阅资料,阐述节气门体的组成及工作原理。

c. 查阅资料,常见的节气门位置传感器有________________、________________几种。

图 2-9 所示为线性输出的节气门位置传感器,完成下列问题。

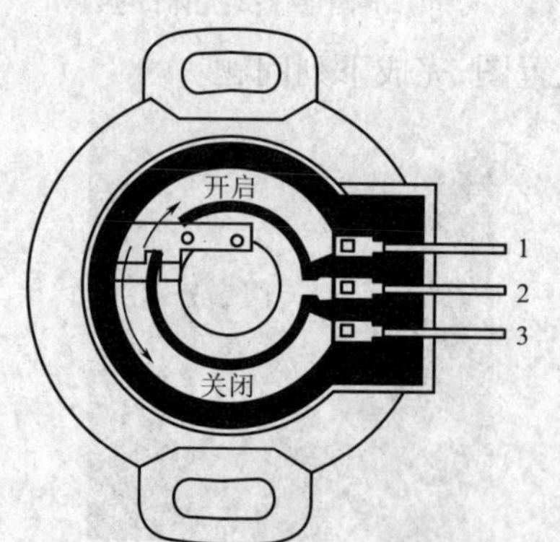

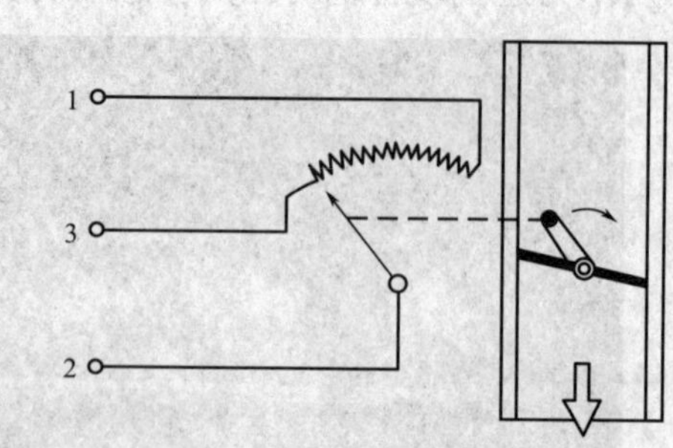

图 2-9 线性输出的节气门位置传感器

1-基准电压;2-输出电压;3-搭铁

(a)线性输出的节气门位置传感器的主要特点是：

(b)线性输出的节气门位置传感器是怎样工作的？

(c)你所拆卸的电控汽油发动机采用了什么节气门位置传感器？谈谈其工作原理。

(d)分析：拔掉节气门位置传感器，会对发动机工作产生什么样的影响，查阅资料说明为什么。

③进气温度传感器如图2-10所示，回答下列问题。

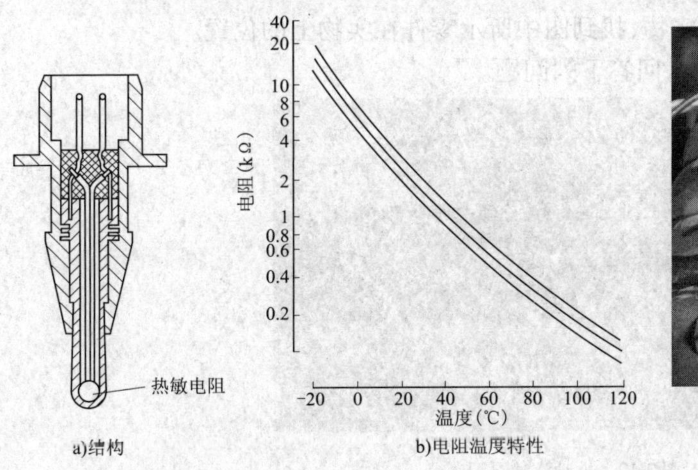

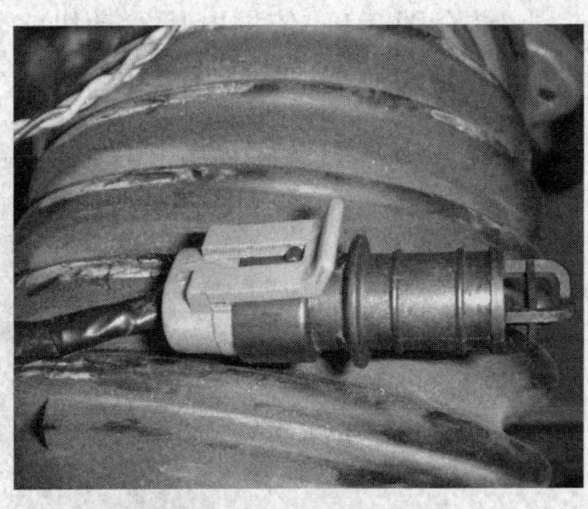

图2-10　进气温度传感器

a. 在发动机上找到进气温度传感器，阐述其工作原理：

b. 进气温度传感器可以取消吗？为什么？

(3)燃油供给系统的工作原理如图 2-11 所示,回答下列问题。

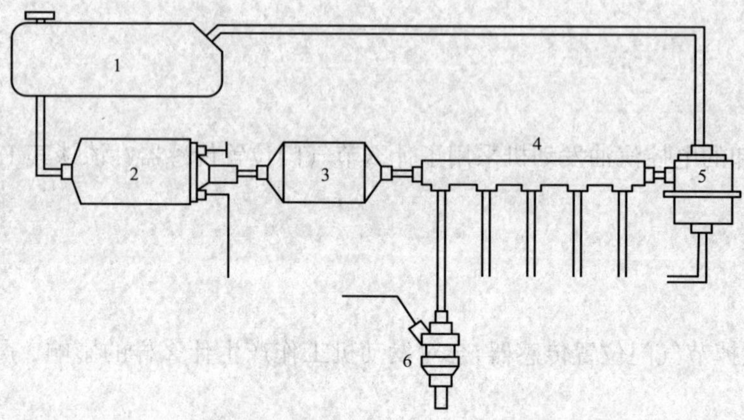

图 2-11　燃油供给系统的工作原理图

1-燃油箱;2-电动燃油泵;3-燃油滤清器;4-燃油总管;5-燃油压力调节器;6-喷油器

a. 结合图 2-11,依据电喷发动机实物,描述燃油的流动路线。

b. 结合图 2-11,依据电喷发动机实物,找到图中所示零件在实物上的位置。

①电动汽油泵结构如图 2-12 所示,回答下列问题。

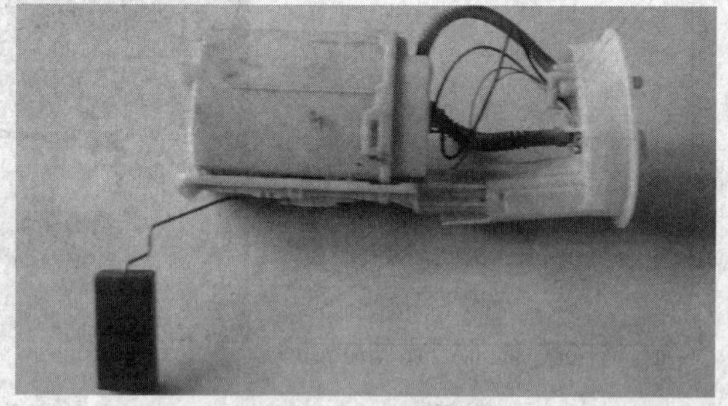

图 2-12　电动汽油泵图

a. 内装式电动汽油泵主要解决了什么问题?

b. 电动汽油泵是怎样工作的?

②汽油压力调节器如图2-13所示,回答下列问题。

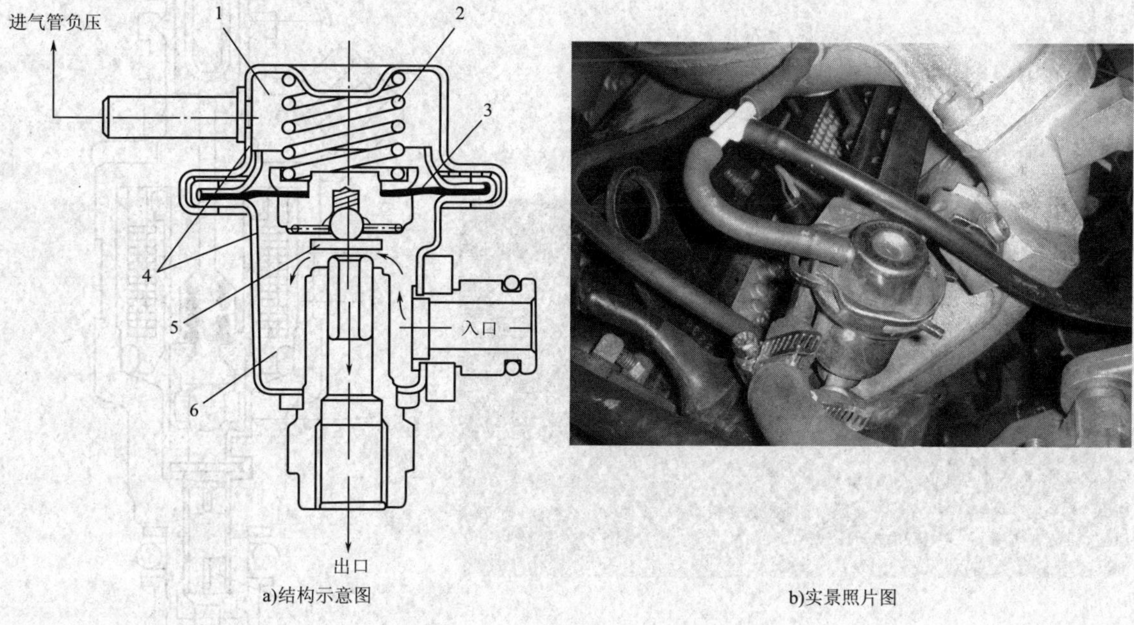

a)结构示意图

b)实景照片图

图2-13　汽油压力调节器图

1-弹簧室;2-弹簧;3-膜片;4-壳体;5-阀;6-燃料室

a. 在实物中找到汽油压力调节器,分别说明与之相连的三根管子的作用。

b. 分析:取消汽油压力调节器供油会有问题吗?为什么?

③喷油器如图2-14所示,回答下列问题。

a. 查阅资料,喷油器是(　　)。

A. 传感器　　B. 执行元件

b. 查阅资料,喷油器是怎样控制喷油量的大小的?

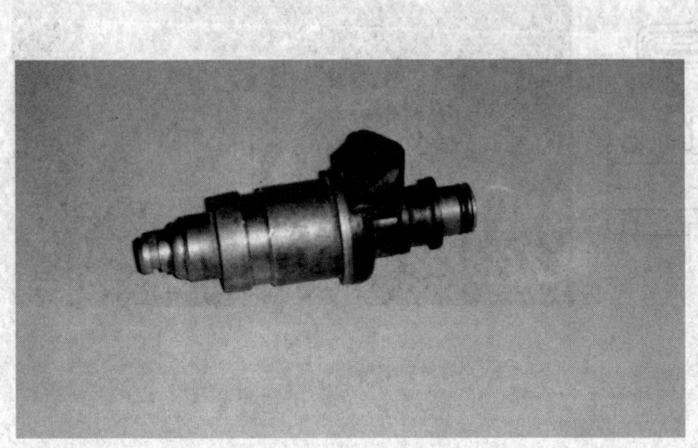

a)实景照片图

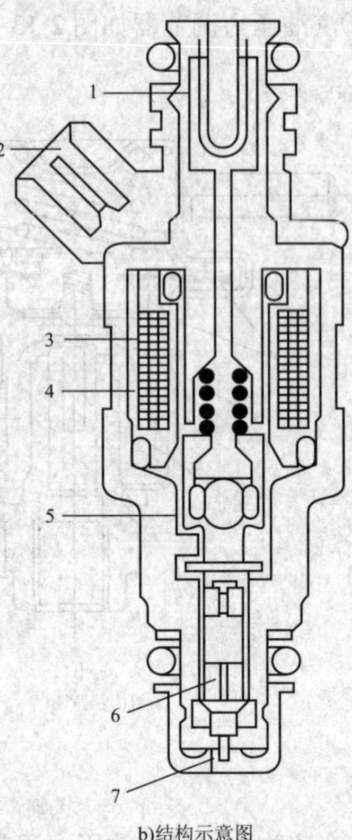

b)结构示意图

图 2-14　喷油器图

1-滤网;2-接线座;3-电磁线圈;4-弹簧;5-衔铁;6-针阀;7-轴针

(4)电子控制系统。

图 2-15 所示是电子控制单元的外形,回答下列问题。

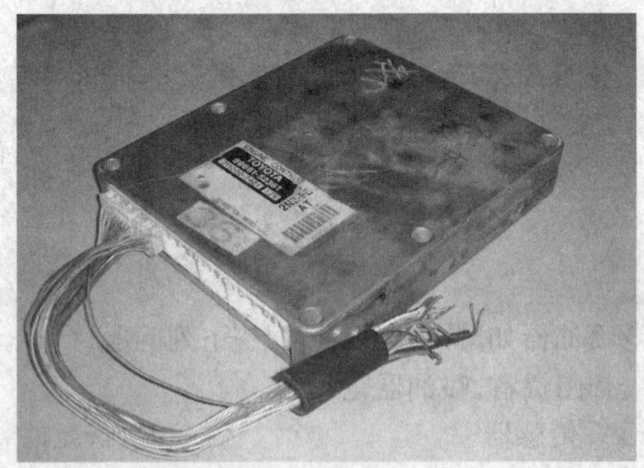

图 2-15　电子控制单元

在电喷发动机上找到电子控制单元,说明其工作原理。

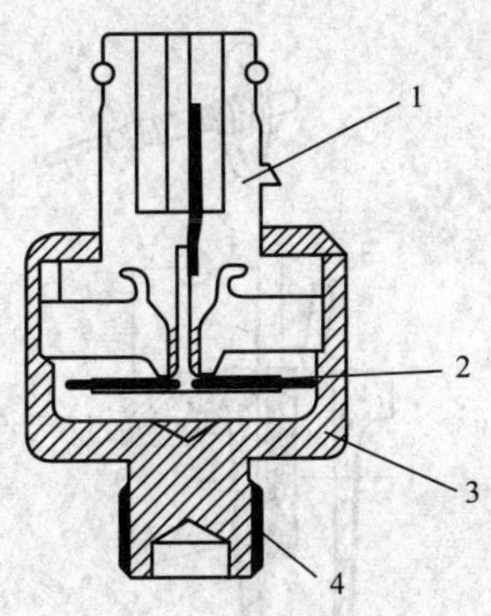

图2-16　爆震传感器图
1-电器连接装置;2-压电元件;3-外壳;4-螺纹

①爆震传感器如图2-16所示,回答下列问题。

在电喷发动机上找到爆震传感器。它是依据什么原理工作的?

分析:爆震传感器松脱,电喷发动机会出现怎样的情况?

②水温传感器。在电喷发动机上找到水温传感器。它是怎样工作的?

图2-17　曲轴位置传感器图

③曲轴位置传感器。如图2-17所示,回答下列问题。

曲轴位置传感器的功能是______________________________

____

曲轴位置传感器的类型有____________________________

______几种,其工作原理各为:

分析:曲轴位置传感器不工作,电喷发动机会怎样?

④氧传感器结构和外形如图2-18所示,回答下列问题。

在电喷发动机上找到氧传感器,说明设置它的目的是什么。

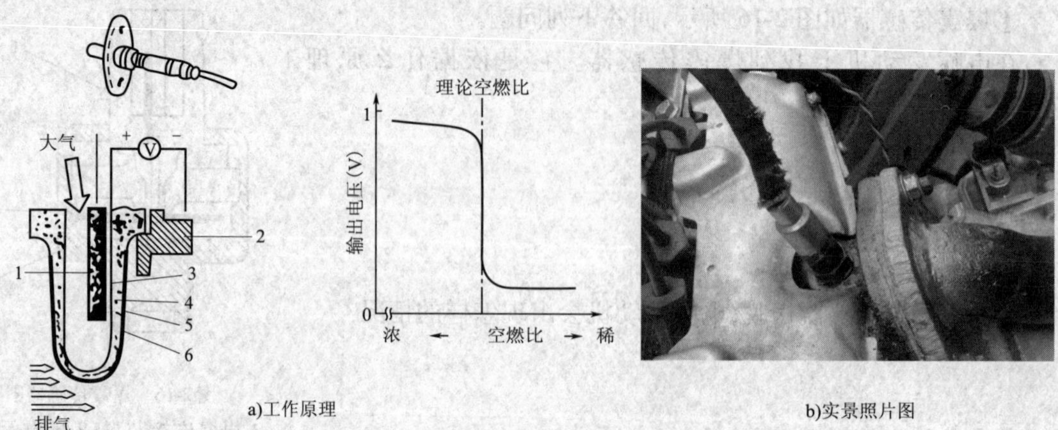

a)工作原理

b)实景照片图

图 2-18　氧传感器

1-加热器;2-凸缘;3-铂电极;4-硅电极(ZrO_2 元件);5-铂电极;6-涂层(陶瓷)

氧传感器所用的材料是＿＿＿＿＿＿＿＿＿＿＿＿＿＿＿。

⑤在发动机排气管上有排气消声器,如图 2-19 所示是其原理,回答下列问题。

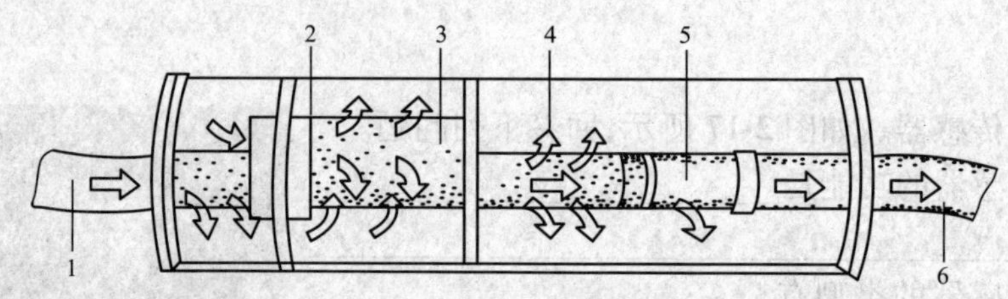

图 2-19　排气消声器

1-排气管;2-节流;3-反射管;4-吸音材料;5-干涉管;6-尾管

发动机的排气管为什么会产生噪声?

发动机上设置排气消声器为什么可以消声?

(5)怠速控制系统。

①怠速的含义是＿＿＿＿＿＿＿＿＿＿＿＿＿＿＿＿＿＿＿＿＿＿＿＿＿＿＿＿＿＿＿＿＿＿＿＿

＿＿。

②怠速控制系统的类型有＿＿＿＿＿＿＿＿＿＿＿＿＿＿＿＿＿＿几种。

③你所拆装的电喷发动机采用了(　　　　　)类型的怠速控制系统。

(6)排放控制系统。

①汽油发动机排放的废气主要成分是 CO、HC、NO_x,它们是怎样生成的?

 提示

现代轿车的排放控制方式

现代轿车采用的排放净化措施有:曲轴箱通风装置、三元催化转换器、活性炭罐系统、废气再循环系统、二次空气喷射系统。

②活性炭罐系统如图 2-20 所示,回答下列问题。

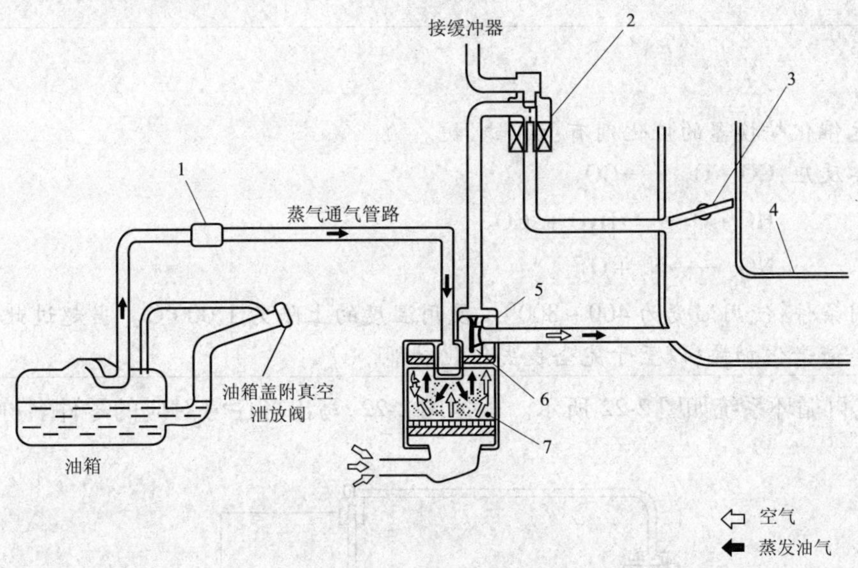

图 2-20　活性炭罐系统图

1-燃料止回阀;2-EGR 炭罐控制电磁阀;3-节气门;4-进气歧管;5-排放控制阀 ;6-定量排放小孔;7-活性炭罐

在电喷发动机上找到活性炭罐系统,其气体流动路线为:________________________________

____

为什么设置活性炭罐系统?取消会对发动机的工作有影响吗?

③三元催化转换器结构如图 2-21 所示，回答下列问题。

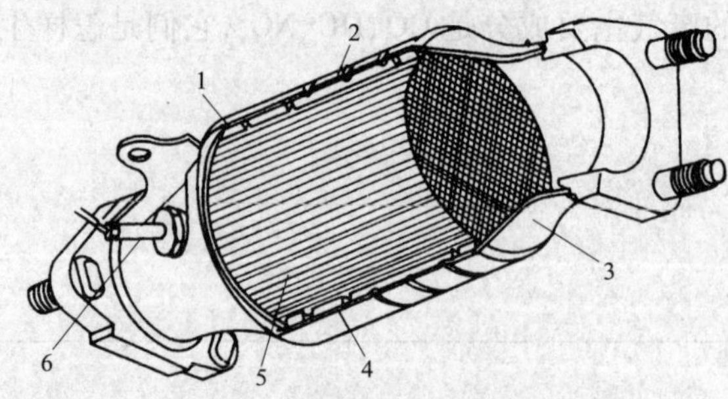

图 2-21　三元催化转换器

1-支承环；2-波纹网眼环；3-支承环；4-密封垫；5-整体式催化转换器载体；6-温度传感器

在电喷发动机上找到三元催化转换器，它与氧传感器有什么样的关系？

提示

1. 三元催化转换器的催化剂有：铂、铑、钯。

2. 化学反应：$CO + O_2 \longrightarrow CO_2$

$HC + O_2 \longrightarrow H_2O + CO_2$

$NO_x \longrightarrow N_2 + O_2$

3. 使用条件：使用温度为 400 ~ 800℃，使用温度的上限为 1 000℃。当超过此温度后，催化剂过热会使老化加快，以至于完全丧失催化功能。

④废气再循环系统如图 2-22 所示。根据图 2-22，写出各序号对应的零件名称，并回答下列问题。

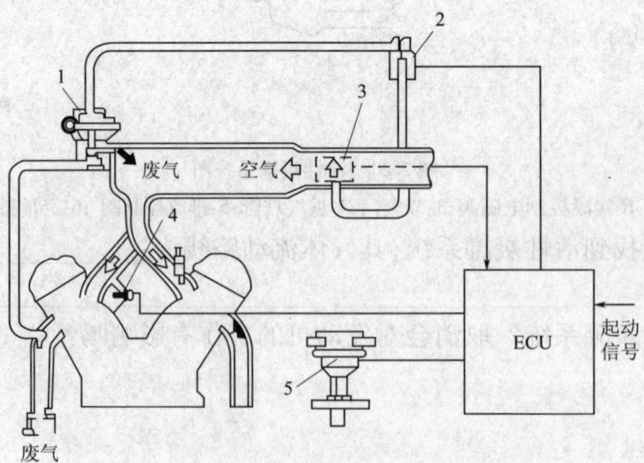

图 2-22　废气再循环系统图

1-______________；2-______________；3-______________；4-______________；5-______________

找到电喷发动机上的废气再循环系统,该系统主要解决什么问题?

观察凯越轿车发动机,其废气再循环的特点是:

(7)进气控制系统。

①为什么要对进气系统进行控制?

②你所拆卸的电喷发动机设置进气控制系统了吗?如果有,是属于哪一种类型?

> 提示
>
> **进气控制系统的常见形式**
>
> 1. 谐振增压。
> 2. 可变进气道。
> 3. 废气涡轮增压控制。

③可变进气道如图2-23所示,回答下列问题。

a)

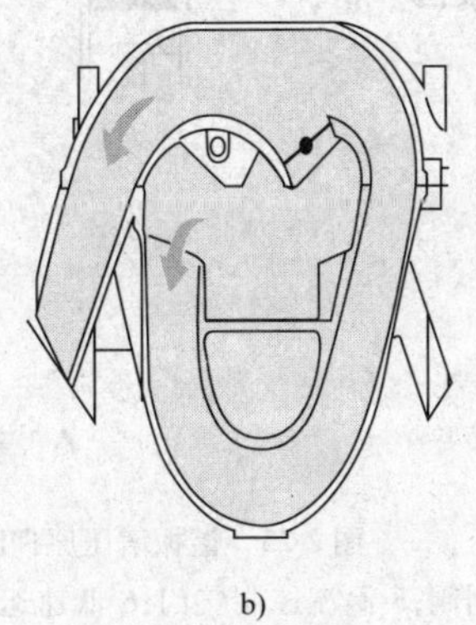
b)

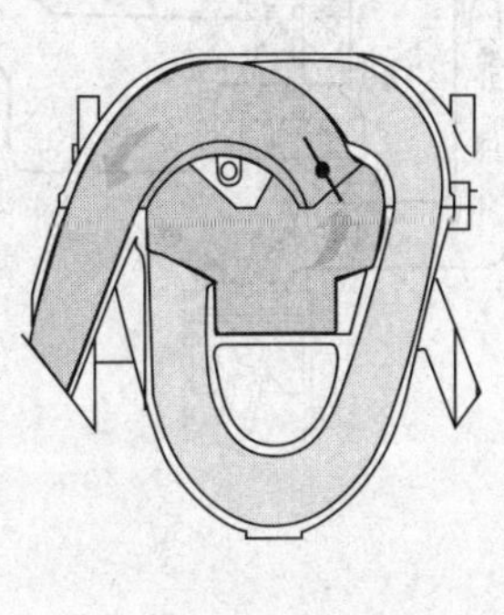
c)

图2-23　可变进气道系统

分析可变进气道系统是怎样改变进气量的?

④废气涡轮增压原理如图 2-24 所示,回答下列问题。

废气涡轮增压控制是怎样增加进气量的?

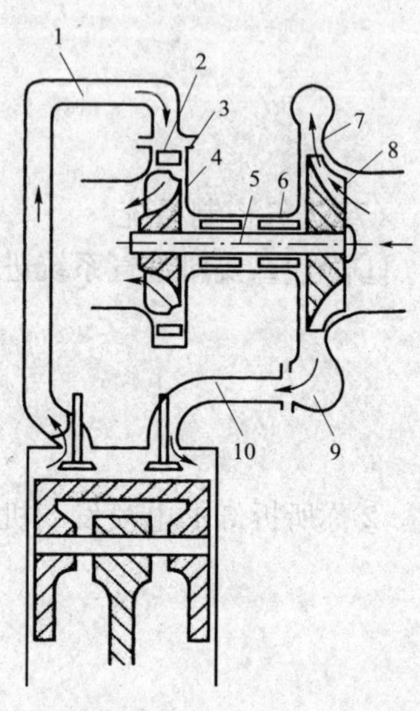

图 2-24 废气涡轮增压原理

1-排气管;2-喷油嘴;3-涡轮;4-涡轮壳;5-转子轴;6-轴承;7-扩压器;8-压气机叶轮;9-压气机壳;10-进气管

⑤谐振增压原理如图 2-25 所示,回答下列问题。

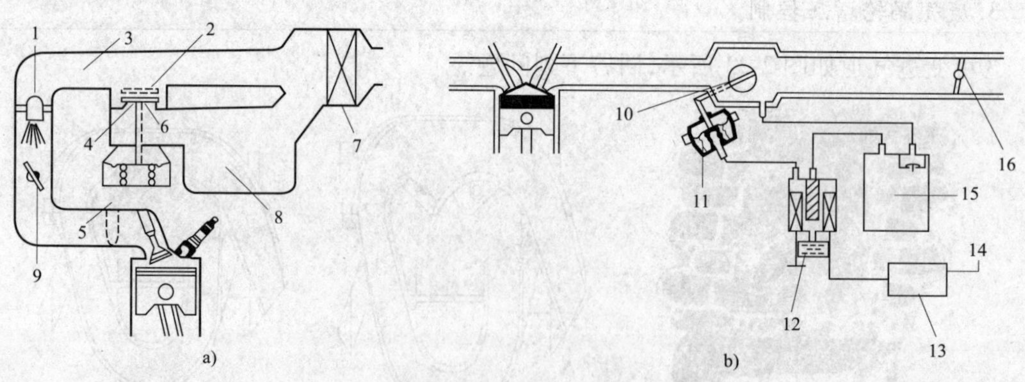

图 2-25 谐振增压原理图

1-喷油器;2-高速运转时;3-进气道;4-控制阀;5-涡流控制气门;6-低速运转时;7-空气滤清器;8-大容量空气室;9-节气门;10-进气增压控制阀;11-真空马达;12-电磁真空通道阀;13-发动机 ECU;14-信号;15-真空罐;16-节气门

观察图2-25,谐振增压系统是如何工作的?

(8)故障自诊断。

提示

故障自诊断的功用:

1. 检测。
2. 存储故障码。
3. 点亮故障诊断灯。
4. 替代。
5. 数据传递。

查找汽车上的故障自诊断所在的位置,其功能是:________________

____

(9)失效保护。

提示

安全保险功能又叫故障保险功能,它是ECU在检测出故障后,采取的一种保险措施,因此又称它为"故障模式效能管理"。

查阅资料,谈谈你对电喷发动机失效保护的理解。

(10)应急备用。

提示

当ECU内的微处理器出现故障时,备用系统将接通备用集成电路(IC),用固定的信号(ECU把燃油喷射和点火正时控制在预定水平上)控制发动机进入强制运转,作为一种备用功能使车辆继续行驶,以便驾驶员能将车辆开到检修厂进行维修。备用系统只能维持基本功能,而不能保持正常的运行性能。

查阅资料，谈谈你对电喷发动机应急备用功能的理解。

引导问题 14　如何进行冷却系统的拆装作业?

(1)发动机不设置冷却系可以吗？你的理由是：

(2)如图 2-26 所示为目前汽车上常用的冷却方式，回答下列问题。

①大多数汽车使用的冷却方式是(　　)。

A. 水冷式　　　　B. 风冷式

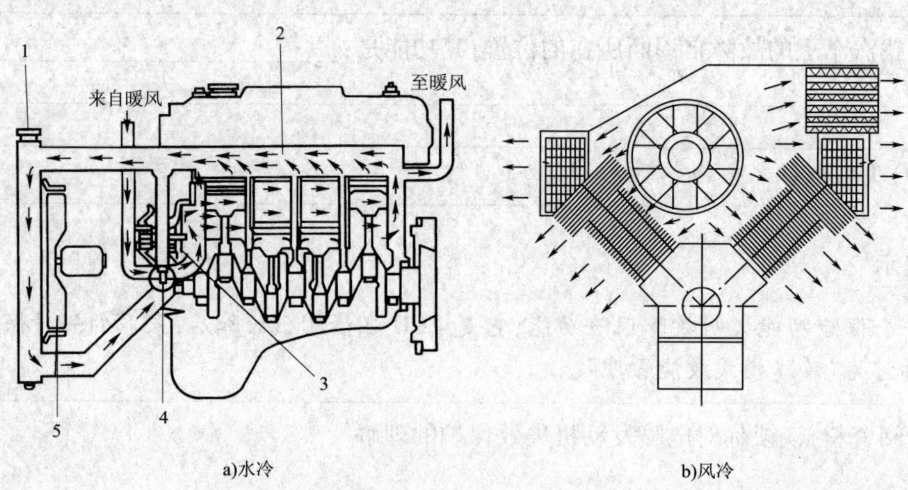

图 2-26　冷却方式图

1-散热器；2-冷却液套；3-水泵；4-恒温器；5-冷却风扇

②水冷式的优点是：

③风冷式的优点是：

(3)如图2-27所示为水冷式冷却系统构造图,回答下列问题。

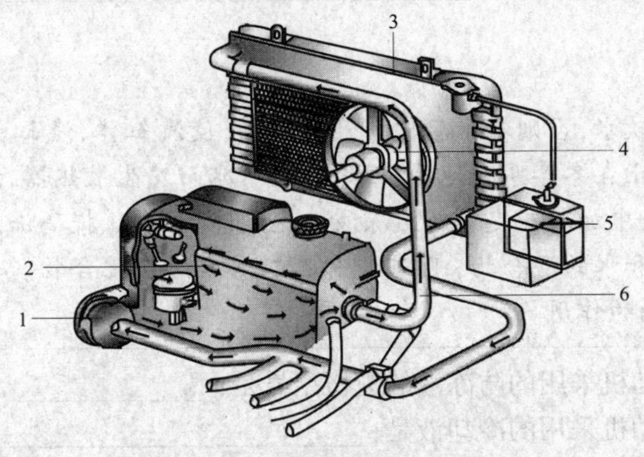

图2-27　水冷式冷却系统的构造图

1-水泵;2-冷却液;3-散热器;4-风扇;5-储水箱;6-水管

对照发动机,找到图中零件所在的部位,填写表2-10。

水冷式冷却系组成零件　　表2-10

零件名称	功　能	材　料	结构特点
散热器			
散热器盖			
水泵			
风扇			
节温器			

(4)拆装冷却系统的零部件。

①把你所准备的普通工具及其规格填入表2-11。

普通工具表　　表2-11

工具名称	
规格	

②查阅维修资料,是否需要专用工具,若需要,填写表2-12。

专用工具表　　表2-12

专用工具名称	
代号	

③拆卸的零部件应该(　　)。

A. 放在地上

B. 放在自己方便装配的地方

C. 有顺序、规范、整齐地放在工作台上

(5)冷却介质的选择。

小知识

冷却液最好使用软水,否则在水套中易产生水垢,使汽缸体、汽缸盖传热效果差,发动机容易产生过热。为防止在冬季寒冷地区,因冷却液结冰而发生散热器、汽缸体、汽缸盖变形或胀裂的现象,在冷却液中加入一定量的防冻液以达到降低冰点、提高沸点的目的。

冷却液是防冻液和水的混合物,防冻液含乙二醇和防锈化合物。冷却液有提高沸点,降低冰点,防止金属腐蚀的作用。

①你所拆装的发动机采用的防冻液的规格型号是:______

②你所拆装的发动机采用的冷却液是:______

(6)认识水冷式冷却系统的常见零部件的结构,其工作原理是:

①散热器结构如图 2-28 所示,回答下列问题。

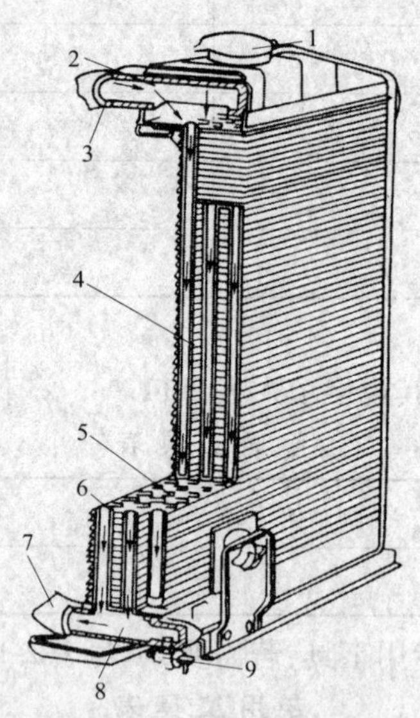

图 2-28 散热器结构

1-散热器盖;2-上水室;3-进水管;4-散热器芯;5-冷却管;6-散热片;7-出水管;8-下水室;9-放水开关

若散热器损坏,会影响发动机的工作吗?你的理由是什么?

②散热器盖如图2-29所示，回答下列问题：

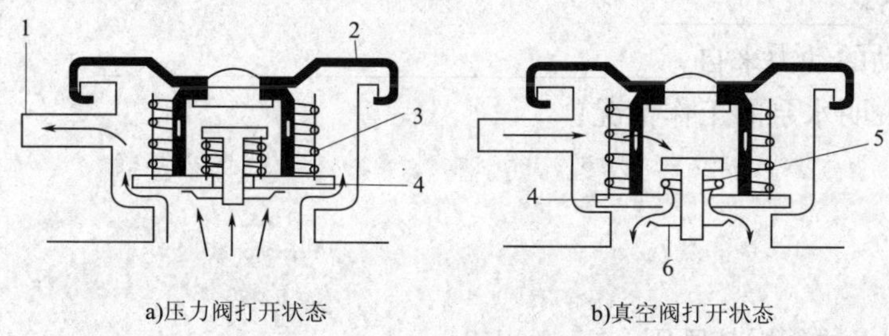

图2-29　散热器盖构造图

1-溢流管;2-加压管;3-压力阀弹簧;4-压力阀;5-真空阀弹簧;6-真空阀

a. 在图2-29散热器盖上找到空气阀，蒸气阀。不设置空气阀和蒸气阀可以吗？为什么？

b. 散热器盖的空气阀或蒸气阀失灵，会产生什么样的后果？请阐述。

提示

当发动机处于热态时，不要打开散热器盖，以防高温水蒸气喷出引起烫伤。

③水泵外形与工作原理如图2-30所示，回答下列问题。

a)外形图

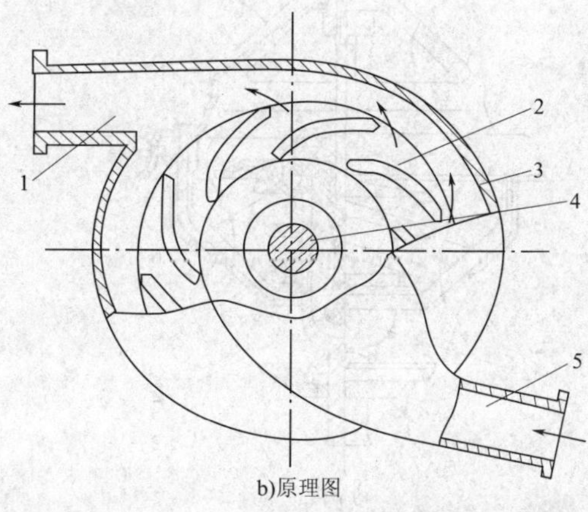

b)原理图

图2-30　离心式水泵图

a. 请填写图 2-30b）中各零件名称：1-____________；2-____________；3-____________；4-____________；5-____________。

b. 水泵轴转动的动力来自______________________________。

c. 根据图片说明水泵的工作情况：

d. 若水泵漏水，试分析其原因：

e. 使用中定期向水泵轴承注入(　　)。

A. 机油　　B. 石墨　　C. 钙基润滑脂

④风扇。

a. 观察你所拆卸的发动机的风扇，它是否与水泵同轴，其动力来源是怎样的？

b. 你认为客户对发动机的风扇会有哪些方面的要求？列举出来。

⑤蜡式节温器的结构如图 2-31 所示，回答下列问题。

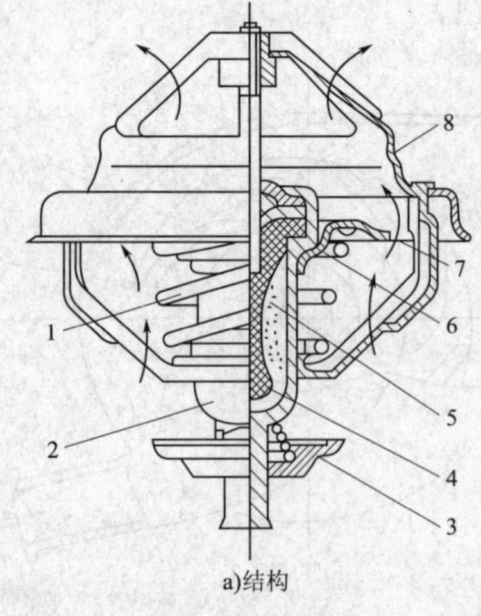

a)结构

b)外形

图 2-31　蜡式节温器图

1-弹簧；2-外壳；3-副阀门；4-胶管；5-石蜡；6-推杆；7-主阀门；8-支架

a. 请填写数字处的名称：

b. 根据图2-31说明蜡式节温器的工作过程：

c. 案例分析：

某客户将汽车上的蜡式节温器取掉，结果导致发动机工作温度不正常，请你帮他分析一下，对发动机工作有哪些影响。

(7)根据图2-32绘制冷却液的循环路线。

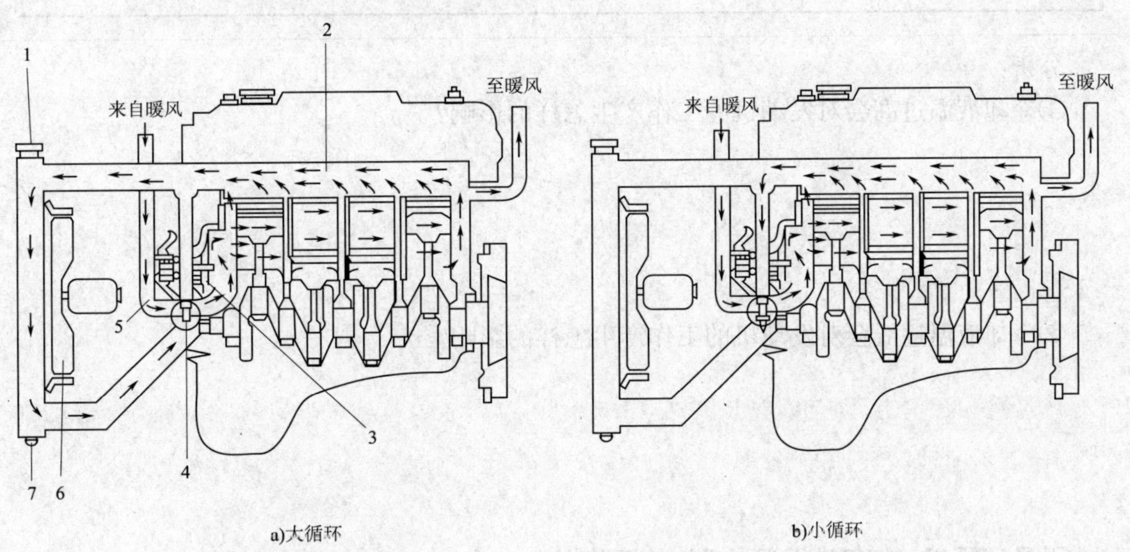

图2-32　冷却液的循环路线图

1-散热器；2-冷却液套；3-水泵；4-恒温器；5-旁通软管；6-冷却风扇；7-散热器

①大循环的路线是：

②小循环的路线是：

(8)冷却液温度对发动机工作的影响：

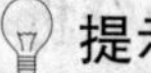

提示

发动机正常冷却时的温度范围如表2-13所示。

发动机正常冷却时的温度范围 表2-13

系统	温度范围
水冷系	汽缸盖内冷却液温度为353～363K，汽缸壁的温度为470～550K
风冷系	汽缸盖和汽缸壁的允许温度分别为423～453K和433～473K

分析：

①冷却液温过高会对发动机的工作产生怎样的影响？

②冷却液温过低会对发动机的工作产生怎样的影响？

引导问题15　如何进行润滑系统的拆装作业？

(1)发动机为什么要设置润滑系？你的理由是：

(2)发动机哪些地方需要润滑,请举例。

(3)发动机目前采用的润滑方式主要有__________________,其中曲轴各轴颈与轴承之间采用的是________________________________润滑方式,采用飞溅润滑方式的地方有______________。

(4)机油的选择。

小知识

发动机润滑系所用的润滑剂有机油和润滑脂两种,机油的选择有两个原则,即质量等级的选择和黏度级的选择。

质量等级从A开始逐渐提高,选择依据是机型、压缩比、转速等。我国润滑油的分类:

(1)汽油机润滑油分为SC、SD、SE、SF、SG、SH;

(2)柴油机润滑油分为CC、CD、CD-II、CF、CF-4。

黏度级的选择依据是环境气温。

你所拆装的发动机要求使用的机油牌号是:__________

(5)认识发动机的润滑系。

如图2-33所示为发动机的润滑系统图,回答下列问题。

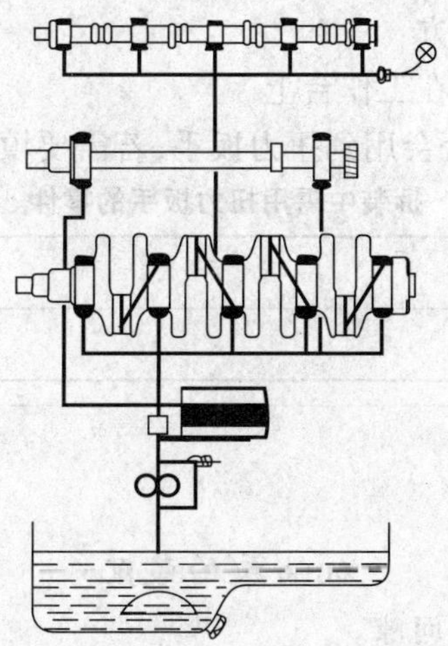

图2-33　发动机的润滑系统

①对照实物和图2-33,找到润滑系的各个零部件的位置并熟悉名称。

②填写表2-14。

润滑系零件表　　表2-14

零件名称	功　能	结构特点
集滤器		
机油泵		
滤清器		
机油散热器		

(6)拆装发动机的润滑系。

①把你所准备的普通工具及型号填入表2-15。

普通工具及型号表　　表2-15

工具名称	
型号规格	

②查阅维修资料,是否需要专用工具?若需要,填写表2-16。

专用工具　　表2-16

工具名称	
代号	

③拆卸的零部件应该(　　)。

A. 放在地上

B. 放在自己方便装配的地方

C. 有顺序、规范、整齐地放在工作台上

④查阅维修资料,拆装中是否会用到扭力扳手,若需要填写表2-17。

拆装中需用扭力扳手的零件　　表2-17

零件名称	
扭矩大小	

提示

机油泵的装配

1. 边装配边检查各部位配合间隙。

2. 装配后调试:将机油泵浸入清洁的润滑油内,用手转动机油泵轴,润滑油会从出油孔流出来,用拇指堵住出油孔,继续转动机油泵时,应该感到有压力。

(7)熟悉并掌握润滑系各零部件的结构,工作原理。

①集滤器结构如图2-34所示。根据图2-34,写出各序号对应的零件名称,并学习完成下列内容。

a. 集滤器损坏有可能会造成什么后果?

b. 集滤器安装的位置对润滑有什么影响?

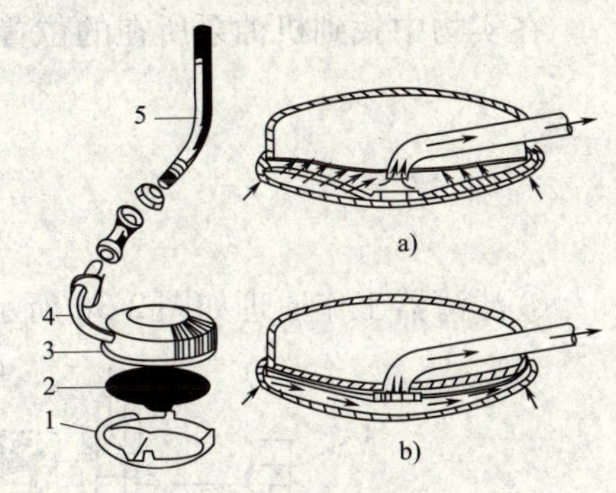

图 2-34 集滤器的构造图

②机油泵工作原理如图 2-35 所示,学习完成下列内容。

a. 你拆卸的发动机驱动机油泵的动力来自哪里?你认为驱动机油泵的动力还可能来自哪些地方?

b. 图 2-35 所示是目前发动机上采用最多的两种机油泵。

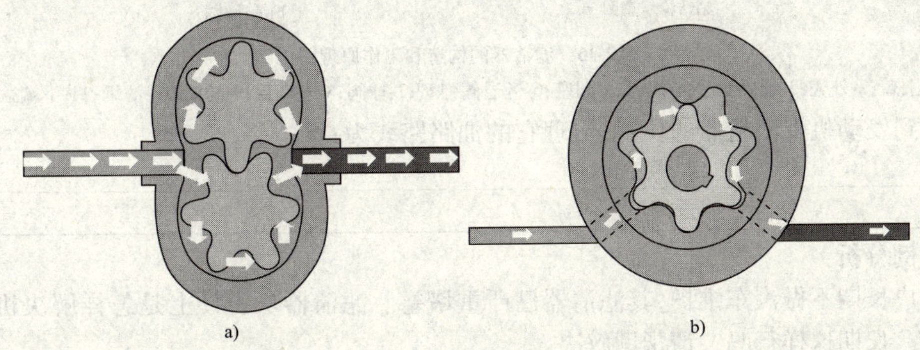

图 2-35 两种机油泵

它们的名称分别是:

分别阐述其工作原理:

在实物中找到机油泵所在的位置：

③滤清器工作原理如图 2-36 所示。学习完成下列内容。

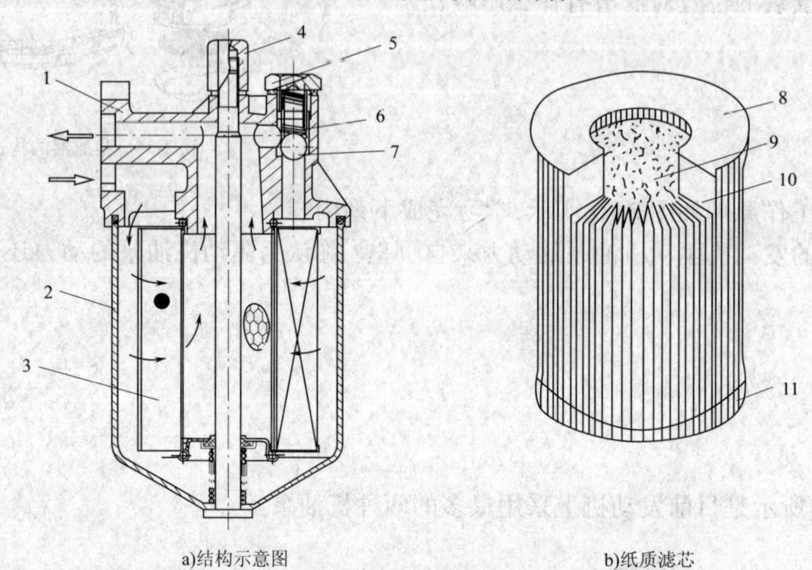

图 2-36　滤清器的构造和工作原理图

1-上盖;2-外壳;3-纸质滤芯;4-螺母;5-阀座;6-旁通阀弹簧;7-球阀;8-上端盖;9-滤筒;10-滤纸;11-下端盖

a. 找到发动机上滤清器的位置,清理它的油路路线为：____

____

____

b. 案例分析：

某客户长期不做汽车维护,其滤清器已严重堵塞。滤清器从设计上是怎样解决机油的供给问题的？长期这样行吗？请帮助解决。

> **提示**
>
> 采用纸质滤芯和一次性旋装式滤清器的,应按规定行驶里程更换,每 6 个月或行驶 1 万 km更换一次。橡胶密封垫损坏或老化应更换。
>
> 用专用工具取下滤清器,注满机油,用少量机油涂抹密封圈,用手拧到密封圈接触后再拧 3/4 圈。

④机油散热器结构如图 2-37 所示,回答下列问题。

a. 你所拆卸的发动机设置了机油散热器吗？若设置了,是属于哪种形式？

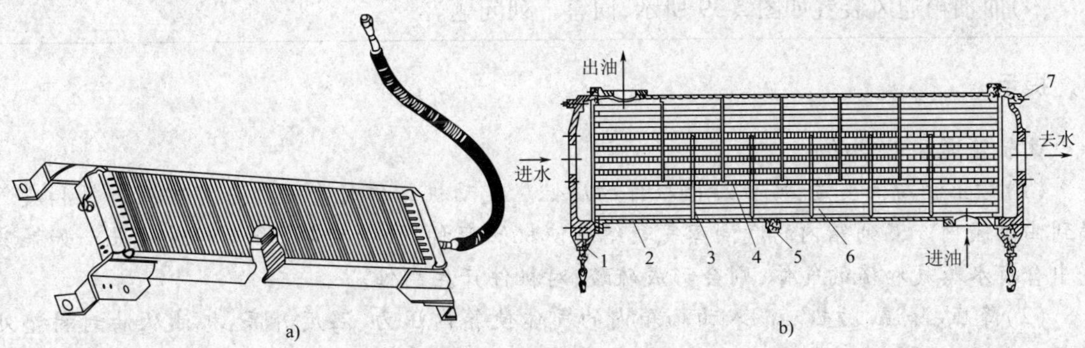

图2-37　两种机油散热器

1-放气塞;2-壳体;3-隔板;4-散热片;5-放油塞;6-芯子;7-放气塞

b. 为什么有的发动机没有设置机油散热器？谈谈理由。

(8)绘制润滑系润滑油的油路路线图：

如图2-38所示为润滑系润滑油的油路路线示意图,绘制你所拆装的发动机的润滑油油路路线。

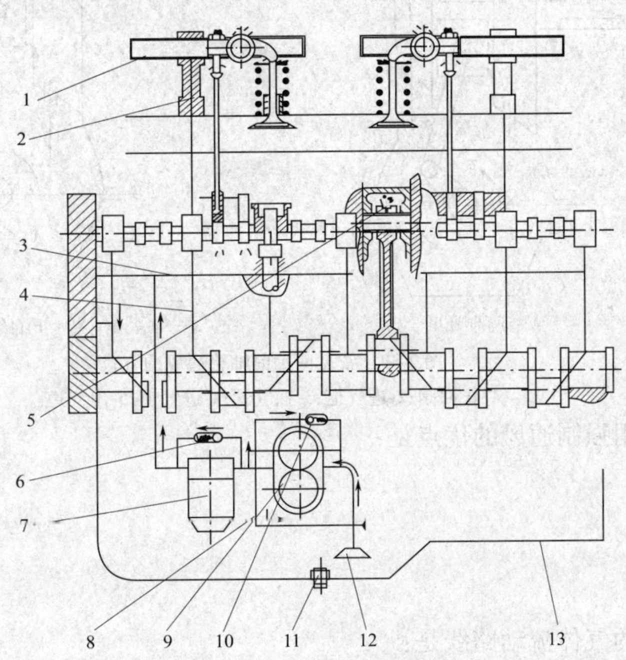

图2-38　润滑系润滑油的油路路线图

1-摇臂轴;2-油道;3-主油道;4-横向油道;5-连杆小头油道;6-旁通阀;7-滤清器;8-油管;9-机油泵;10-限压阀;11-放油螺塞;12-集滤器;13-油底壳

(9)曲轴箱通风装置如图2-39所示,回答下列问题。

提示

曲轴箱通风的目的:

(1)防止润滑油变质,减少摩擦机件的腐蚀。发动机工作时有一部分可燃混合气和废气漏到曲轴箱内。漏到箱内的汽油蒸气凝结而使机油变稀,性能变坏,降低润滑效果。如果废气中含有水蒸气和硫的气体,则会形成硫酸,对机件产生腐蚀。

(2)降压、降温、防热。漏入曲轴箱内的气体使箱内压力、温度升高,机油从油封衬垫处渗漏和变质。通风后对机油有一定的冷却、降压、防漏作用。

(3)减少对大气的污染和回收可燃气体;有利于提高燃油经济性,减少排放污染。

①查找发动机上安装的曲轴箱通风管,说明其意义:______

②图2-39所示为常见的两种曲轴箱通风方式,回答下列问题:

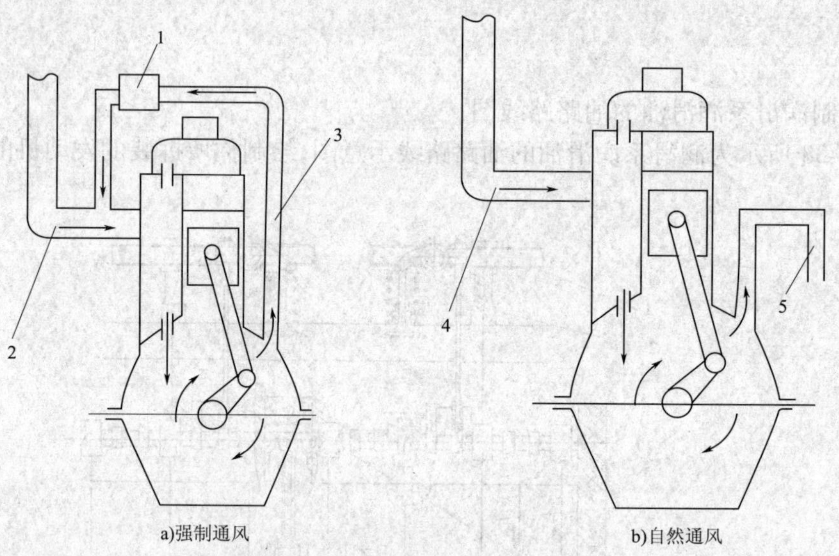

图2-39 常见两种曲轴箱通风的方式

1-止回阀;2-进气道;3-抽气管;4-进气道;5-出气道

a. 发动机采用强制通风的优点是:

b. 强制通风的气体流动路线是:

c. 自然通风的特点是什么？

d. 自然通风的气体流动路线是：

e. 你拆卸的发动机是采用(　　)通风方式。

A. 强制　　　　B. 自然

引导问题16　如何进行曲柄连杆机构的拆装作业？

(1)设置曲柄连杆机构的理由是：

(2)认识曲柄连杆机构的组成。

如图2-40所示是曲柄连杆机构的构成图，回答下列问题。

图2-40　曲柄连杆机构的构成图

①了解曲柄连杆机构的组成，填写表2-18。

曲柄连杆机构的组成　　表2-18

组成名称	功　能	工作环境

②曲柄连杆机构的工作环境是高温、高压、高速。其中，高温对曲柄连杆机构各零件的影响是____________________，高速的影响是____________________，高压的影响是________________。

(3)气体作用力对发动机工作的影响。

①曲柄连杆机构在工作过程中受哪些力的作用？请学习完成表2-19。

曲柄连杆机构在工作过程中所受的力　　表2-19

作用力名称	对发动机工作的影响

②气体作用力对发动机工作的影响。

发动机做功行程气体作用力分析如图2-41所示，回答下面问题。

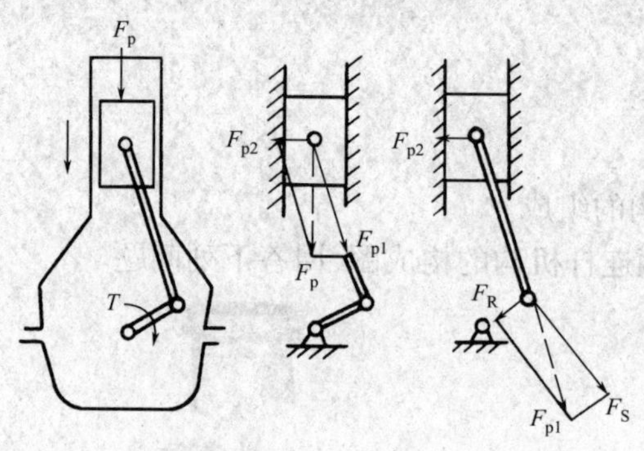

图2-41　做功行程气体作用力受力图

a.气体作用力对发动机工作影响很大，气压力 F_p 作用于活塞顶部，它被分解为侧压力________和 F_{p1}，F_{p1} 分解为 F_R 和________，F_{p1} 使曲轴主轴颈处受压，________是推动曲轴产生转矩的力。

> **提示**
>
> 作功行程侧压力 F_{p2} 向左，活塞的左侧面压向汽缸壁，左侧磨损严重。

b.分析下列问题：

作功行程由于侧压力的原因，因此活塞及活塞环在安装时应该考虑什么问题？

绘制曲柄连杆机构在压缩行程时的受力图(图2-42),分析各个力对发动机的影响。

其中,侧压力向________,这一行程是否有推动曲轴产生转矩的力?

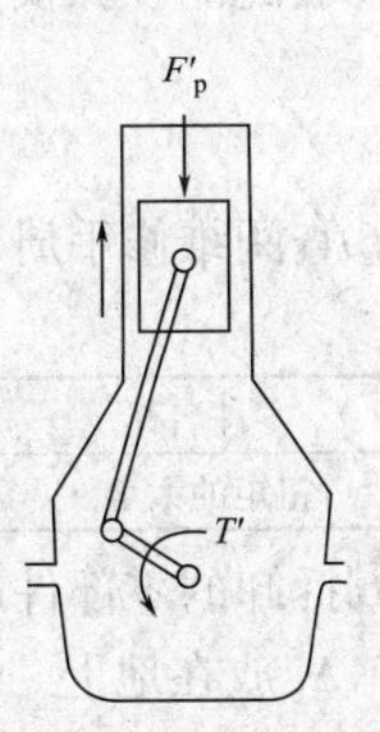

图2-42　曲轴连杆机构在压缩行程时的受力图

(4)拆装曲柄连杆机构。

提示

图2-43是汽缸盖螺栓的拆装顺序。

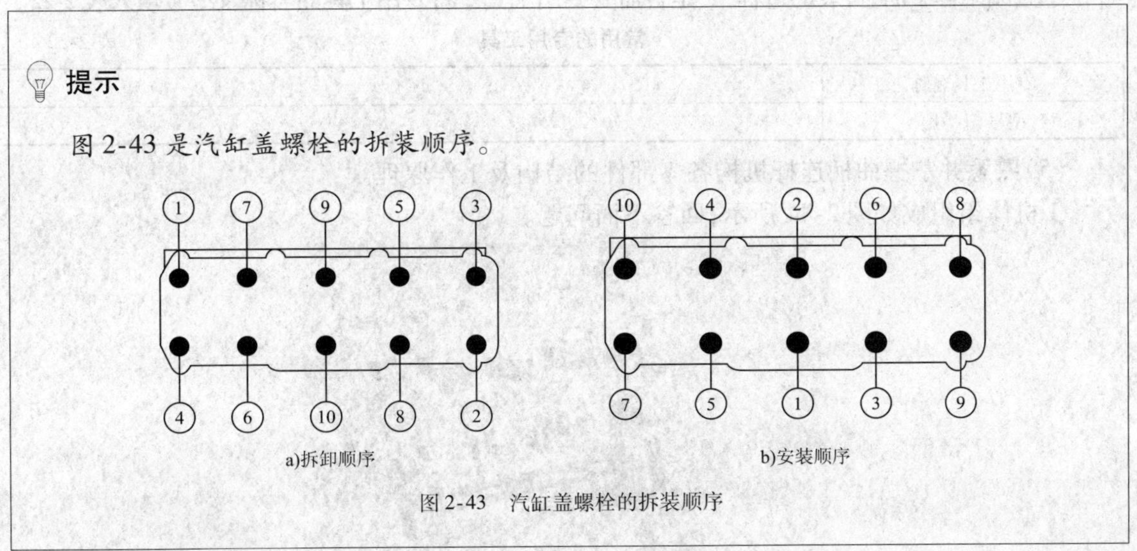

图2-43　汽缸盖螺栓的拆装顺序

①制订拆装计划:

②拆装所需的工具清单列入表2-20。

拆装所需工具　　表2-20

工具名称	
型号大小	

③拆卸的步骤及要点是:

④装配的步骤及要点是:

⑤查阅维修手册,拆卸的过程中,将需用扭力扳手的零件及扭矩的大小填入表2-21。

需用扭力扳手的零件及扭力

表2-21

零件名称	
扭矩的大小	

⑥拆卸的零部件应该(　　)。

A. 放在地上

B. 放在自己方便装配的地方

C. 有顺序、规范、整齐地放在工作台上

⑦查阅维修手册,拆装的过程中,是否需要专用工具?将专用工具的名称及型号填入表2-22。

常用的专用工具

表2-22

专用工具名称	
型号(代号)	

(5)熟悉并掌握曲柄连杆机构各零部件的结构及工作原理。

①机体组组成如图2-44所示,回答下面问题。

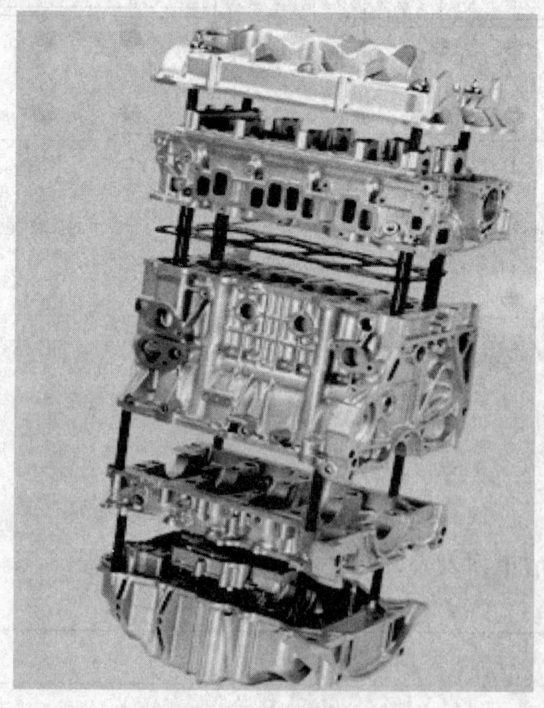

图2-44　机体组组成

a. 机体组组成零件名称与特点，学习完成表2-23内容。

机体组组成零件名称与特点　　表2-23

零件名称	功　能	金属材料	工作条件
汽缸盖			

b. 发动机曲轴箱的形式与特点，学习完成表2-24内容。

曲轴箱的形式与特点　　表2-24

曲轴箱类型	结构特点	应用车型
你拆卸的发动机曲轴箱形式是:		

c. 观察汽缸体，找到轴承座孔和油道，分别说明其作用。依附在汽缸体上的还安装有：

d. 汽缸套主要有____________几种形式，各自的特点是________

e. 依附在汽缸盖上的零部件有：

f. 汽缸盖在拆装时要注意的问题是：

g. 汽缸垫安装时要注意的问题是：

h. 汽油机燃烧室常见的形式如图 2-45 所示，回答下列问题。

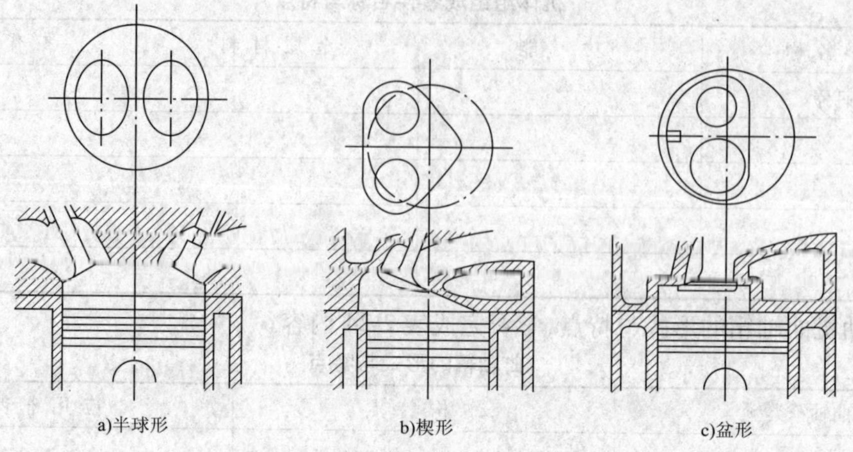

图 2-45　汽油机燃烧室常见的形式

查找资料，汽油机常见的燃烧室有____________________几种，它们的压缩比通常为____________________。

你所拆卸的发动机燃烧室为____________________。

比较几种燃烧室的特点，完成表 2-25。

燃烧室的名称及特点　　表 2-25

燃烧室的名称	特　点	应　用

i. 油底壳结构如图 2-46 所示，回答下列问题。

图 2-46　油底壳

油底壳又称为＿＿＿＿＿＿＿＿，其内部的稳油挡板的作用是＿＿＿＿＿＿，油底壳前后不做成一样深的原因是＿＿＿＿＿＿＿＿＿＿＿＿＿＿＿＿＿＿＿＿

为了防止漏油，其密封措施是＿＿＿＿＿＿＿＿＿＿＿＿＿＿＿＿＿＿＿＿

②活塞连杆组组成。

观察图2-47和实物，填图中括号，并回答下列问题。

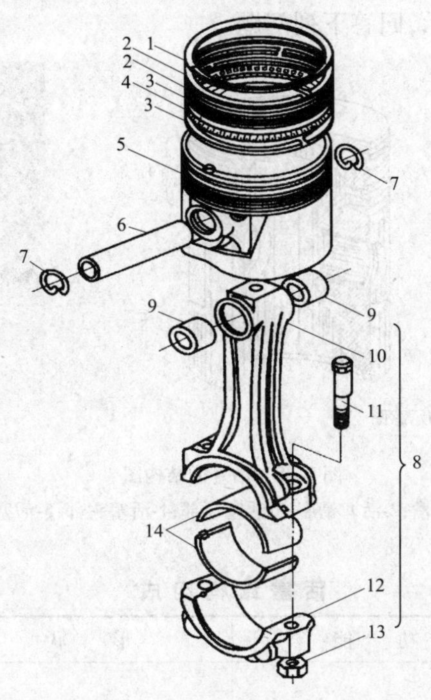

图2-47　活塞连杆组的组成图

拆卸活塞连杆组，填写表2-26。

活塞连杆组零部件　表2-26

序号	零件名称	功能	工作条件	金属材料
1				
2				
3				
4				
5				
6				
7				
8				
9				
10				
11				
12				
13				

拆卸活塞连杆组的正确工艺是:

a. 活塞结构如图 2-48 所示,回答下列问题。

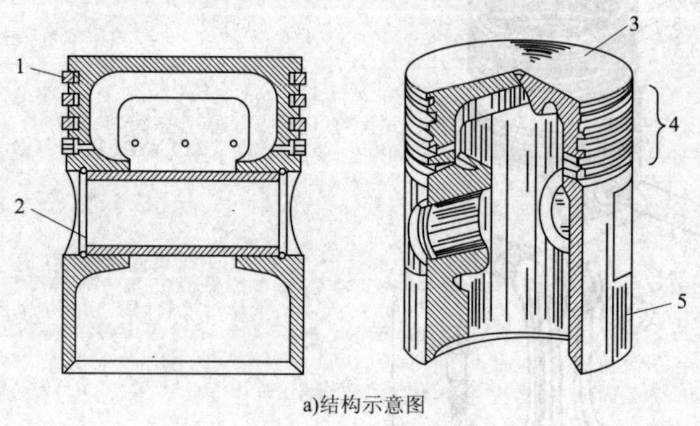

a)结构示意图

b)实景照片图

图 2-48　活塞的结构图

1-活塞环槽;2-活塞销座;3-活塞顶部;4-活塞头部;5-活塞裙部

填写表 2-27。

活塞结构组成 表 2-27

名　称	功　能	形　状	工作条件
顶部			
头部			
裙部			

分析:发动机工作时,燃烧室的温度很高,活塞为了防止变形,采取了哪些措施?

b. 活塞环结构如图 2-49 所示,回答下列问题。

活塞环的种类有:______________,功能分别是:______________

观察拆卸的活塞环,其三隙分别是:______________

观察拆卸的气环,其断面形状有:______________

活塞环的泵油现象为:______________

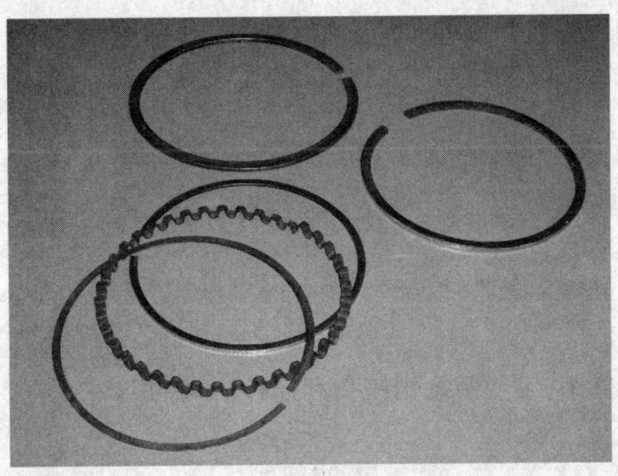

图2-49 活塞环的结构图

观察图2-50，完成下列问题。

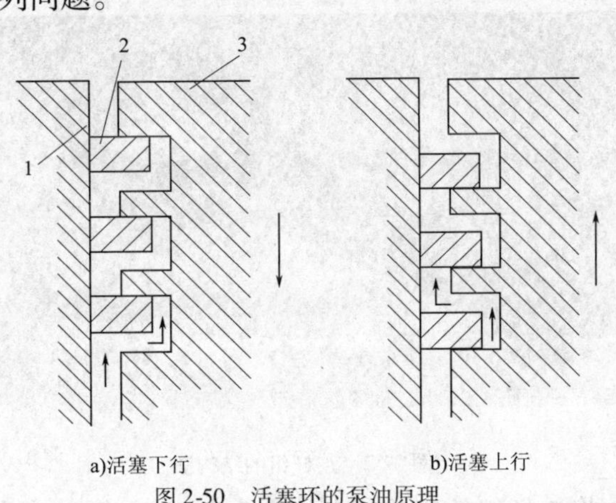

图2-50 活塞环的泵油原理

1-汽缸；2-活塞环；3-活塞

活塞环为什么会把机油泵到燃烧室？

活塞环是怎样解决泵油问题的？

扭曲环在安装时应注意什么问题？

气环的密封原理如图 2-51 所示,回答下面问题。

气环是怎样很好地密封燃烧室内的可燃混合气体的?

第一密封面
第二密封面
汽缸
F_1
F_2
活塞

图 2-51　气环的密封原理

F_1-环的自身弹力;F_2-背压力

c. 活塞销

观察你所拆卸的活塞销,它与活塞销座孔和连杆小头的连接方式是:(　　)。

A. 全浮式　　　　B. 半浮式

d. 连杆组结构如图 2-52 所示,回答下面问题。

图 2-52　连杆组的结构图

观察拆卸的连杆组,将连杆组的相关信息填入表 2-28。

连杆组零部件　　表 2-28

名　称	润　滑	安装的要求	材　料
杆身			
连杆盖			
连杆螺栓			
连杆轴承			

观察连杆,它由＿＿＿＿＿＿＿＿＿＿组成,其小头孔中有＿＿＿＿＿,杆身作成“工”字形的目的是＿＿＿＿＿＿＿＿＿＿＿＿＿＿＿＿＿＿＿＿

连杆大头与被分开的连杆盖在安装时要注意:＿＿＿＿＿＿＿＿＿＿＿＿,原因是:＿＿＿＿＿＿＿＿＿＿＿＿＿＿＿＿＿＿＿＿

③曲轴飞轮组组成与结构如图 2-53 所示,回答下列问题。

观察曲轴飞轮组实物及图 2-53,填写表 2-29。

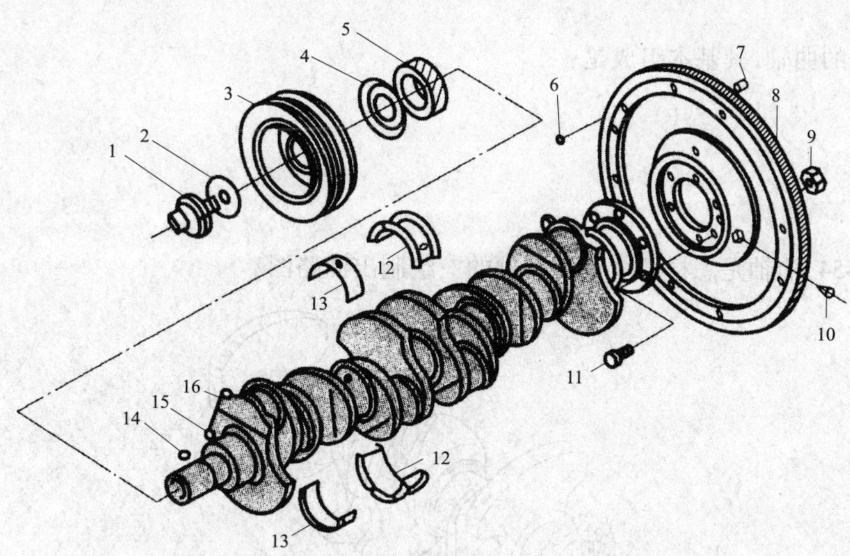

图2-53　曲轴飞轮组的结构图

曲轴飞轮组零部件

表2-29

序号	零件名称	功能	工作条件	金属材料
1				
2				
3				
4				
5				
6				
7				
8				
9				
10				
11				
12				
13				
14				
15				
16				

a. 曲轴。

观察拆卸的曲轴,其基本组成是:

观察图 2-54,曲轴是怎样解决润滑问题的？绘制出油路图。

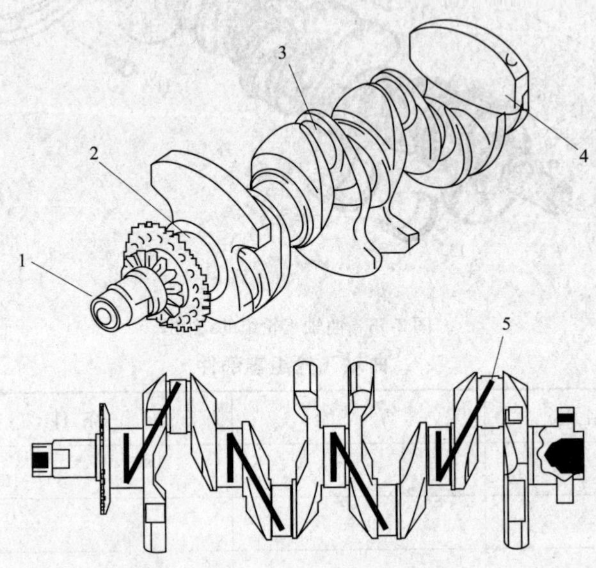

图 2-54　曲轴的润滑油路图

1-曲轴前端;2-主轴颈;3-曲柄销;4-平衡器;5-油孔

观察曲轴的支承形式,如图 2-55 所示,回答下面问题。

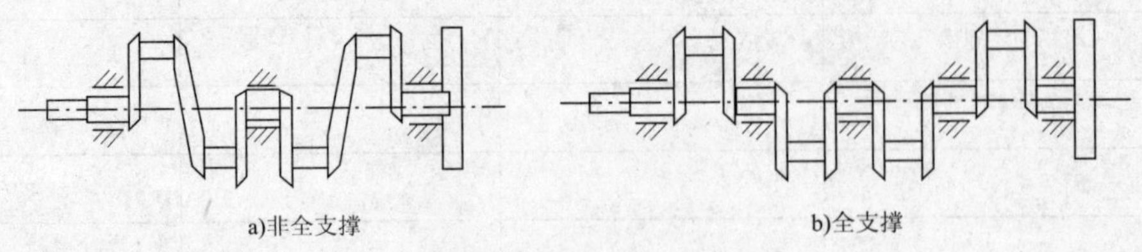

图 2-55　曲轴的支承形式

你拆卸的曲轴属于:(　　)。

A. 全支承形式　　　　B. 非全支承形式

观察平衡重的位置,画受力图,分析平衡重存在的必要性。

观察你所拆卸曲轴的轴向限位装置，回答下面问题。
设置轴向限位装置的原因是:

曲轴的轴向限位装置有几种形式？各是什么？

曲轴的轴向限位装置的部位有(　　)。

A. 一处　　B. 二处　　C. 多处

观察你所拆卸的曲轴,它的前后端是如何解决密封问题的?

b. 曲拐的布置。

提示

曲拐布置的一般规律

1. 各缸的作功间隔要尽量均衡,以使发动机运转平稳。
2. 连续作功的两缸相隔尽量远些,最好是在发动机的前半部和后半部交替进行。
3. V 形发动机左右汽缸尽量交替作功。
4. 曲拐布置尽可能对称、均匀,以使发动机工作平衡性好。
5. 对缸数为 i 的四行程发动机而言,其作功间隔角为:$720°/i$。

分析:四缸发动机的作功顺序为什么可以是1-2-4-3或1-3-4-2?

直列六缸发动机的作功顺序怎样确定？

c. 扭转减振器。

观察扭转减振器的安装位置，它的工作原理是：

d. 飞轮。

观察你所拆卸的飞轮上是否有记号？若有，它的作用是什么？

查阅资料，飞轮与曲轴装配时有什么要求？装配后为什么要进行动平衡试验？

观察发动机，分析曲轴能驱动哪些附件，绘制其动力传递路线。

引导问题 17　如何进行配气机构的拆装作业？

(1) 观察你所拆装的发动机，设置配气机构的理由是什么？它与曲柄连杆机构有什么样的关系？

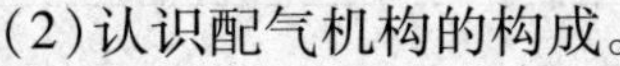

(2)认识配气机构的构成。

如图2-56所示为配气机构的构成图,回答下列问题。

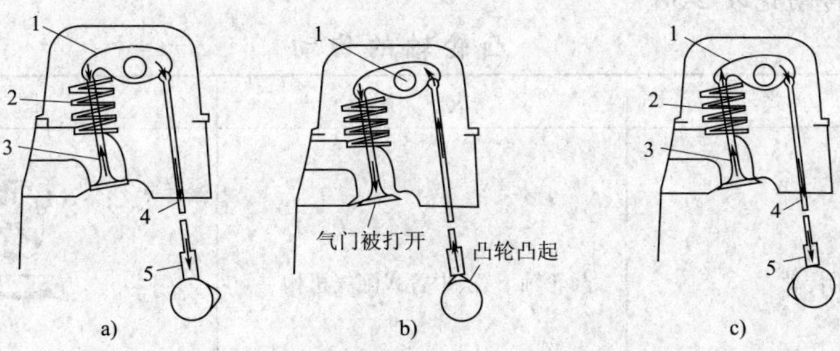

图2-56　配气机构的结构图

1-摇臂;2-气门弹簧;3-气门;4-推杆;5-凸轮

配气机构由几个部分组成?

(3)发动机的换气过程包括:______

对换气过程的要求是:______

(4)充气效率。

①充气效率的意义是:

②观察配气机构,阅读相关资料,列举你所拆卸的发动机从结构上是怎样提高充气效率的。

(5)配气机构的分类。

①按凸轮轴的布置位置分为:______

②观察你所拆卸的发动机,其配气机构是属于______布置方式。

提示

凸轮轴的传动见表2-30。

凸轮轴的传动 表2-30

传动方式	应用	图示
齿轮传动	凸轮轴下置、中置式配气机构	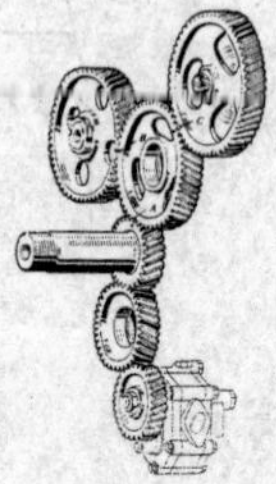
链条传动	凸轮轴上置式配气机构	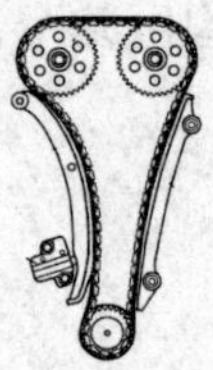
齿形带传动	凸轮轴上置式配气机构	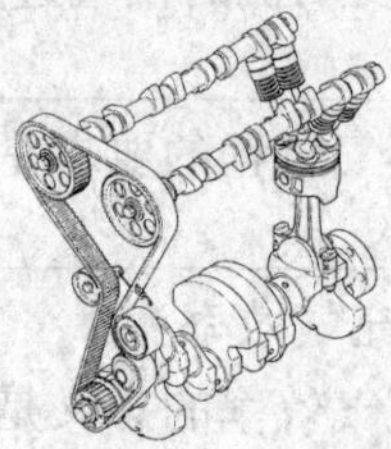

(6)观察配气机构结构图,它是如何工作的?

(7)配气相位。

①分析:

从理论上讲,发动机进气行程和排气行程所对应的曲轴的转角是180°,但实际的发动机进气门和排气门都是提前打开、迟后关闭的,请说明理由。

②配气相位图如图2-57所示，回答下列问题。

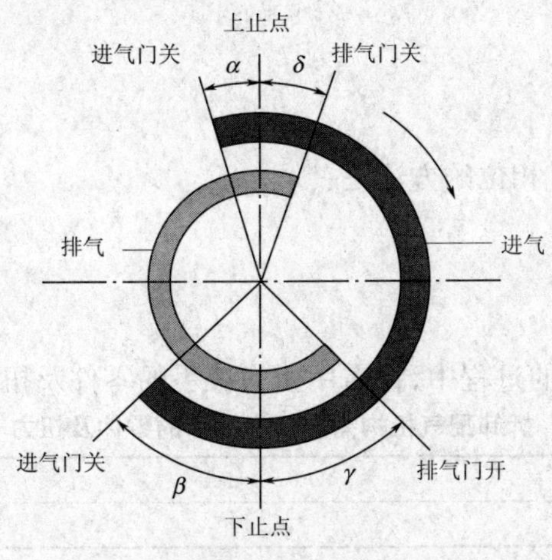

图2-57　配气相位图

a. 你是怎样理解配气相位的?

b. 分析：

实际的发动机进气门和排气门提前打开、迟后关闭，存在进气门和排气门同时开启的时段，为什么气体不会倒流？请分析。

(8)拆装配气机构。

①制订拆装计划：

②将拆装所需的常用工具清单填入表2-31。

常用工具清单　　表2-31

工具名称	
型号大小	

③拆卸的步骤及要点是：

④装配的步骤及要点是:

装配时保证正确的配气相位的方法是:

⑤查阅维修手册,拆卸的过程中,将需用扭力扳手的零件及扭矩的大小填入表2-32。

拆卸配气机构需用扭力扳手的零件及扭力 表2-32

零件名称	
扭矩的大小	

⑥拆卸的零部件应该(　　)。

A. 放在地上　B. 放在自己方便装配的地方　C. 有顺序、规范、整齐地放在工作台上

⑦查阅维修手册,拆装的过程中,是否需要专用工具?如需要将专用工具的名称及型号填入表2-33中。

所需专用工具表 表2-33

专用工具名称	型号(代号)

(9)熟悉并掌握配气机构各零部件的结构,其工作原理为:

①气门组的零件结构如图2-58所示,回答下面问题。

a. 写出各个零件的名称:

1-________;2-________;3-________;4-________;

5-________;6-________;7-________

b. 填写表2-34。

气 门 零 件 表2-34

零件名称	功　能	材　料	结构形式
气门座			
气门弹簧			

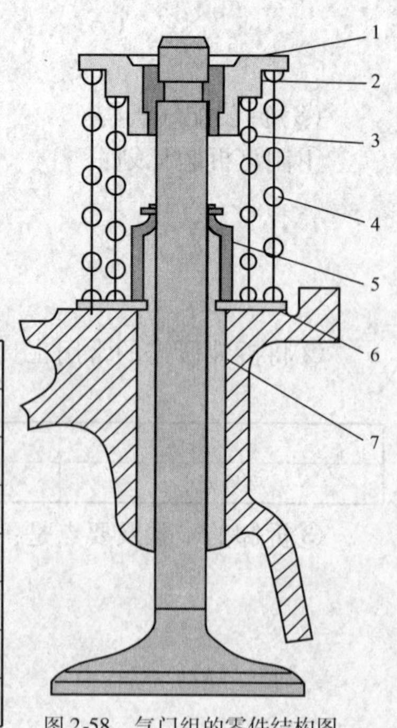

图2-58　气门组的零件结构图

c. 观察气门的实物,找到气门密封锥面,设置这一锥面的意义是:

d. 进气门和排气门的气门锥角一样大吗?为什么?

e. 观察图形2-59,发动机的气门锥角比气门座锥角(　　),该角称为密封干涉角。

A. 大　　　　B. 小

f. 设置密封干涉角的目的是________________________________。

g. 气门导管是如何解决润滑问题的?

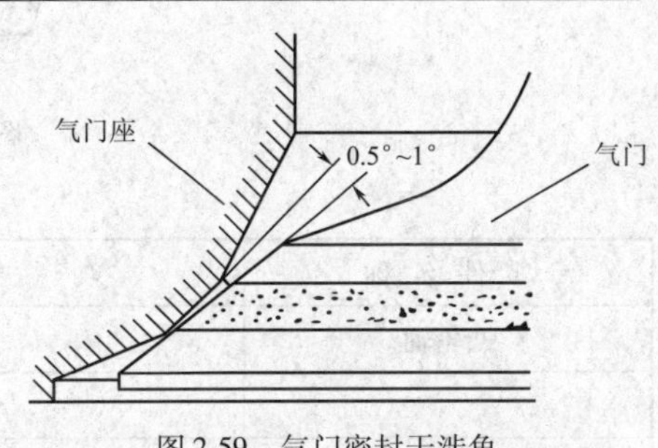

图2-59　气门密封干涉角

h. 发动机多气门结构如图2-60所示,回答下面问题。

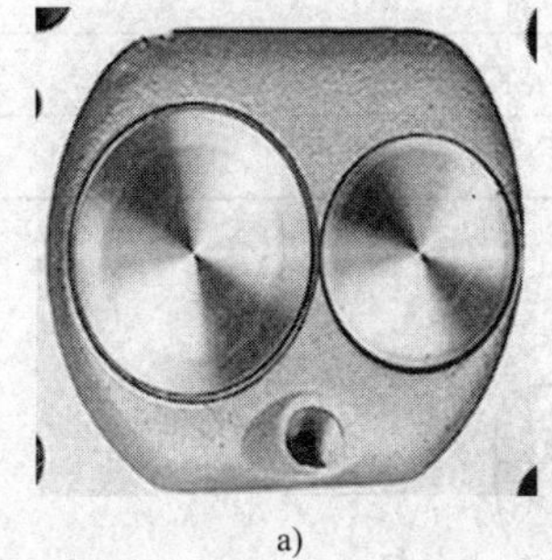
a)

b)

c)

图2-60　发动机多气门图

分析:发动机采用多气门的主要原因是什么?

②熟悉并掌握气门传动组的零件结构,其工作原理为:

a. 图 2-61 所示为多数轿车采用的气门传动组结构图，填写表 2-35。

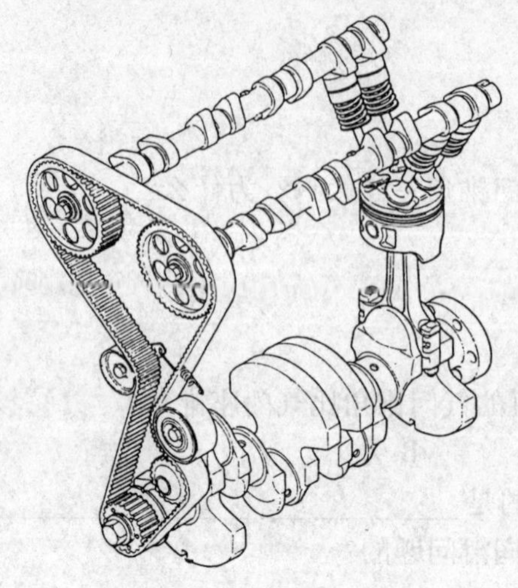

图 2-61　气门传动组结构图

气门传动组组成　　表 2-35

零件名称	功　能	材　料	结构组成
凸轮轴			

b. 气门间隙。

观察图 2-62，找到气门间隙所在位置。

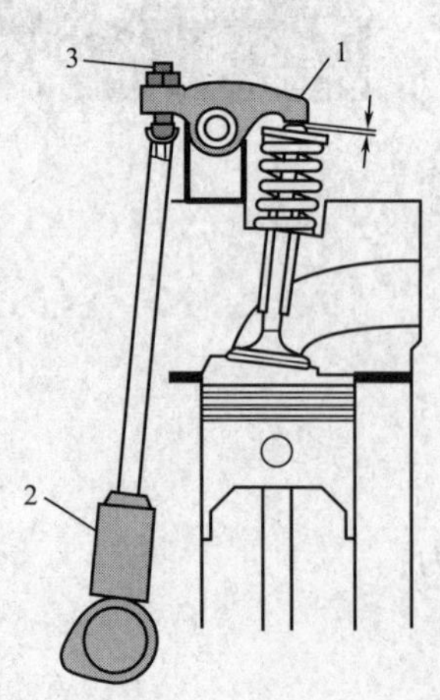

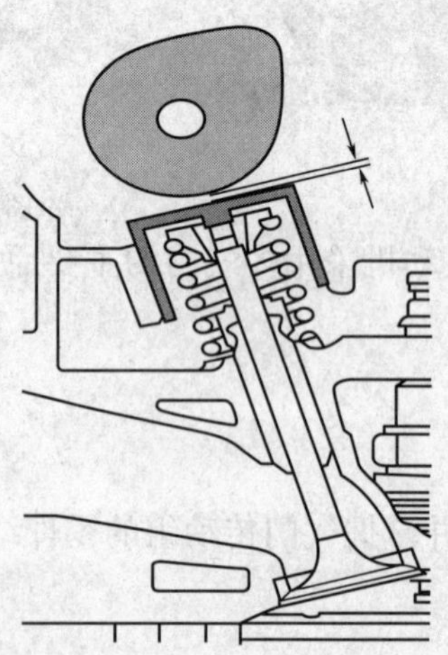

图 2-62　气门间隙图

1-摇臂；2-气门挺柱；3-调整螺钉

分析:气门间隙过大和过小对发动机的工作会造成怎样的影响?

c. 凸轮轴。

观察拆卸的凸轮,凸轮的轮廓形状如图 2-63 所示,回答下列问题。

凸轮的轮廓形状有什么作用?

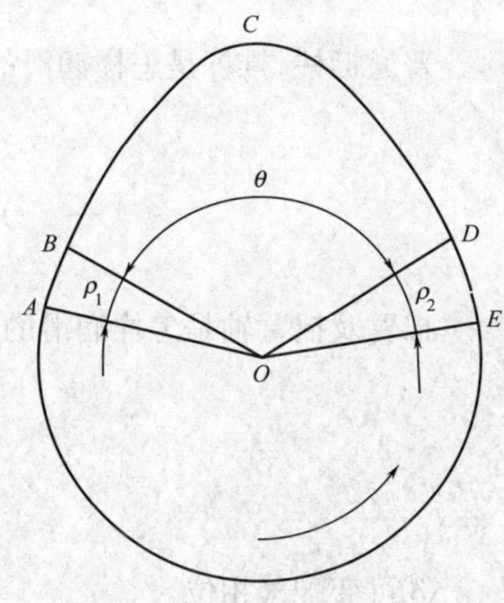

图 2-63　凸轮的轮廓形状

图 2-63 中,气门开启点在__________, 消除气门间隙阶段是__________,气门升程最大点是__________,气门关闭点是__________,出现气门间隙阶段是____________________。

你所拆卸的凸轮轴是怎样轴向定位的?

d. 液力挺柱。

液力挺柱的结构如图 2-64 所示,液力挺柱的工作原理是怎样的?

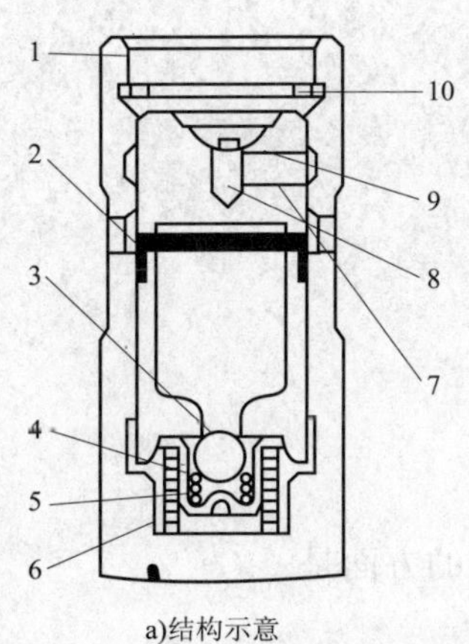

a)结构示意

b)外形

图 2-64　液力挺柱的工作原理图

1-挺柱体;2-柱塞;3-止回阀;4-止回阀支承座;5-止回阀弹簧;6-柱塞弹簧;7-进油计量孔;8-进油孔;9-推杆座;10-卡簧

e. 配气机构的润滑。

观察拆卸的发动机，配气机构的压力润滑路线是：

普通挺柱、推杆是怎样润滑的？

摇臂及摇臂轴是怎样润滑的？

③可变配气相位。

a. 观察一台装可变配气相位的发动机，其可变配气相位的类型是什么？其工作原理是怎样的？

b. 查阅资料，可变配气相位的类型有哪些？

引导问题 18　如何装配发动机总成？

(1)装配完一台发动机后，你的收获是：

(2)下次再拆装发动机，在制订计划上要改进的方面是：

(3)下次再拆装发动机,在拆装技术上要改进的地方是:

四、评价与反馈

1. 小组成果展示

简述本小组收获与体会。

(1)____________________

(2)____________________

(3)____________________

你对其他小组的建议。

(1)____________________

(2)____________________

2. 课程过程评价(表2-36)

课程过程评价表　　表2-36

考核项目	评 分 标 准	分数	学生自评	小组互评	教师评价	小计
劳动纪律	有无迟到、早退和旷工	5				
团队合作	是否和谐	5				
活动参与	是否精彩	5				
安全生产	有无安全隐患	10				
方案制订	是否正确	15				
操作过程	是否正确、熟练	30				
任务质量	是否圆满完成	5				
工具、设备使用	是否规范、标准	10				
工单填写	是否完整、规范	5				
现场5S	是否做到	10				
总分		100				
教师签字:	年　月	日			得分	

注意:没有按照操作流程操作,出现人身伤害或设备严重事故,本任务考核结果为0分。

学习任务3　离合器拆装

工作情境描述

一辆上海大众桑塔纳轿车，底盘传动系采用膜片弹簧离合器，行驶2万km，驾驶员发现汽车起步困难，动力下降，行驶无力，上坡时离合器内有焦臭味。现在车辆已经开至维修站点，维修技师怀疑该离合器打滑，请你及你的团队又快又好地拆卸、安装该车离合器，以便该离合器的后续修理。

学习目标

通过本学习任务的学习，你应当能：

1. 根据派工单内容确定工作内容和制订工作计划；
2. 了解上海大众桑塔纳轿车膜片弹簧离合器的作用、类型，认识、熟悉该离合器的结构特点；
3. 根据维修手册制订原车旧离合器总成的拆卸工艺流程；
4. 根据拆卸工艺流程和技术要求，在规定时间内，正确、安全使用工具和设备，完成旧离合器总成拆卸；
5. 根据维修手册制订新离合器安装工艺流程，在规定时间内，安全、规范地完成新离合器安装、离合器踏板高度及自由行程的调整、分离杠杆高度的调整；
6. 在规定时间内，按照安装工艺流程和技术要求，快速、正确、安全使用拆装工具和设备等进行该膜片弹簧离合器的拆装；
7. 由感性认识，总结、上升到理性认识（唯物辩证法），总结出膜片弹簧离合器的一般规律，用以指导其他车型膜片弹簧离合器的拆装实践。

内容与结构

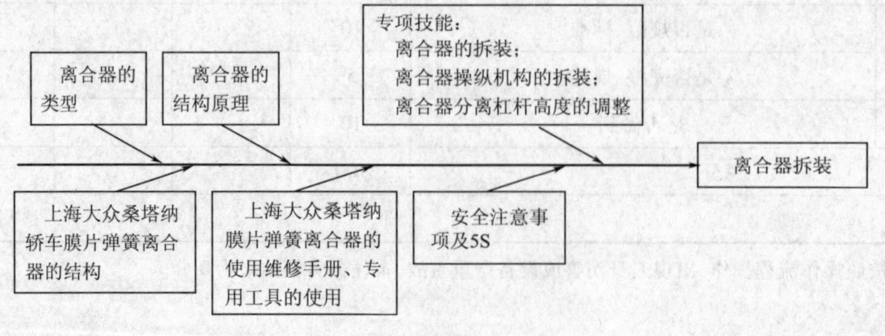

建议学习时间:4h

引导问题

一、任务准备

引导问题1　离合器有哪些功用?

离合器的功用:

(1)____

(2)____

(3)____

引导问题2　离合器的分类有哪几种?

通过学习,完成表3-1。

离合器的分类与应用　　表3-1

分类方法	类　型	结构特点	应用车型举例
按从动盘数目不同来分			
按压紧弹簧类型来分			
按压紧弹簧的布置形式不同来分			
按离合器是否浸在油中来分			

引导问题3　离合器由哪些部分组成?各部分起何作用?

(1)查阅上海大众桑塔纳轿车膜片弹簧离合器相关资料,描述其结构组成。

(2)图3-1所示为上海大众桑塔纳轿车的膜片弹簧离合器示意图,填写图3-1中数字后的元件名称。

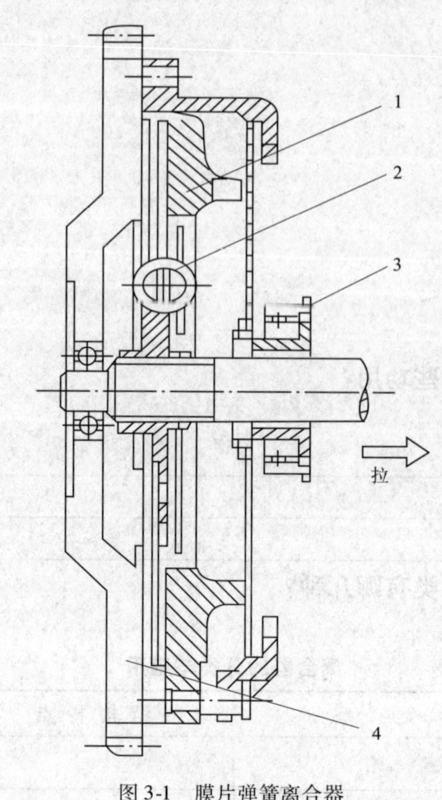

图 3-1　膜片弹簧离合器

1-________;2-________;3-________;4-________

(3)图 3-2 所示为上海大众桑塔纳轿车的膜片弹簧离合器操纵机构示意图,填写图 3-2 中数字后的元件名称。

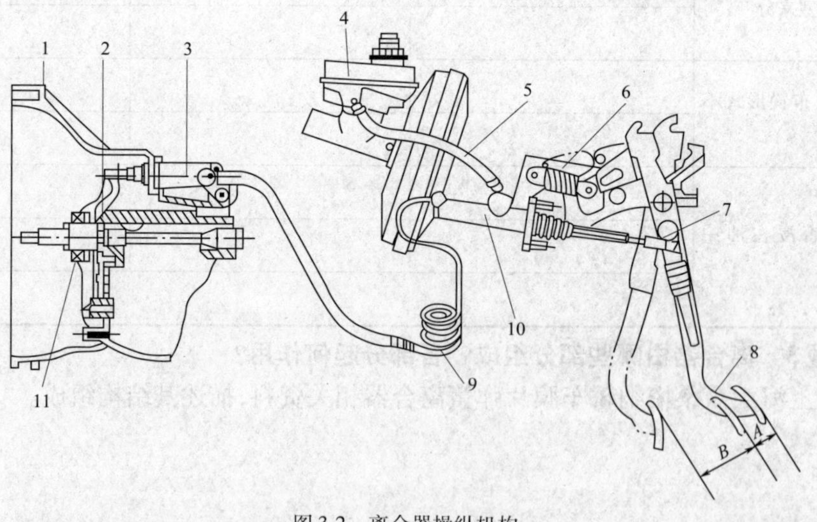

图 3-2　离合器操纵机构

1-________;2-________;3-________;4-________;5-________;
6-________;7-________;8-________;9-________;10-________;
11-________

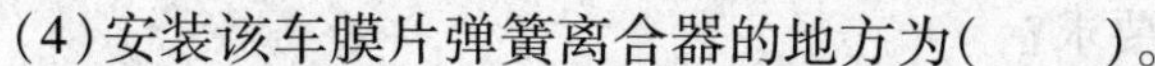

（4）安装该车膜片弹簧离合器的地方为（　　）。

A. 举升机上　　　　B. 工作台上　　　　C. 地面上

（5）图3-3为膜片弹簧离合器工作原理图，描述离合器结合的动力传递路线，分析离合器结合的过程。

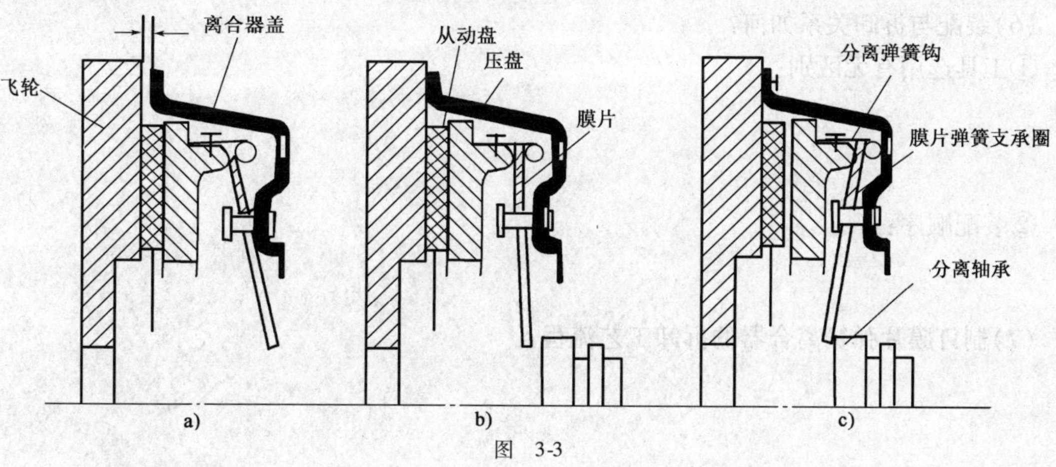

图　3-3

二、方案制订与优选

引导问题4　如何制订该车膜片弹簧离合器的拆卸工艺流程？

（1）所需的专业、课外学习资料。

专业学习资料有____________、____________、____________；

课外学习资料有____________、____________、____________。

（2）安全操作要求、环保要求，完成表3-2。

离合器拆装的安全操作、环保要求　　表3-2

安全操作项目	安全注意事项要点描述	环 保 项 目	环保要求事项要点描述
工作台安装与使用		环保要求1	
离合器支承与移动		环保要求2	
安装工具、设备使用		环保要求3	

（3）膜片弹簧离合器的主要参数指标有哪些？完成表3-3。

离合器的主要参数指标　　表3-3

主要参数指标名称	含 义 说 明

（4）确认该车膜片弹簧离合器的具体拆卸部位和所用工具，完成表3-4。

离合器拆卸部位与工具　　表3-4

拆 卸 部 位	所 用 工 具	拆 卸 部 位	所 用 工 具

(5) 拆装膜片弹簧离合器有哪些技术要求？
主要技术要求有：

(6) 装配与拆卸关系如何？
①工具选用有无区别：

②装配顺序：

(7) 制订膜片弹簧离合器的拆卸工艺流程：

(8) 制订膜片弹簧离合器的装配工艺流程：

三、实施与控制

引导问题 5　如何正确选用并备齐所有工具和设备？完成表 3-5。

离合器拆装所需工具设备　　表 3-5

普通维修工具设备	
专用工具设备	
专用夹具设备	

引导问题 6　主要螺栓的拧紧力矩是多少？完成表 3-6。

主要螺栓的拧紧力矩　　表 3-6

主要螺栓名称	拧 紧 力 矩	主要螺栓名称	拧 紧 力 矩

引导问题7　如何拆卸离合器?

(1)离合器拆卸(图3-3):

> **提示**
>
> **离合器拆卸工艺**
>
> 1. 在离合器盖、飞轮上作装配记号。
> 2. 从飞轮上拆下离合器:用对角线交叉法旋下螺栓,取下离合器盖、压板总成,再取下从动盘。
> 3. 在离合器盖、压板、膜片弹簧间作装配记号,进行分解。
> 4. 拆下膜片弹簧装配螺栓,将膜片弹簧、压盘、离合器盖分解。

根据图3-4,写出各零件名称。

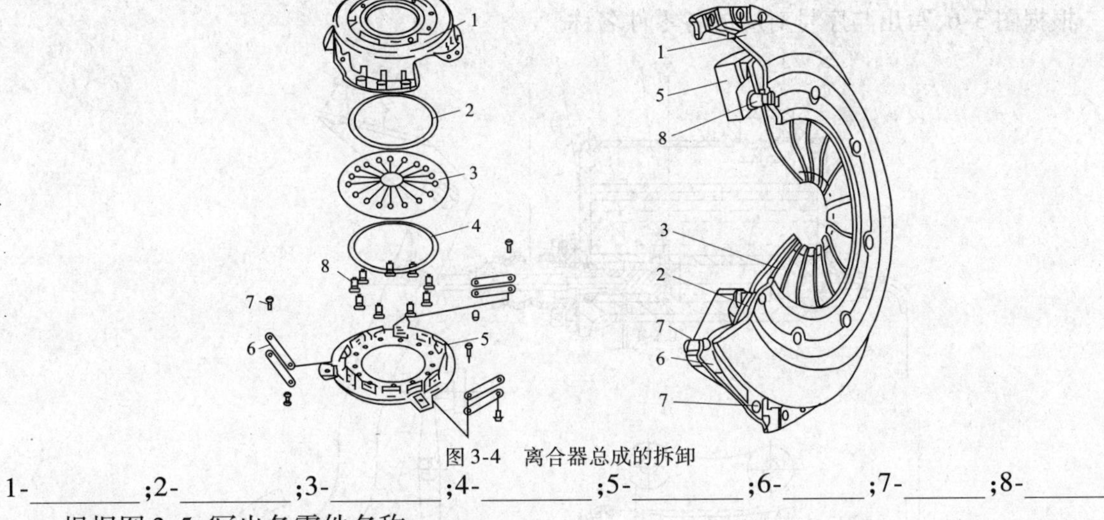

图3-4　离合器总成的拆卸

1-________;2-________;3-________;4-________;5-________;6-______;7-________;8-______

根据图3-5,写出各零件名称。

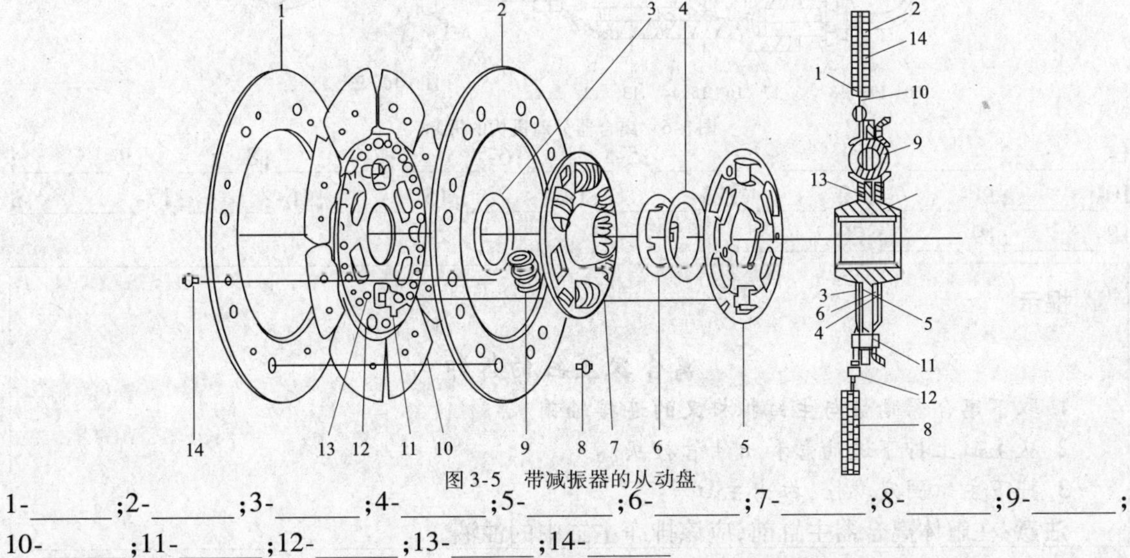

图3-5　带减振器的从动盘

1-______;2-______;3-______;4-______;5-______;6-______;7-______;8-______;9-______;

10-______;11-______;12-______;13-______;14-______

(2)离合器分离机构的拆卸:

提示

离合器分离机构拆卸工艺

1. 从变速器壳上旋下螺母,取出螺栓,拆下驱动臂。
2. 取下分离轴承组件及分离轴承复位弹簧。
3. 旋下螺栓,取下导向套。
4. 从变速器壳后旋下螺栓,用尖嘴钳取出挡圈、防尘套,再取出衬套座。
5. 向左移动分离叉轴,移动衬套,再向右移出分离叉轴。
6. 取下复位弹簧,取出限位套。

(3)离合器操纵机构拆装。

根据图3-6,写出与序号对应的各零件名称。

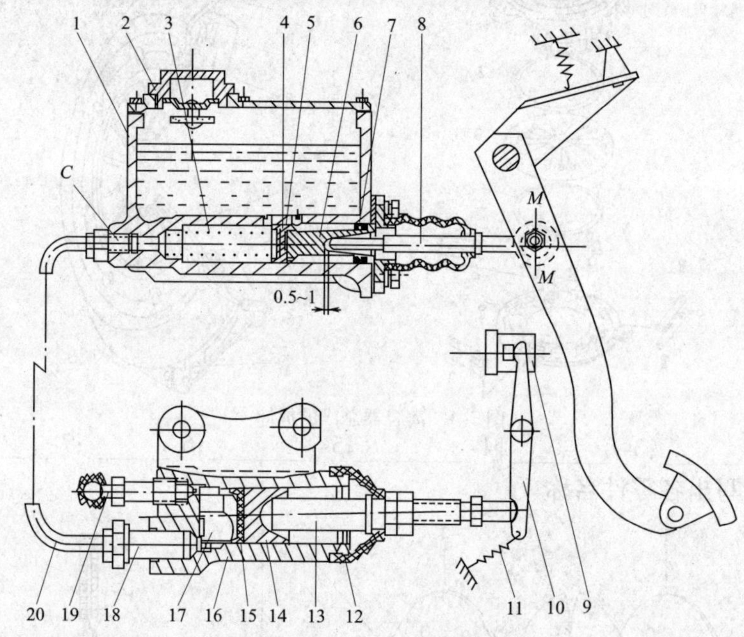

图3-6 离合器分离机构的拆卸

1-______;2-______;3-______;4-______;5-______;6-______;7-______;8-______;9-______;
10-______;11-______;12-______;13-______;14-______;15-______;16-______;17-______;
18-______;19-______;20-______

提示

离合器主缸的拆卸

1. 取下离合器踏板与主缸推杆叉的连接轴销。
2. 从主缸上拧下进油管和出油管接头。
3. 拧下主缸固定螺栓,拉出主缸。

注意:在解体离合器主缸前,应该排净主缸中的油液。

 提示

4. 分解主缸：取下防尘罩，用卡环钳拆下卡环，拉出主缸推杆、压盖和活塞。

离合器工作缸的拆卸

5. 拧下工作缸进油管接头，拆下工作缸固定螺栓，拉出工作缸。

6. 工作缸的分解：拉出工作缸推杆，拆下防尘罩，用压缩空气将工作缸活塞从缸筒内压出来。

引导问题8　离合器是怎样实现接合和分离的？

观察离合器总成，回答下列问题

(1)分离过程描述：

(2)接合过程描述：

(3)如何保证接合的柔和性：

引导问题9　如何装配离合器总成？

(1)离合器装配中有哪些技术要求？

学习完成表3-7内容。

离合器装配的技术要求　表3-7

实训参数	标准范围	实际操作要点
离合器踏板高度的调整		
离合器踏板自由行程的调整		
离合器分离杠杆高度的调整		
装配技术要求1		
装配技术要求2		
装配技术要求3		

(2)离合器装配前需要组装哪些小总成件？

组装的小总成件有：________、________。

(3)离合器装配的专用工具与安全操作要求有：

引导问题10　如何安装离合器操纵机构？

(1)离合器内操纵机构安装的主要技术要求有：

①________

②________

③____
④____
⑤____
⑥____
⑦____
⑧____

(2)离合器外操纵机构安装的主要技术要求有:

①____
②____
③____
④____

引导问题 11　本次拆装过程中,5S 理念体现在哪些方面?

四、拓展训练

(1)查阅资料,叙述单片多簧式离合器的确结构原理。

根据图 3-7,写出各零件名称。

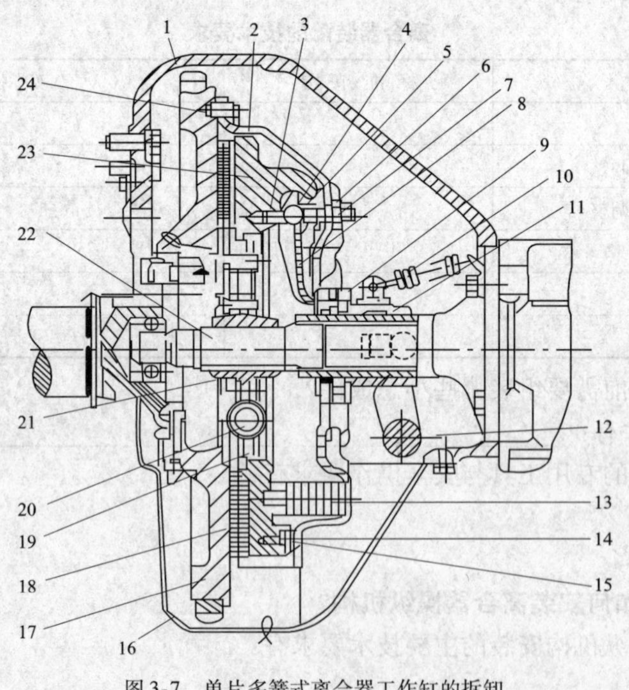

图 3-7　单片多簧式离合器工作缸的拆卸

1-__________;2-__________;3-__________;4-__________;5-__________;

6-__________;7-__________;8-__________;9-__________;10-__________;
11-__________;12-__________;13-__________;14-__________;15-__________;
16-__________;17-__________;18-__________;19-__________;20-__________;
21-__________;22-__________;23-__________;24-__________

(2)叙述双片式离合器的结构原理。

根据图3-8,写出各零件名称。

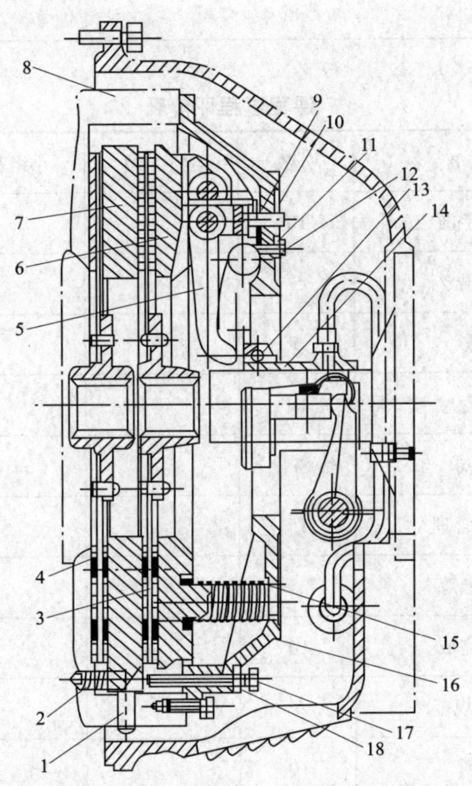

图3-8 双片式离合器

1-______;2-______;3-______;4-______;5-______;6-______;7-______;8-______;9-______;
10-______;11-______;12-______;13-______;14-______;15-______;16-______;17-______;18-______

(3)离合器踏板为何存在自由行程?这一行程过大或过小对离合器工作会产生怎样的影响?

五、评价与反馈

1.小组成果展示

简述本小组收获与体会。

(1)______________________________

____

(2)______________________________

(3)____

你对其他小组的建议。

(1)____

(2)____

2. 课程过程评价(表3-8)

课程过程评价表

表3-8

考核项目	评 分 标 准	分数	学生自评	小组互评	教师评价	小计
劳动纪律	无迟到、早退和旷工	10				
团队合作	是否和谐	5				
活动参与	是否精彩	5				
安全生产	有无安全隐患	10				
环保要求	是达到要求	5				
方案制订	是否正确、合理	15				
操作过程	是否正确熟练	25				
任务质量	是否圆满完成	10				
工单填写	是否完整、规范	5				
现场5S	是否做到	10				
总分		100				
教师签字:		年 月 日			得分	

注意:没有按照操作流程操作,出现人身伤害或设备严重事故,则本任务考核结果为0分。

学习任务4　手动变速器与驱动桥拆装

工作情境描述

一辆手动变速器轿车行驶时,变速器有异响,开到4S店,经技术人员检查后诊断为齿轮轴承磨损,需要更换轴承。维修服务顾问安排由你及你的团队完成轴承的更换任务。

学习目标

通过本学习任务的学习,你应当能:

1. 叙述手动变速器的作用;
2. 认识手动变速器的类型;
3. 叙述齿轮变速器变速增矩的原理;
4. 叙述换挡操纵机构与同步器的工作原理;
5. 在老师指导下,分析动力传递路线并绘制其示意图;
6. 在老师指导下,分析差速器差速不差矩的特性;
7. 根据工单内容确定工作内容和制订工作计划;
8. 能够根据工艺要求和维修手册制订手动变速器的拆装工艺流程;
9. 能够根据工艺要求和维修手册制订驱动桥的拆装工艺流程;
10. 在规定时间内,按照安装工艺流程和技术要求,正确、安全使用工具和设备,完成上述总成的拆装作业;
11. 能够正确查找备件,并根据环保要求进行旧件和废料回收。

内容与结构

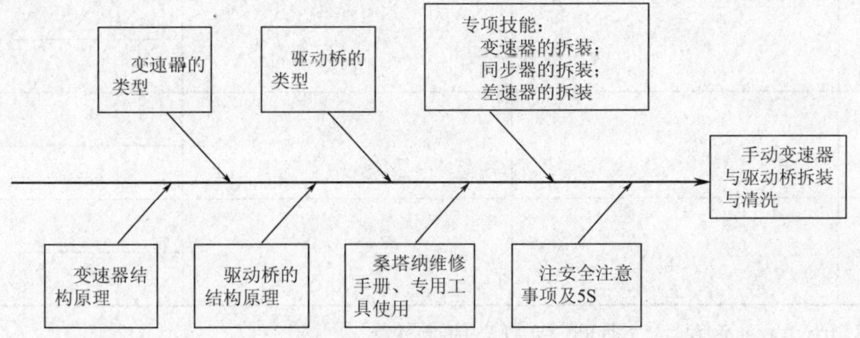

建议学习时间：13h

引导问题

一、任务准备

小知识

桑塔纳轿车采用四挡全同步手动有级齿轮传动变速器，有四个前进挡和一个倒挡。此变速器有以下特点：

(1)质量轻，整个变速器总成质量仅为31kg。

(2)采用二轴布置形式，取消了中间轴，使布置紧凑，结构更加合理。

(3)采用小模数、多齿数、大螺旋角、小齿形角，从而提高了啮合率，降低了变速器噪声。

(4)换挡操纵机构的所有连接处均采用塑料件，并装有橡胶防尘罩，既灵活，又不松动；既防振，又防尘。

变速器由壳体、输入轴总成、输出轴总成和换挡机构组成。采用了锁环式惯性同步器。变速器操纵机构由变速杆、换挡操纵杆、安全装置等组成。

引导问题1　变速器、驱动桥的分类方法和类型有哪几种？

(1)变速器的分类方法与类型，学习完成表4-1。

变速器的分类　　表4-1

序号	分类方法	类　型	应用举例
1			
2			
3			
4			

(2)驱动桥的分类方法与类型，学习完成表4-2。

驱动桥的分类　　表4-2

序号	分类方法	类　型	应用举例
1			
2			
3			
4			

引导问题2　变速器与驱动桥的组成与功用有哪些?

学习完成表4-3和表4-4。

变速器的组成与功用　　表4-3

组成部分名称	功　用

驱动桥的组成与功用　　表4-4

组成部分名称	功　用

引导问题3　现代汽车所采用的轮系有多种结构形式,按齿轮轴线的位置分为哪两种?每一种的概念及特点是什么?绘制这两种轮系的运动简图。

引导问题4　桑塔纳轿车的变速器有何特点?

引导问题 5　桑塔纳轿车手动变速器是属于哪一种轮系，它的主要组成零件有哪些？

(1)根据图 4-1 和图 4-2，标出图 4-2 中零件号的名称。

(2)绘制图 4-2 手动变速器的运动简图，由该运动简图分析挡位，写出各个挡位的运动路线。

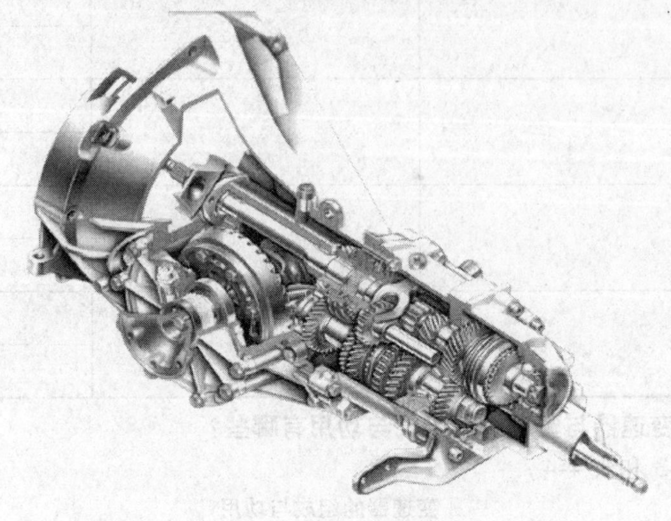

图 4-1　桑塔纳手动变速器

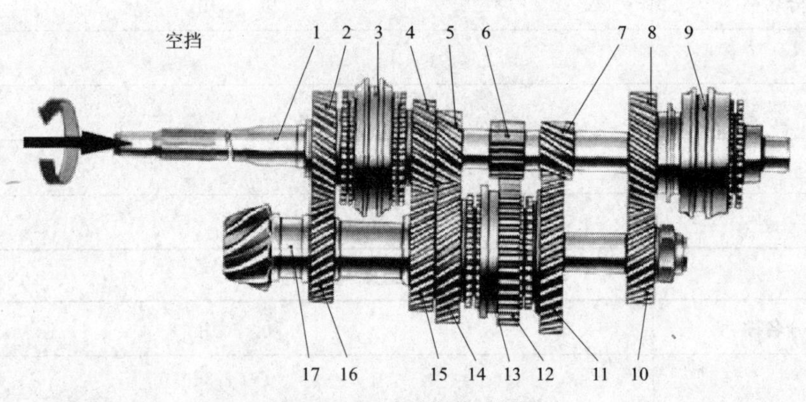

图 4-2　手动变速器传动机构

1-______;2-______;3-______;4-______;5-______;6-______;7-______;8-______;9-______;

10-______;11-______;12-______;13-______;14-______;15-______;16-______;17______

引导问题 5　桑塔纳轿车手动变速器的主要参数有哪些？

通过学习完成表 4-5。

桑塔纳轿车手动变速器的主要参数　　表 4-5

指　标	参　数	备　注
一挡传动比		
二挡传动比		
三挡传动比		
四挡传动比		
倒挡传动比		

续上表

指　　标	参　　数	备　　注
换油里程		
齿轮油型号		
主减速器传动比		

引导问题6　手动变速器和驱动桥拆装的安全注意事项有哪些？

查阅相关资料和维修手册，手动变速器和驱动桥拆装的安全注意事项有：

引导问题7　手动变速器和驱动桥主要螺栓的拧紧力矩是多少？

查阅相关资料和维修手册，完成表4-6。

主要螺栓拧紧力矩　表4-6

螺 栓 名 称	拧紧力矩(N·m)	备　　注
一挡与倒挡主动齿轮		
变速器壳体螺栓		
万向节轴与变速器		
橡胶金属支座与变速器		
驱动桥主、从动锥齿轮(啮合间隙)		
驱动桥主动锥齿轮(侧隙)		
驱动桥主、从动直齿轮		
输出轴后轴承固定螺母		

拓展知识：查阅资料，描述三轴式手动变速器的结构特点。

二、方案制订与优选

引导问题8　如何制订手动变速器、驱动桥的拆装工艺流程？

(1)需要准备何种学习资料进行学习？

专业学习资料有：________、________、________。

(2)分解变速器、驱动桥应该在(　　)。

A. 工作台上　　B. 地上　　C. 翻转架上

(3)解体变速器、驱动桥前，需要拆除哪些件？

(4)有哪些安全操作要求?

(5)有哪些环保要求?完成表4-7。

废料的回收与存放 表4-7

作 业 项 目	环保注意事项描述
变速器油的回收与存放	
橡胶件回收与存放	

(6)在此拆装作业中,5S的内涵是什么?学习完成表4-8。

手动变速器拆装过程中的5S内涵 表4-8

5S内容					
5S内涵					

(7)根据上述分析,制订桑塔纳手动变速器、驱动桥的拆卸工艺。

(8)制订桑塔纳手动变速器、驱动桥的装配工艺。

①拆卸与安装有何联系?

工具选用有无差异:____________________

工艺顺序关系:____________________

预润滑的部位和方法:____________________

②制订桑塔纳变速器、驱动桥的装配工艺流程：

三、实施与控制

引导问题9　如何拆卸手动变速器？

(1)正确选用并备齐所有工具和设备，学习完成表4-9和表4-10。

通 用 工 具　　表4-9

通用工具名称	使 用 要 求

专 用 工 具　　表4-10

专用工具名称	工 具 编 号	使 用 要 求

(2)变速器的拆卸。

注意

记下各螺栓的长度和位置、阀板上油道的连接，如有必要，拆卸前先拍照片，以备装配时用。

①如何让主动锥齿轮固定，以便松开主动锥齿轮螺母？

②如何安装支承桥？

引导问题 10　下列变速器的同步器是哪种形式？

（1）观察图 4-3，完成零件名称标注。

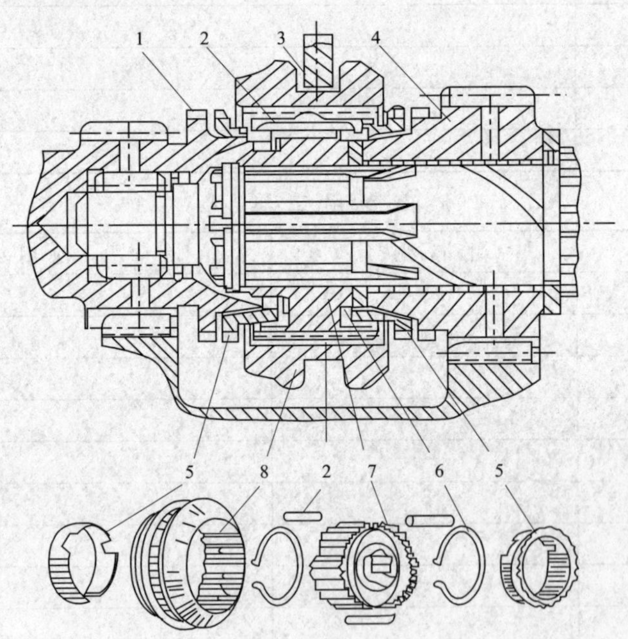

图 4-3　锁环式同步器的结构

1-＿＿＿＿＿＿；2-＿＿＿＿＿＿；3-＿＿＿＿＿＿；4-＿＿＿＿＿＿；5-＿＿＿＿＿＿；
6-＿＿＿＿＿＿；7-＿＿＿＿＿＿；8-＿＿＿＿＿＿

（2）根据图 4-4、图 4-5，分析同步器的工作原理，描述同步器的接合过程。

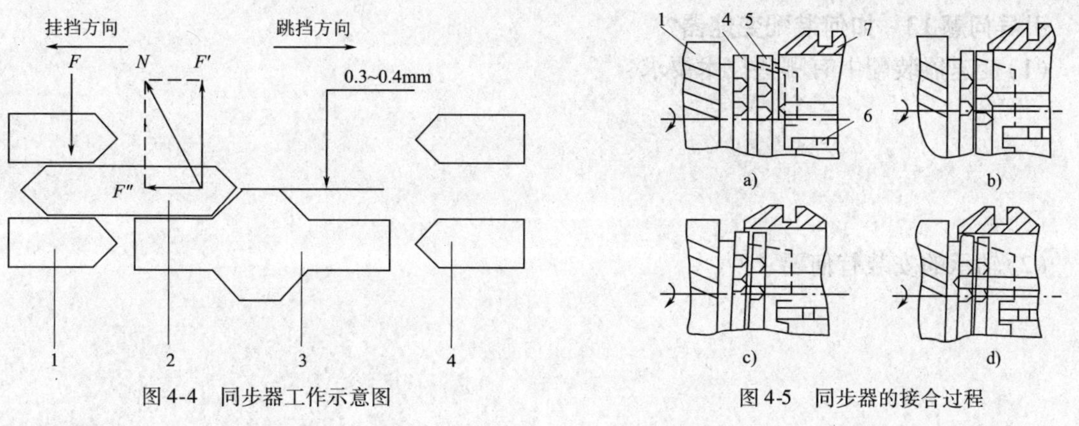

图4-4　同步器工作示意图

图4-5　同步器的接合过程

引导问题11　各挡的动力传递路线是怎样的?

将拆散的一、二轴组装起来,模拟挂挡,并据图4-6画出各挡的动力传递简图。

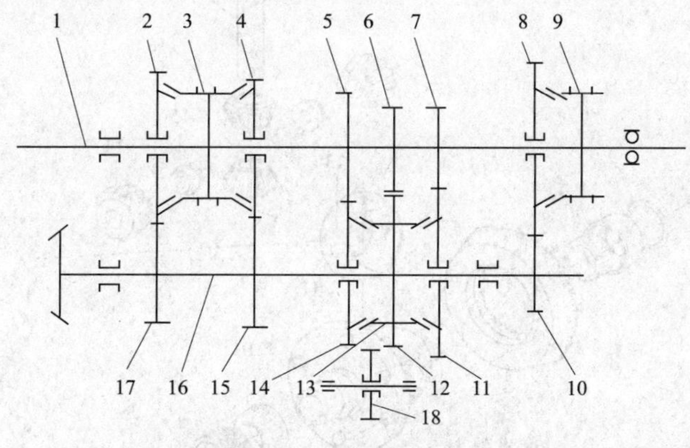

图4-6　变速器传动示意图

引导问题12　拆装变速器的换挡操纵机构,观察其锁止装置,锁止装置有几种?各个锁止装置的工作原理是怎样的?

引导问题 13　如何装配变速器？

(1)变速器装配中有哪些技术要求？

(2)轴承的安装有何要求？

引导问题 14　如何拆卸驱动桥？

(1)主减速器主动锥齿轮的齿数为__________,从动锥齿轮的齿数为__________,传动比为__________。

(2)图 4-7 所示为主减速器和差速器的分解图,写出各零件的名称。

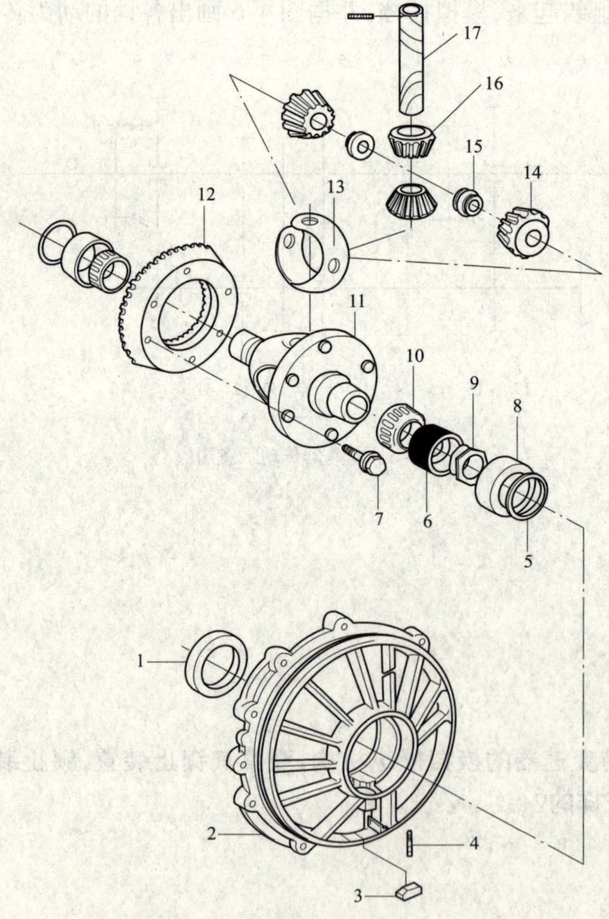

图 4-7　主减速器和差速器的分解图

1-________;2-________;3-________;4-________;5-________;
6-________;7-________;8-________;9-________;10-________;
11-________;12-________;13-________;14-________;15-________;
16-________;17-________

引导问题15 差速器是怎样工作的?

根据图4-7,利用拆散的零件演示差速器的工作原理。

(1)描述差速特性。

①直线行驶时:____

②左向转弯时:____

③右向转弯时:____

④驱动桥支离地面,发动机不启动时:____

(2)描述转矩特性:

引导问题16 驱动桥在装配过程中有哪些技术要求?

(1)从动锥齿轮的紧固螺栓能否重复使用?

(2)主、从动齿轮的更换应注意什么问题?

(3)图4-8所示为从动齿轮的安装方法,描述其过程。

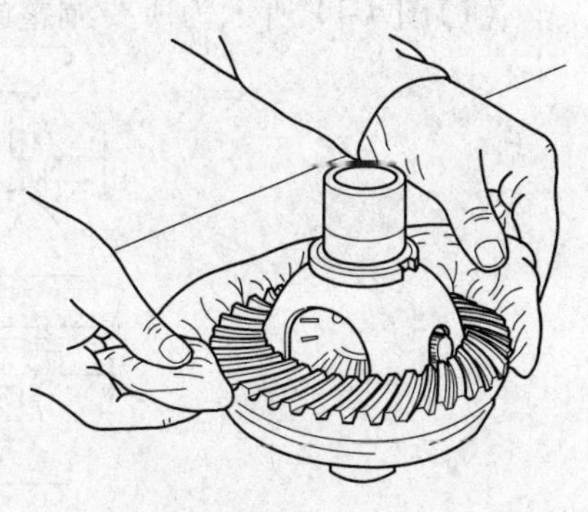

图4-8 安装从动齿轮

(4)拧紧力矩:从动锥齿轮螺栓__________N·m,主减速器盖螺栓__________N·m,半轴凸缘螺栓__________N·m。

(5)图4-9所示为车速里程表主动齿轮和锁紧套筒的安装,描述其过程。

①所用的专用工具名称是:

②X =

(6)如图4-10所示为检查摩擦力矩,描述其过程。

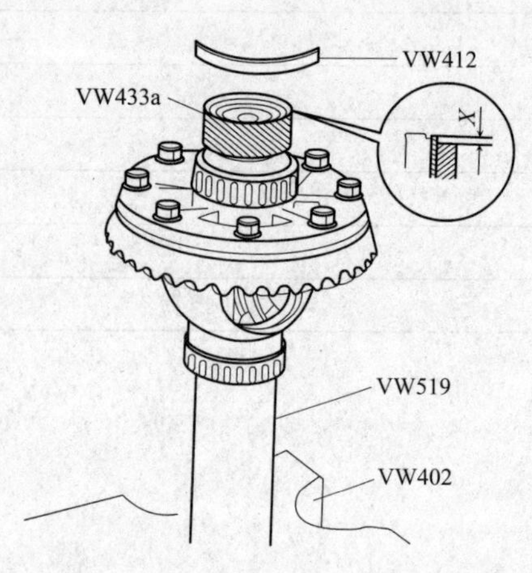

图4-9 装上车速里程表主动齿和锁紧套筒

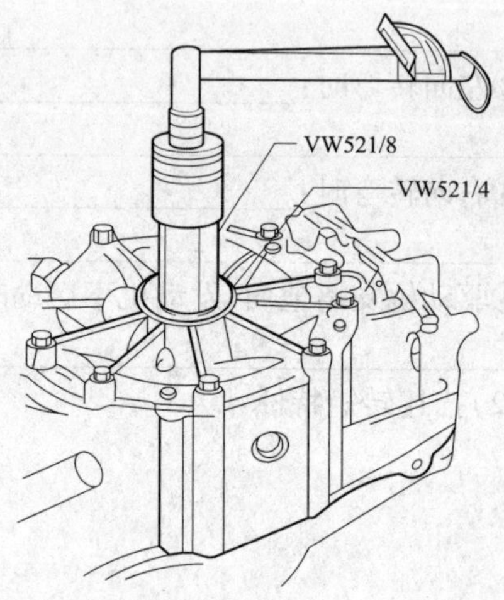

图4-10 检查摩擦力矩

①对新的轴承来说,最小应为__________N·m。

②检查摩擦力矩时,差速器轴承是否需要润滑?为什么?

引导问题17 主减速器的调整项目有哪些?如何调整?

(1)图4-11所示为所要调整的部位,描述这几个调整部位的调整名称。

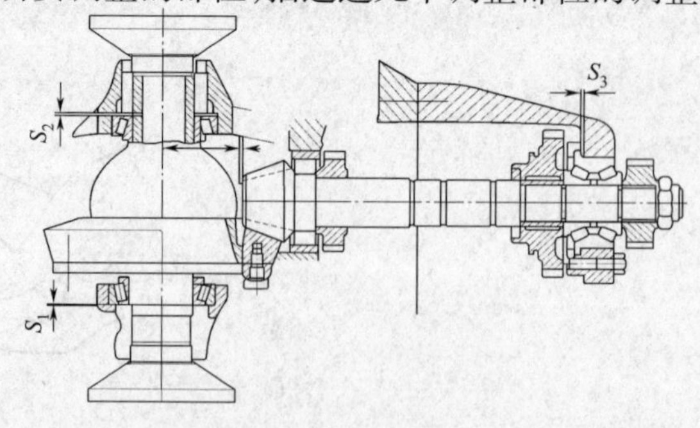

图4-11 调整部位

S_1：________________

S_2：________________

S_3：________________

(2)如图4-12所示为测量A的尺寸,描述其方法,A的尺寸为________mm。

(3)如图4-13所示为测量e的尺寸,描述其方法。

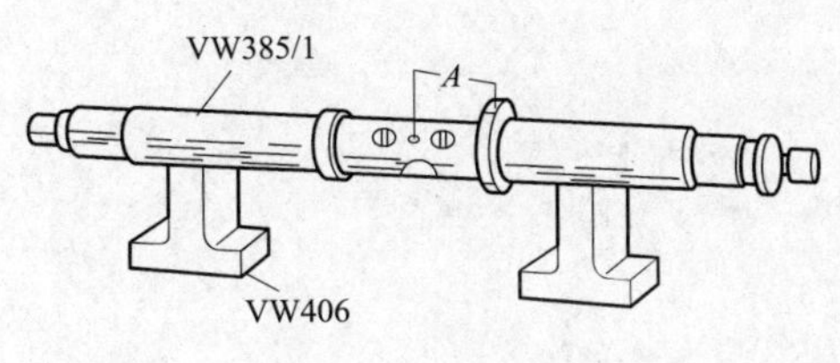

图4-12 测量A的尺寸

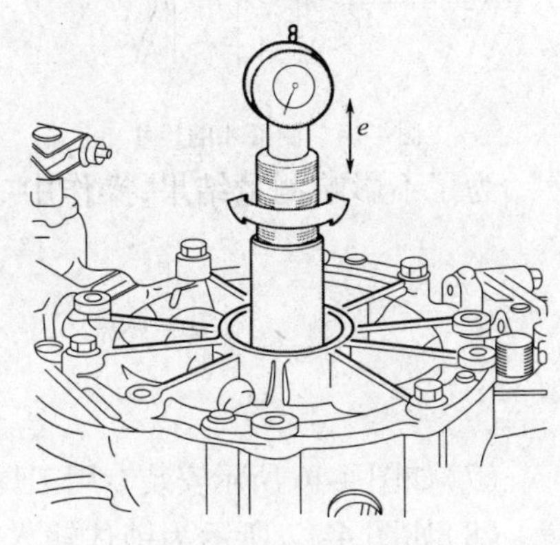

图4-13 测量e的尺寸

(4)图4-11中S_3如何计算？哪些部位的垫片用来调整S_3？

(5)如图4-14所示为测量A的尺寸,描述其过程。

(6)如图4-15中箭头所示,上下移动差速器,记下百分表上刻度的变化值,为________。

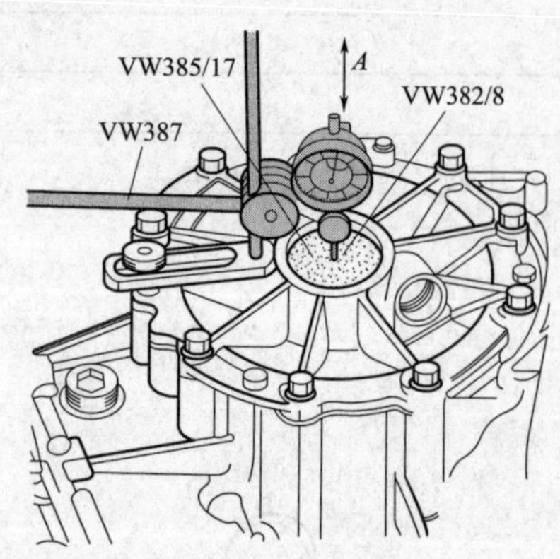

图 4-14　测量 A 的尺寸

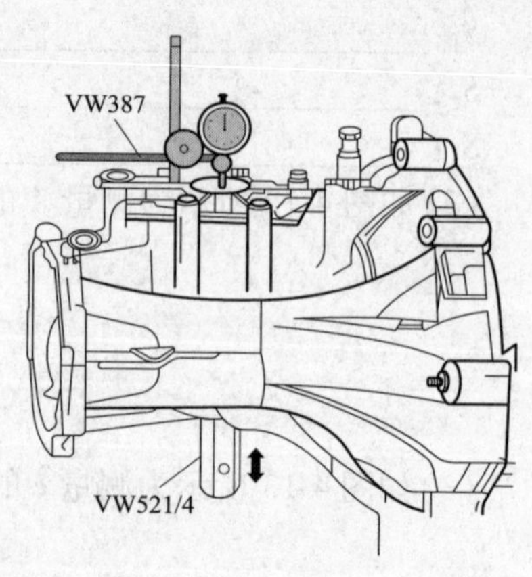

图 4-15　上下移动差速器

为了不影响测量结果，操作中应注意什么问题？

(7) 如图 4-16 所示安装专用工具。安装的位置：尺寸 A 为______mm，角 α 约为________°。

(8) 如图 4-17 所示为锁住输入轴，描述其过程。

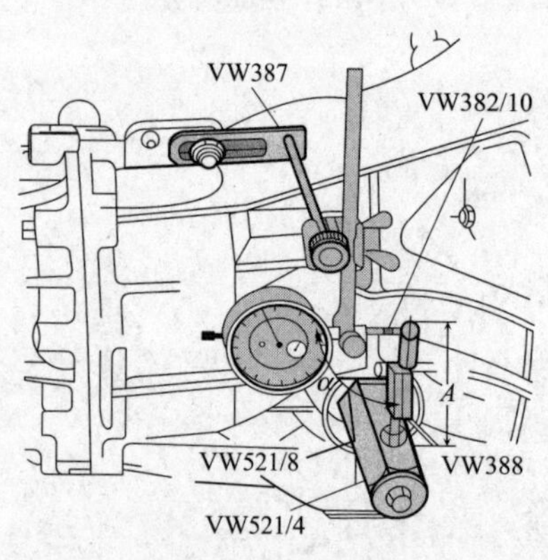

图 4-16　安装专用工具

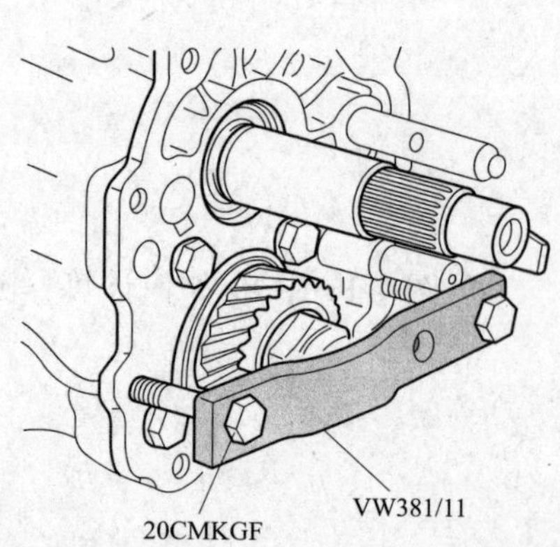

图 4-17　锁住输入轴

①为什么要锁住输入轴？

②专用工具名称是什么？

(9)如何计算图 4-11 中 S_1、S_2？

(10)有哪些厚度的调整垫片可供选择用于调整 S_1、S_2？

四、拓展训练

(1)查阅资料，说明 EQ1090 车的变速器与桑塔纳车的变速器有何区别。

(2)锁销式同步器的结构原理：

(3)防滑差速器有哪几种结构形式？根据图 4-18 写出相应零件的名称。

结构形式有：______

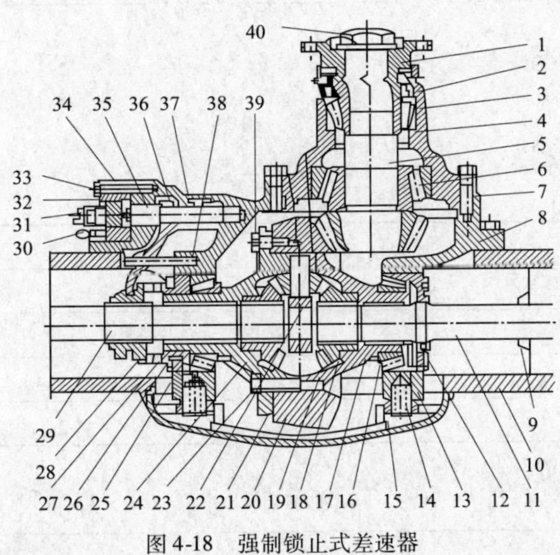

图 4-18　强制锁止式差速器

1-______________;2-______________;3-______________;4-______________;5-______________;
6-______________;7-______________;8-______________;9-______________;10-______________;
11-______________;12-______________;13-______________;14-______________;15-______________;
16-______________;17-______________;18-______________;19-______________;20-______________;
21-______________;22-______________;23-______________;24-______________;25-______________;
26-______________;27-______________;28-______________;29-______________;30-______________;
31-______________;32-______________;33-______________;34-______________;35-______________;
36-______________;37-______________;38-______________;39-______________;40-______________

(4)查阅资料,根据图 4-19 分析托森差速器的结构原理,并写出相应零件的名称。

结构原理:____

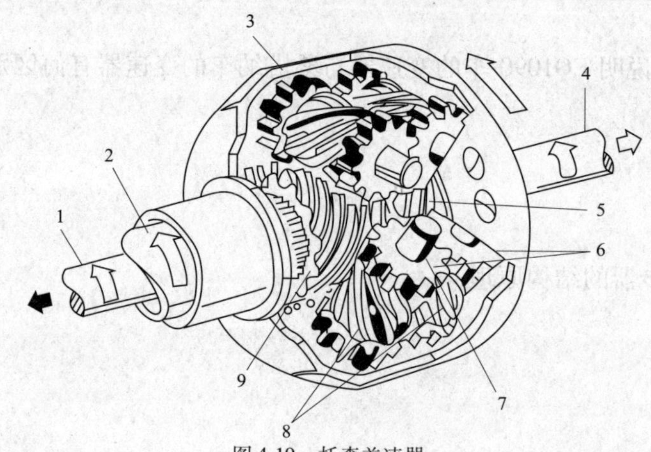

图 4-19　托森差速器

1-______________;2-______________;3-______________;4-______________;5-______________;
6-______________;7-______________;8-______________;9-______________

五、评价与反馈

1. 小组成果展示

简述本小组收获与体会。

(1)____

(2)____

(3)____

你对其他小组的建议。

(1)____

（2）____

2. 课程过程评价（表4-11）

课程过程评价表　　表4-11

考核项目	评分标准	分数	学生自评	小组互评	教师评价	小计
劳动纪律	是否能严格遵守	5				
团队合作	是否和谐	5				
活动参与	是否精彩	5				
安全生产	有无安全隐患	10				
方案制订	是否正确、合理	15				
操作过程	是否正确、合理	30				
任务质量	是否圆满完成	5				
工具、设备使用	是否规范、标准	10				
工单填写	是否完整、规范	5				
现场5S	是否做到	10				
总分		100				
教师签字：		年	月	日	得分	

注意：没有按照操作流程操作，出现人身伤害或设备严重事故，本任务考核结果为0分。

学习任务5　万向传动装置拆装

工作情境描述

一辆一汽大众捷达轿车，底盘传动系采用球笼式万向节万向传动装置，行驶20 000km，驾驶员发现汽车底盘传动轴振动、有噪声，而且起步有撞击、滑行异响。现在车辆已经开至维修站点，维修技师怀疑该车万向传动装置的零部件磨损、动平衡破坏等，请你及你的团队又快又好地拆卸、安装该车万向传动装置，以便后续修理。

学习目标

通过本学习任务的学习，你应当能：

1. 根据派工单内容确定工作内容和制订工作计划；
2. 了解一汽大众捷达轿车万向传动装置的作用、类型，认识、熟悉该万向传动装置的结构特点；
3. 根据维修手册制订原车旧万向传动装置总成的拆卸工艺流程；
4. 根据拆卸工艺流程和技术要求，在规定时间内，正确、安全使用工具和设备，完成旧万向传动装置总成拆卸；
5. 根据维修手册制订新万向传动装置总成安装工艺流程，在规定时间内，安全规范地完成新万向传动装置总成安装，快速、正确调整主要技术参数以达到标准要求；
6. 在规定时间内，按照安装工艺流程和技术要求，快速、正确、安全使用拆装工具和设备等进行该万向传动装置的拆装；
7. 由感性认识，总结、上升到理性认识(唯物辩证法)，总结出万向传动装置的一般规律，用以指导其他车型万向传动装置的拆装实践。

内容与结构

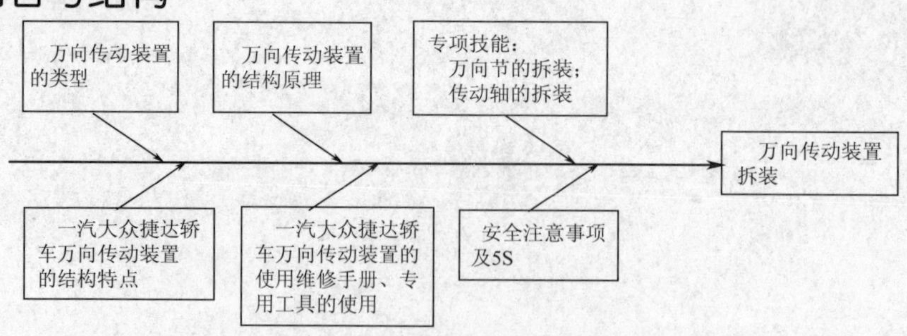

建议学习时间:3h

引导问题

一、任务准备

引导问题1　万向传动装置的作用有哪些？有哪些类型？

(1)万向传动装置的作用：

①________________

②________________

(2)万向传动装置的类型：

①万向节按扭转方向是否有明显弹性分为__________、__________万向节；

刚性万向节又分为__________、__________、__________万向节。

②等速万向节分为__________、__________、__________万向节。

一汽大众捷达轿车万向传动装置采用__________万向节。

引导问题2　万向传动装置由哪些部分组成？各部分的作用是什么？完成表5-1。

万向传动装置的组成　　表5-1

组成部分	结构特点	作　用

引导问题3　万向传动装置的主要组成零件有哪些？

根据图5-1写出各零件的名称。

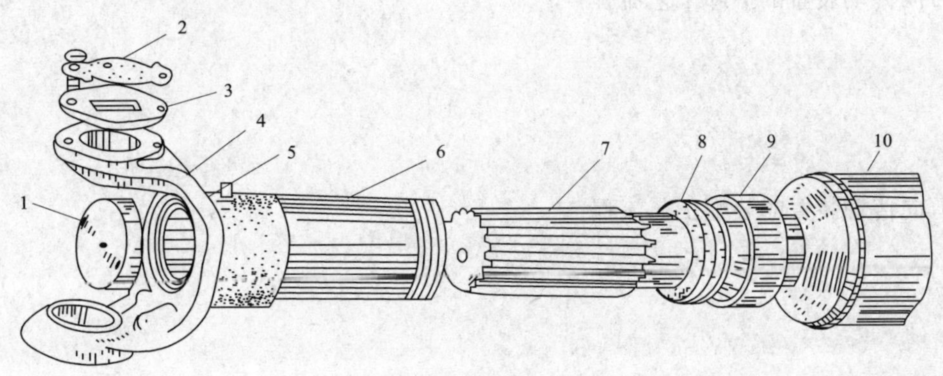

图5-1　万向传动装置

1-__________;2-__________;3-__________;4-__________;5-__________;

6-__________;7-__________;8-__________;9-__________;10-__________

该万向节采用的润滑物质是__________,该万向节是__________类型的万向节。

二、方案制订与优选

引导问题 4　如何制订该车万向传动装置的拆装工艺流程？

(1)需要准备何种学习资料进行学习？

专业学习资料有：＿＿＿＿＿＿、＿＿＿＿＿＿、＿＿＿＿＿＿；

课外学习资料有：＿＿＿＿＿＿、＿＿＿＿＿＿、＿＿＿＿＿＿。

(2)拆卸万向传动装置应该在(　　)。

A. 举升机上　　B. 工作台上　　C. 地面上

(3)在此拆装作业中,5S 的内涵是什么？完成表 5-2。

手动变速器拆装过程中的 5S 内涵　　表 5-2

5S 内容					
5S 内涵					

(4)有哪些环保要求？完成表 5-3。

废料的回收与存放　　表 5-3

作 业 项 目	环保注意事项描述
润滑脂的回收与添加	
橡胶件回收与存放	

(5)制订万向传动装置的拆装工艺流程。

①万向传动装置的拆卸工艺流程：

②万向传动装置的装配工艺流程：

三、实施与控制

引导问题 5　如何拆卸万向传动装置？

(1)正确选用并备齐所有工具和设备,学习完成表 5-4 和表 5-5。

普通维修工具、设备　　表5-4

维修工具、设备名称	使 用 要 求

专用夹具、设备　　表5-5

专用夹具、设备名称	使 用 要 求

（2）万向传动装置拆卸。

写出图5-2中各零件的名称。

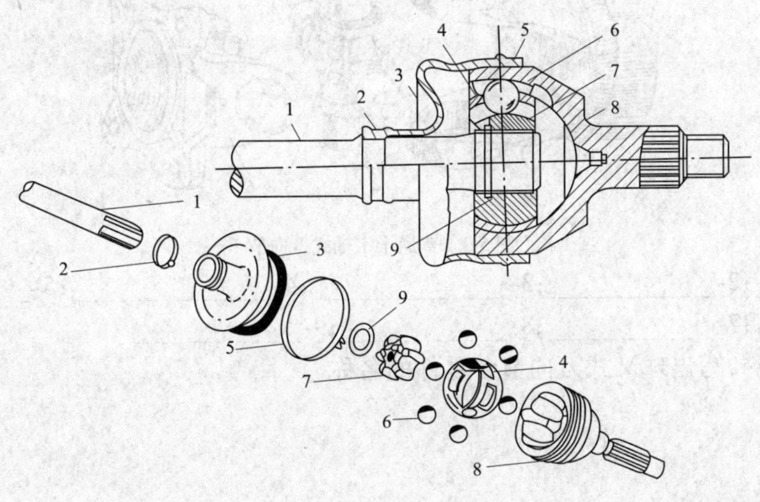

图5-2　万向节分解图

1-__________；2-__________；3-__________；4-__________；5-__________；

6-__________；7-__________；8-__________；9-__________

（3）哪些零件是一次性的？

引导问题 6　万向传动装置是如何实现“万向”传动的？

根据图 5-3 分析，用拆卸的实物演示万向节的工作原理。

引导问题 7　如何装配万向传动装置？

四、拓展训练

（1）根据 5-3，写出普通十字轴式万向节各零件的名称。

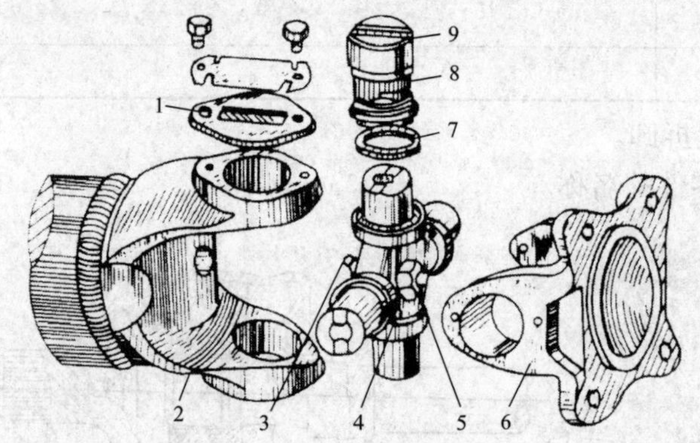

图 5-3　普通十字轴式万向节

1-＿＿＿＿＿＿；2-＿＿＿＿＿＿；3-＿＿＿＿＿＿；4-＿＿＿＿＿＿；5-＿＿＿＿＿＿；
6-＿＿＿＿＿＿；7-＿＿＿＿＿＿；8-＿＿＿＿＿＿；9-＿＿＿＿＿＿

（2）根据 5-4，写出球叉式万向节各零件的名称。

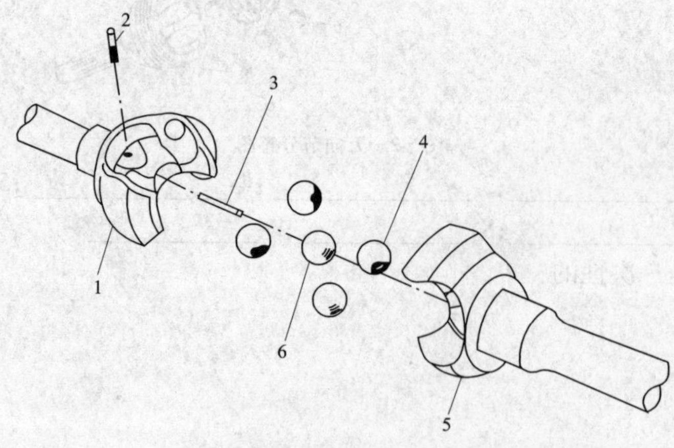

图 5-4　球叉式万向节

1-______;2-______;3-______;4-______;5-______;
6-______

观察球叉式万向节,分析该种万向节是如何实现等角速传动的。

(3)根据5-5,写出有中间支承的万向传动装置各零件的名称。

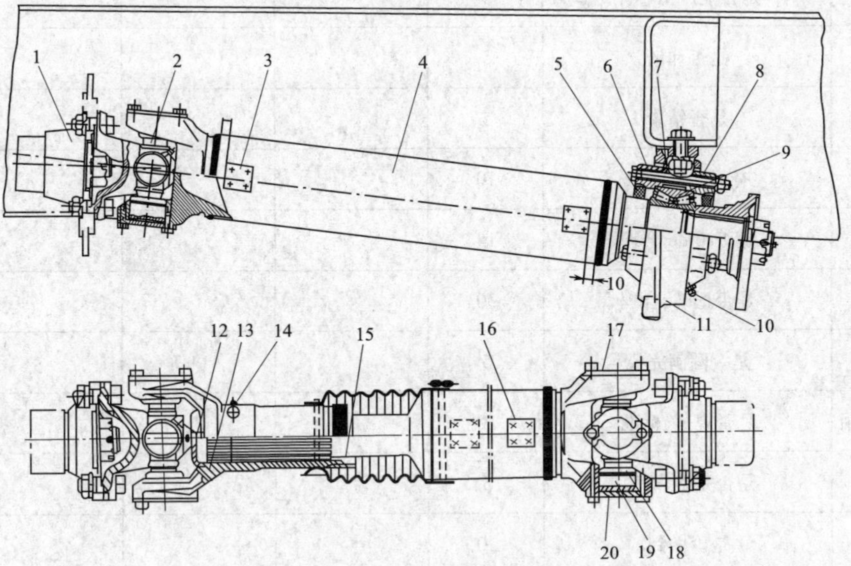

图5-5　万向节分解图

1-____;2-____;3-____;4-____;5-____;6-____;7-____;8-____;9-____;
10-____;11-____;12-____;13-____;14-____;15-____;16-____;
17-____;18-____;19-____;20-____

观察该传动轴,分析传动轴在高速旋转时是如何保持高速旋转下的动平衡的?

五、评价与反馈

1. 小组成果展示

简述本小组收获与体会。

(1)______

(2)______

(3)______

你对其他小组的建议。

(1)______

(2)______

2. 课程过程评价(表 5-6)。

课程过程评价表 表 5-6

考核项目	评 分 标 准	分数	学生自评	小组互评	教师评价	小计
劳动纪律	是否能严格遵守	5				
团队合作	是否和谐	5				
活动参与	是否精彩	5				
安全生产	有无安全隐患	10				
方案制订	是否正确、合理	15				
操作过程	是否正确、合理	30				
任务质量	是否圆满完成	5				
工具、设备使用	是否规范、标准	10				
工单填写	是否完整、规范	5				
现场 5S	是否做到	10				
总分		100				
教师签字:		年 月 日			得分	

注意:没有按照操作流程操作,出现人身伤害或设备严重事故,本任务考核结果为 0 分。

学习任务6　自动变速器拆装

工作情境描述

一辆1999年款雷克萨斯LS400型轿车，行驶了183 346km，驾驶员发现自动变速器油脏污变质，车辆加速无力，最高车速很低，经过车间技术总监诊断，确定变速器需要大修。现将大修过程中的变速器拆装任务交给你们，请制订拆装方案。

学习目标

通过本学习任务的学习，你应当能：

1. 描述A341E自动变速器的结构特点；
2. 根据维修手册制订A341E自动变速器拆卸、清洗、装配作业计划；
3. 按照维修手册和工艺流程要求，在规定时间内进行A341E自动变速器拆卸、清洗与装配作业，操作过程中严格执行5S；
4. 绘制A341E自动变速器动力传递示意图；
5. 描述A341E自动变速器液压控制阀的控制原理；
6. 描述平行轴式液力自动变速器的结构及工作原理；
7. 撰写本次作业总结，并且形成技术报告。

内容与结构

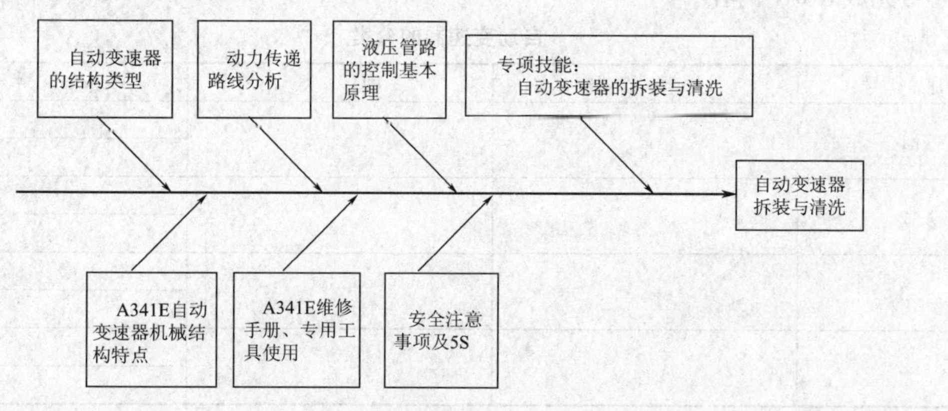

建议学习时间:20h

引导问题

一、任务准备

小知识

雷克萨斯LS400轿车自动变速器A341E及其操控特点:

A341E自动变速器是一个四挡电控变速器(ECT)。控制换挡的电磁阀位于阀体上。变速器包括锁止型液力变矩器、超速挡行星齿轮装置、三挡行星齿轮装置、液压控制系统和电子控制系统。

电磁阀由电控变速器(ECT)的电控装置(ECU)控制,控制装置称为电控变速器电控装置(ECTECU)。电控变速器电控装置从各种各样的输入装置中接收信息,并且利用这些信息来控制电磁阀实现变速器的换挡和锁止电磁阀实现液力变矩器锁止。

换挡杆上装有超速挡(OD)开关。若超速挡开关按到"ON"的位置,且换挡杆处于"D"位时,变速器可换至四挡,此时仪表板上的超速挡"OFF"灯将熄灭。当超速挡开关松开到"OFF"位置时,变速器只能换至三挡,此时仪表板上超速挡"OFF"灯将亮。

在中央仪表台上,模式选择开关位于换挡杆旁。模式选择开关包括一个"POWER"(PWR)动力模式和一个"NORMAL"正常模式工作位置。挡模式选择开关被按下时("PWR"位置),变速器升挡和降挡将出现在比开关松开时更高的车速位置。仪表板上有一个指示灯表明模式选择开关在"PWR"(开)的位置。

变速器装有一个换挡杆锁止和钥匙锁止系统。只有在踩下制动踏板时,换挡杆锁止系统才可将换挡杆从驻车位置移开。钥匙锁止系统的作用是只有在换挡杆处于驻车位置时,点火开关才可从"ACC"(空调压缩机)转到"LOCK"(锁止)位置。

引导问题1　自动变速器的分类方法有哪几种?是怎样分类的?

学习完成表6-1内容。

自动变速器的分类　　表6-1

序　号	分类依据	种　类	应用举例
1			
2			
3			
4			

引导问题2　自动变速器和手动变速器相比有哪些优缺点？

引导问题3　自动变速器由哪几部分组成？各部分的作用是什么？

引导问题4　如图6-1为单排行星齿轮结构简图，单排行星齿轮能实现的挡位有几种情况？逐一分析这些挡位。

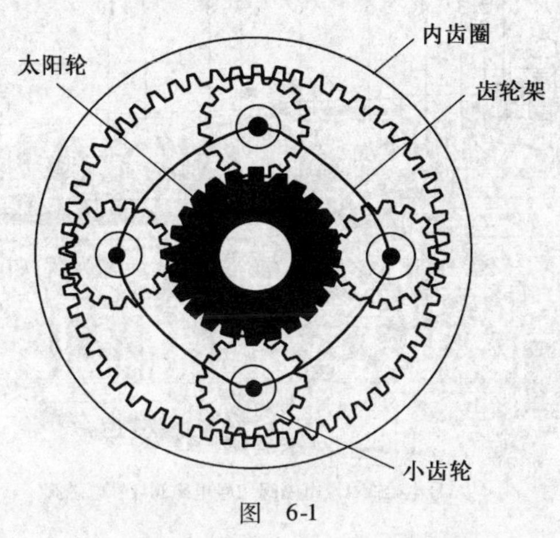

图　6-1

引导问题5　如图6-2为辛普森式行星齿轮机构，回答下列问题：

(1)辛普森式行星齿轮机构的结构特点是什么？

(2)该机构执行元件离合器 C_1、C_2 的功能分别是什么？

(3)该机构制动器 B_1、B_2、B_3 的功能分别是什么？

(4)该机构单向离合器 F_1、F_2 的功能分别是什么？

(5)该机构是如何实现 D_1、D_2、D_3 挡的？描述其动力传递过程。

(6)该机构是如何实现倒挡的？描述其动力传递过程。

(7)该机构是如何实现空挡的？描述其动力传递过程。

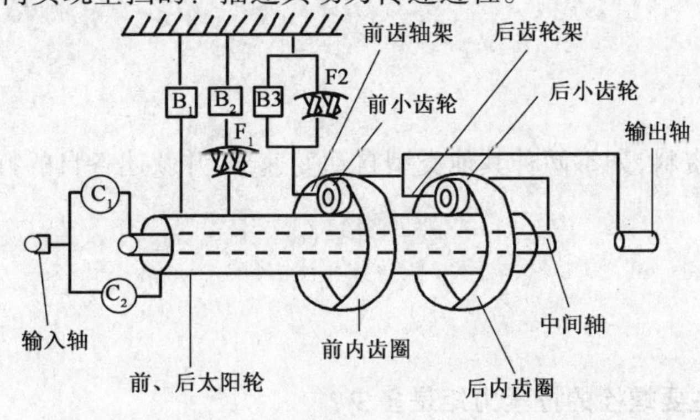

图　6-2

引导问题 6　丰田 A341E 自动变速器有何特点？用在哪些车上？

引导问题 7　丰田 A341E 自动变速器由哪些主要零件组成？

写出图 6-3 中各序号对应的零件名称。

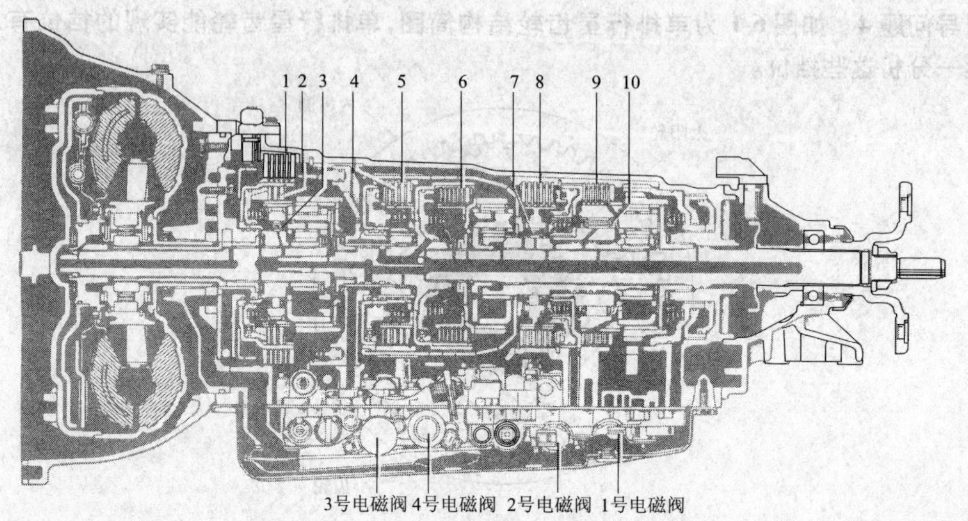

图 6-3　丰田 A341E 自动变速器

1-__________;2-__________;3-__________;4-__________;5-__________;

6-__________;7-__________;8-__________;9-__________;10-__________

引导问题 8　丰田 A341E 自动变速器的主要参数指标有哪些？

引导问题 9　自动变速器拆装安全注意事项有哪些？

拓展知识:查阅资料,列举两种其他类型自动变速器,并叙述各自的特点。

引导问题 10　主要螺栓的拧紧力矩是多少？

学习完成表 6-2。

螺栓拧紧力矩　　表6-2

螺栓名称	拧紧力矩(N·m)	备　注
冷却器管接头螺栓		
外伸壳体螺栓		
油冷却器管接头螺栓		
油泵到壳体连接螺栓		
超速挡到壳体连接螺栓		
换挡杆螺母		
车速传感器螺栓		
车速里程表从动齿轮螺栓		
液力变矩器到飞轮连接螺栓		
变速器壳体螺栓		10mm
		12mm
		14mm
		17mm
变速器输出凸缘螺栓		
锁止弹簧螺栓		
驻车/空挡位置开关:调整螺栓		
驻车/空挡位置开关:止动螺栓		
2号车速传感器螺栓		
油盘螺栓		
油泵到导轮轴螺栓		
机油滤清器螺栓		
超速挡直接挡离合器转速传感器螺栓		
驻车锁止棘爪支架螺栓		
电磁阀到阀体螺栓		
节气门拉索到变速器壳体螺栓		
上阀体到下阀体螺栓		
阀体到壳体连接螺栓		

二、方案制订与优选

引导问题11　如何制订自动变速器的拆装工艺流程？

(1)需要准备何种学习资料进行学习？

专业学习资料有:____________、____________、____________。

(2)分解自动变速器应该在(　　)。

A. 工作台上　　B. 地面上　　C. 翻转架上

(3)解体自动变速器前,需要拆除哪些部件？

(4)小组讨论有哪些安全操作要求,学习完成表6-3。

安全操作注意事项 表6-3

作 业 项 目	安全注意事项描述
用气压吹通管道	
蓄能器弹簧的拆装	
活塞弹簧的拆装	
卡环的拆装	

(5)有哪些环保要求?学习完成表6-4。

废料的回收与存放 表6-4

作 业 项 目	环保注意事项描述
ATF 回收与存放	
橡胶件回收与存放	
摩擦材料回收与存放	

(6)在此拆装作业中,5S 的内容与内涵是什么?学习完成表6-5。

A341E 自动变速器拆装过程中的 5S 内容与内涵 表6-5

5S 内容					
5S 内涵					

(7)根据上述分析,制订 A341E 自动变速器的拆卸工艺流程:

(8)制订 A341E 自动变速器的装配工艺流程。

①拆卸与安装有何联系?

工具选用有无差异:______

工艺顺序关系:______

预润滑的部位和方法:______

②制订 A341E 自动变速器的装配工艺流程:

三、实施与控制

引导问题 12 如何拆卸自动变速器?

(1)正确选用并备齐所有工具和设备。学习完成表6-6 和表6-7。

通 用 工 具　表6-6

通用工具名称	使 用 要 求

专 用 工 具　表6-7

专用工具名称	工 具 编 号	使 用 要 求

(2)如何解体变速器?

注意:记下各螺栓的长度和位置、阀板上油道的连接,如有必要,拆卸前先拍照片,以备装配时用。

①如何取下储能器活塞?

②图 6-4 所示为 A341E 自动变速器的分解图,写出各序号对应的零件名称。

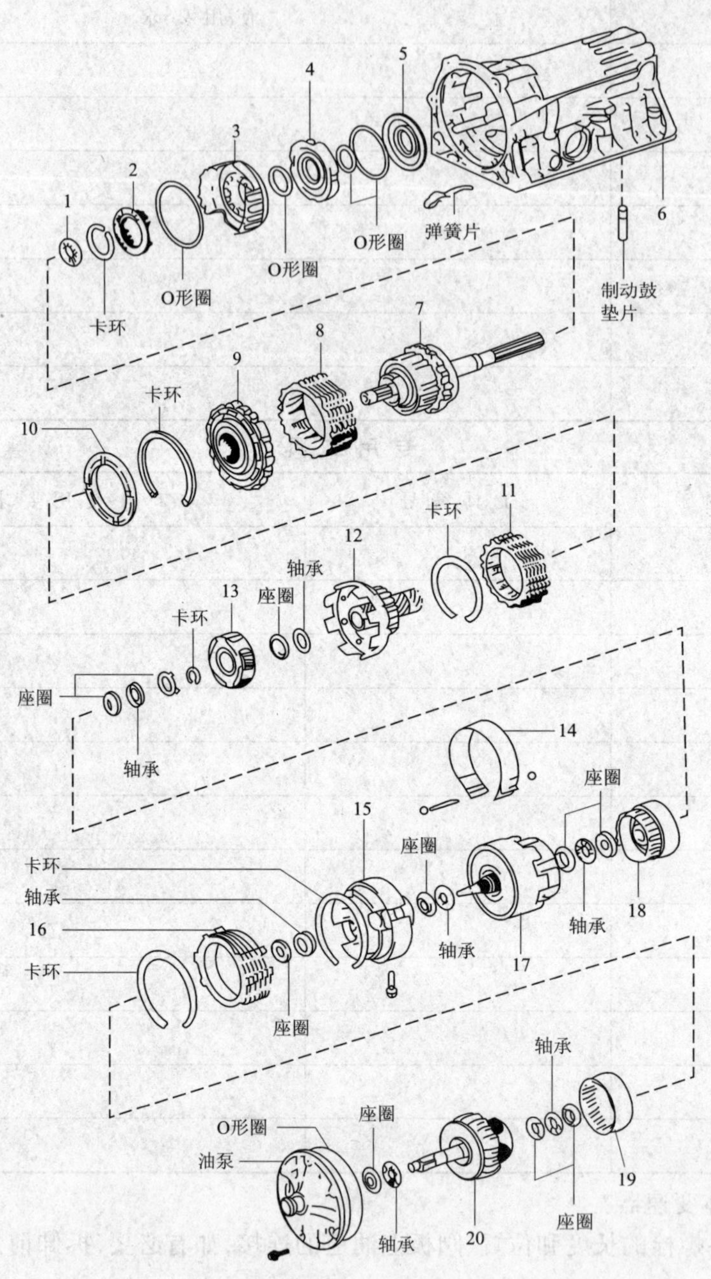

图 6-4　A341E 的分解图

1-＿＿＿＿;2-＿＿＿＿;3-＿＿＿＿;4-＿＿＿＿;5-＿＿＿＿;6-＿＿＿＿;
7-＿＿＿＿;8-＿＿＿＿;9-＿＿＿＿;10-＿＿＿＿;11-＿＿＿＿;12-＿＿＿＿;
13-＿＿＿＿;14-＿＿＿＿;15-＿＿＿＿;16-＿＿＿＿ 17-＿＿＿＿;18-＿＿＿＿;
19-＿＿＿＿;20-＿＿＿＿

③如何检查离合器活塞行程？

④如何检查二挡滑行制动活塞行程？

⑤如何取下一挡和倒挡制动器2号活塞？

⑥如何取下1号制动器活塞？

引导问题13　各挡的动力传递路线如何？

将拆下的机械部分在体外组装起来，手动演示各挡工作情况，参照图6-5画出各挡的动力传动路线示意图，并填写表6-8。

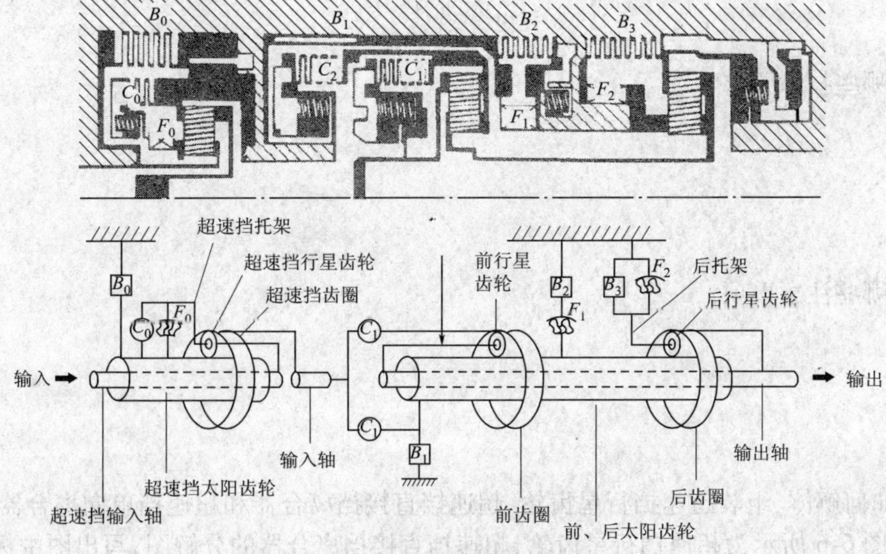

图6-5　动力传递路线示意图

不同挡位下动力传递路线 表6-8

挡	位	动力输入元件	制 动 元 件	动力输出元件
D	四			
	三			
	二			
	一			
2	三			
	二			
	一			
L	二			
	一			
R				

引导问题14 如何解体和组装离合器和制动器？

(1)如何解体、组装油泵？

①拆装顺序是怎样的？

②有哪些技术要求？

③有哪些注意事项？

(2)如何解体、组装超速挡行星齿轮、超速挡直接挡离合器和超速挡单向离合器？

①如图6-6所示为超速挡行星齿轮、超速挡直接挡离合器的分解图，写出图中标号的零件名称。

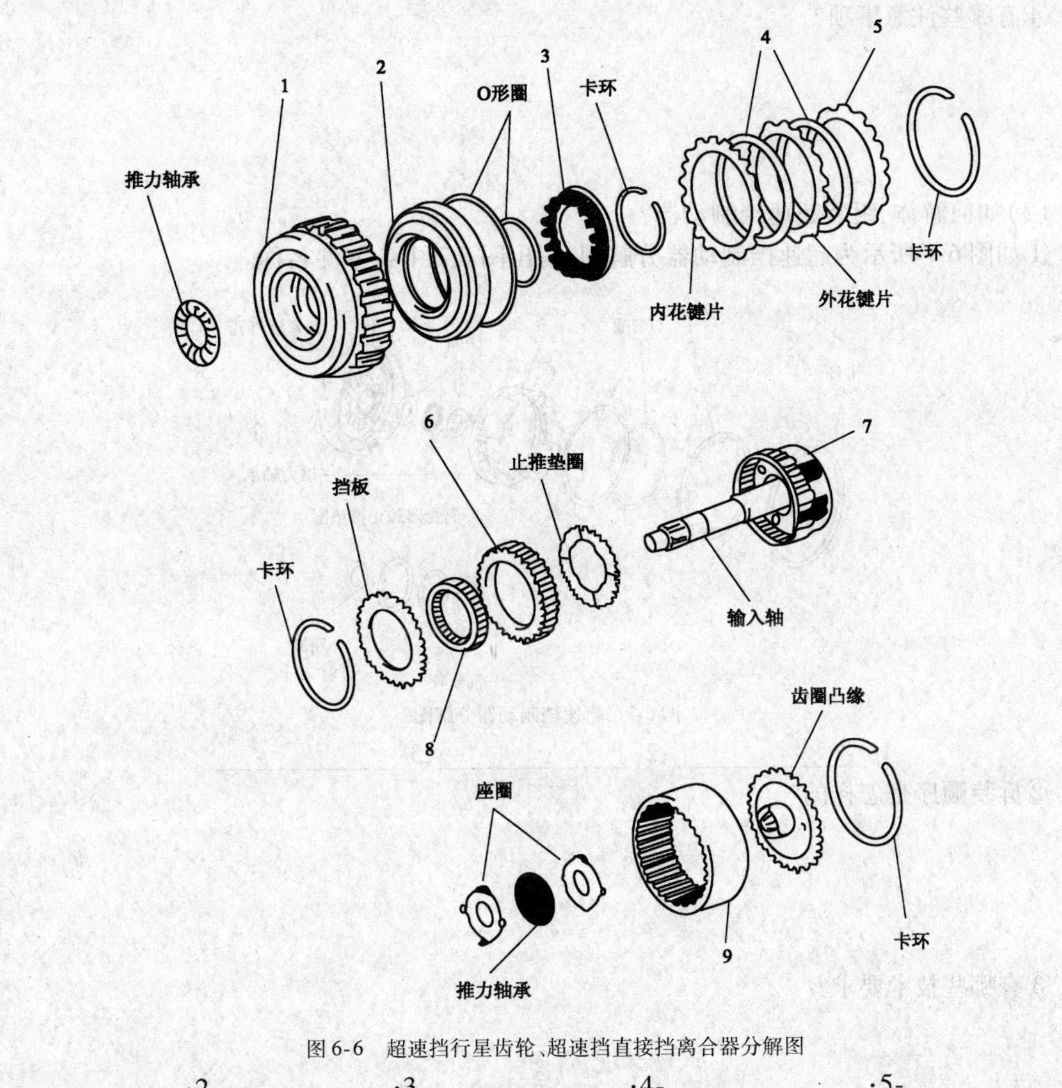

图6-6　超速挡行星齿轮、超速挡直接挡离合器分解图

1-____________;2-____________;3-____________;4-____________;5-____________;

6-____________;7-____________;8-____________;9-____________

②拆装顺序是怎样的?

③有哪些技术要求?

④有哪些注意事项?

(3)如何解体、组装超速挡制动器?

①如图6-7所示为超速挡制动器分解图,写出图6-7中各零件名称。

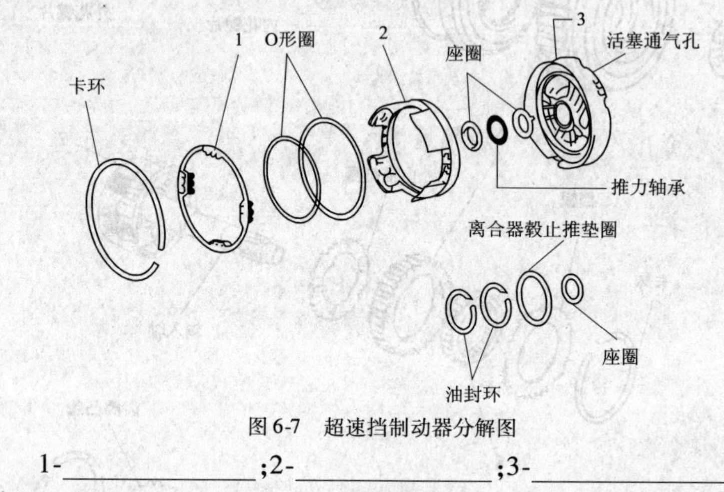

图6-7　超速挡制动器分解图

1-______________;2-______________;3-______________

②拆装顺序是怎样的?

③有哪些技术要求?

④有哪些注意事项?

(4)如何解体、组装直接挡离合器?

①拆装顺序是怎样的?

②有哪些技术要求？

③有哪些注意事项？

(5)如何解体、组装前进挡离合器？

①拆装顺序是怎样的？

②有哪些技术要求？

③有哪些注意事项？

(6)如何解体、组装前行星齿轮？

①拆装顺序是怎样的？

②有哪些技术要求？

③有哪些注意事项？

(7)如何解体、组装行星中心轮和1号单向离合器？

①拆装顺序是怎样的？

②有哪些技术要求？

③有哪些注意事项？

(8)如何解体、组装二挡滑行制动器(制动带)？

①拆装顺序是怎样的？

②有哪些技术要求？

③有哪些注意事项？

(9)如何解体、组装二挡制动器？

①拆装顺序是怎样的？

②有哪些技术要求？

③有哪些注意事项？

(10)如何解体、组装后行星齿轮、2号单向离合器和输出轴？

①拆装顺序是怎样的？

②有哪些技术要求？

③有哪些注意事项？

引导问题15　如何解体、组装阀体总成？

> **提示**
>
> 所有的阀体部件必须安装在原来的位置。在解体时，所有的部件按顺序排好，以便组装时参考。记下零件直径和钢球的位置。节气门的压力按照调整环的数量变化。当装配阀体时，安装和拆下相同多的调整环。一些阀体没有调整环。必要时，可拍照片作为安装时的参考。

(1)看图6-7～图6-13(见本书最后的彩插)，描述油路是怎样控制的。

(2)如何解体阀体总成?

①拆装顺序是怎样的?

②有哪些技术要求?

③有哪些注意事项?

(3)检查各弹簧的参数,根据图 6-14 填写表 6-9,根据图 6-15 填写表 6-10。

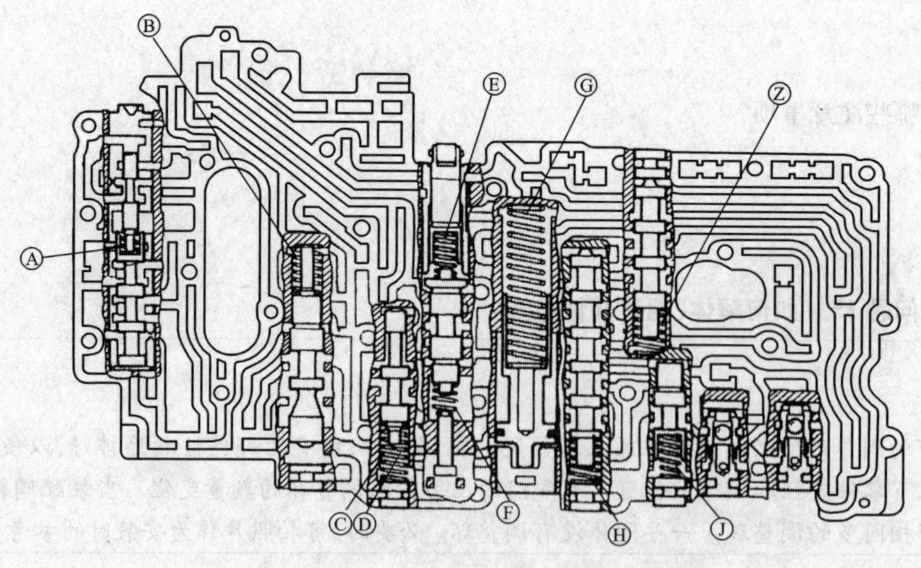

图 6-14 上阀体的分解图

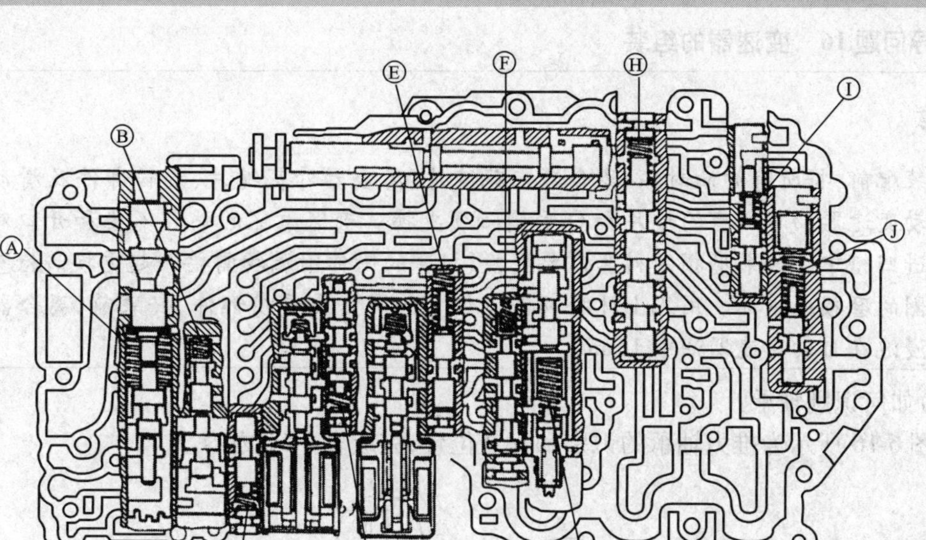

图 6-15　下阀体的分解图

上阀体中元件参数表　　表 6-9

序号	弹　　簧	自由长度(mm)		弹簧外径(mm)		总 圈 数		颜色
		标准值	测量值	标准值	测量值	标准值	测量值	
Ⓐ	锁定继动阀	23.42		5.86		12.25		红
Ⓑ	副调节阀	36.78		9.22		13.5		—
Ⓒ	C-1 量孔控制阀	37.13		11.14		11.25		白
Ⓓ	C-1 量孔控制阀	21.50		7.76		11.5		—
Ⓔ	节气门控制阀	27.25		8.73		12.5		黄
Ⓕ	节气门控制阀	17.50		7.20		10.25		红
Ⓖ	C-1 蓄压器	75.26		15.02		17.06		粉红
Ⓗ	2-3 换挡阀	30.77		9.70		10.50		紫
Ⓘ	3-4 换挡阀	30.77		9.70		10.50		紫
Ⓙ	倒挡控制阀	25.58		8.64		8.75		—

下阀体中元件参数表　　表 6-10

序号	弹　　簧	自由长度(mm)		弹簧外径(mm)		总 圈 数		颜色
		标准值	测量值	标准值	测量值	标准值	测量值	
Ⓐ	上调节阀							
Ⓑ	锁定控制阀							
Ⓒ	回位阀							—
Ⓓ	电磁继动阀							—
Ⓔ	电磁继动阀							—
Ⓕ	截止阀							—
Ⓖ	蓄压器控制阀							—
Ⓗ	1-2 换挡阀							
Ⓘ	跟踪惯性调节阀							—

引导问题16　变速器的组装

注意

在装配前,将所有的油封环、离合器内花键片、离合器外花键片、旋转部件及滑动表面都涂上自动变速器油。所有的垫片和O形圈必须更换。确保卡环的端部不要和开口对准并且正确装进凹槽中。如果磨损的衬套需要更换,衬套的附件附属物需要一起更换。检查推力轴承和座圈的磨损或损坏。用凡士林将部件定位。如果需要更换部件,安装前,离合器内花键片必须浸泡在自动变速器油中15min。

(1)如何识别轴承?

如图6-16所示为推力轴承的识别和安装位置,完成表6-11内容。

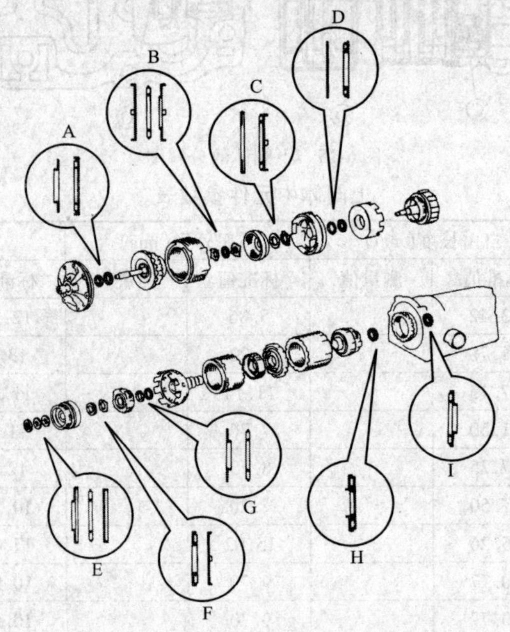

图6-16　推力轴承的识别与其安装位置

轴承尺寸　表6-11

序号	前轴承圈		推力轴承		后轴承圈	
	内径	外径	内径	外径	内径	外径
A					—	—
B						
C					—	—
D					—	—
E						
F	—	—				
G					—	—
H	—	—			—	—
I	—	—			—	—

(2)如何安装二挡滑行制动器?

(3)超速挡直接挡离合器推力轴承和座圈的安装方向有何要求?

(4)如何安装止回阀门球和弹簧?

(5)如何安装变矩器?

(6)结合拆装过程,查阅相关资料,完成表6-12。

自动变速器内部元件测量标准值以及处理措施表　　表6-12

序号	测量内容	标准值(mm)	测量值(mm)	超过极限处理措施	备　注
1	二挡制动器挡圈与凸缘间隙				
2	制动片与第二挡制动毂元件的间隙				
3	齿轮与泵体的间隙				极限值为0.3mm
4	从动齿轮与泵体月牙板的间隙				齿定极限间隙为0.3mm
5	两齿轮断面间隙				极限值为0.1mm
6	泵体衬套内径				
7	测量定子轴衬套的内径				
8	超速直接挡离合器活塞行程				
9	超速直接挡离合器转鼓衬套内径				
10	超速挡离合器复位弹簧				

续上表

序号	测量内容	标准值(mm)	测量值(mm)	超过极限处理措施	备　注
11	超速挡行星齿轮衬套内径				
12	行星小齿轮止推间隙				极限值为1.0mm
13	超速挡制动器活塞复位弹簧自由长度				
14	直接挡离合器活塞复位弹簧自由长度				
15	直接挡离合器衬套内径				
16	直接挡离合器活塞行程				
17	前进挡离合器转鼓衬套内径				
18	前进挡离合器组件间隙				

四、拓展训练

(1)如图6-17为平行轴式液力自动变速器。回答下列问题：

①该自动变速器的齿轮机构有何特点？

②该自动变速器换挡机构有何特点？

③分析该自动变速器的各个挡位，清理各个挡位的动力传递路线。

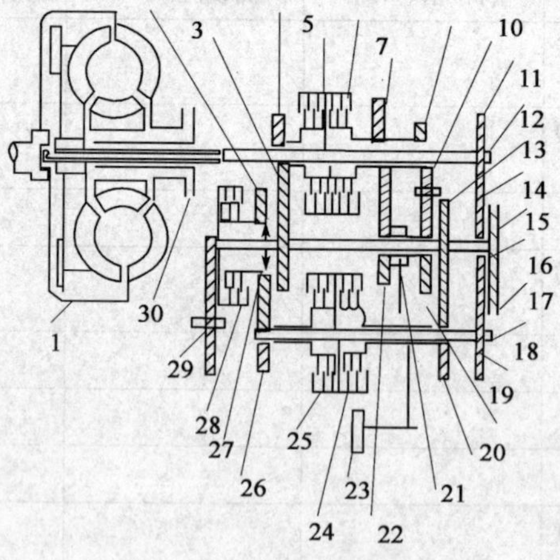

图 6-17

1-变矩器；2-中间轴第1挡齿轮；3-中间轴第3挡齿轮；4-第1轴第3挡齿轮；5-第3挡离合器；6-第4挡离合器；7-第1轴第4挡齿轮；8-第1轴倒挡齿轮；9-倒挡惰轮；10-第1轴惰轮；11-第1轴；12-中间轴第2挡齿轮；13-中间轴惰轮；14-停车齿轮；15-中间轴；16-停车锁；17-第2轴；18-第2轴惰轮；19-中间轴倒挡齿轮；20-第2轴第2挡齿轮；21-倒挡接合套；22-中间轴第4挡齿轮；23-伺服阀；24-第2挡离合器；25-第1挡离合器；26-第2轴第1挡齿轮；27-单向离合器。

(2)如图6-18为无级变速器原理图,描述其工作原理。

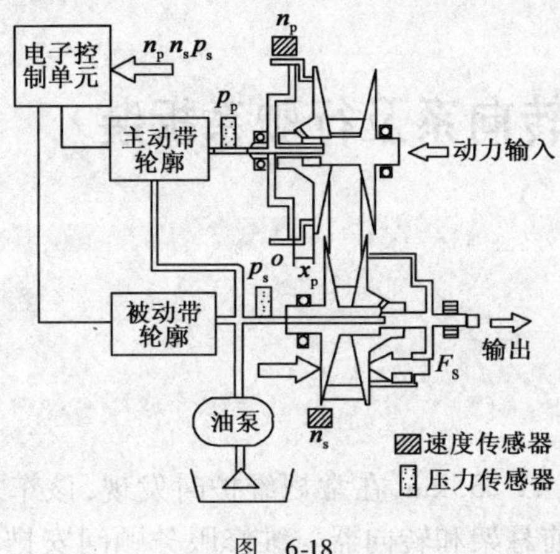

图　6-18

五、评价与反馈

1.小组成果展示

简述本小组收获与体会。

(1)______________________________________

(2)______________________________________

(3)______________________________________

你对其他小组的建议。

(1)______________________________________

(2)______________________________________

2.课程过程评价(表6-13)

课程过程评价表　　表6-13

考核项目	评分标准	分数	学生自评	小组互评	教师评价	小计
劳动纪律	是否能严格遵守	5				
团队合作	是否和谐	5				
活动参与	是否精彩	5				
安全生产	有无安全隐患	10				
方案制订	是否正确、合理	15				
操作过程	是否正确、合理	30				
任务质量	是否圆满完成	5				
工具、设备使用	是否规范、标准	10				
工单填写	是否完整、规范	5				
现场5S	是否做到	10				
总分		100				
教师签字:		年　月　日			得分	

注意:没有按照操作流程操作,出现人身伤害或设备严重事故,本任务考核结果为0分。

学习任务7　转向系及行驶系拆装

工作情境描述

一辆桑塔纳轿车行驶了41 235km，在常规维护时发现，该车左前悬架内胶套处和转向器处有轻微渗油，需要更换左前悬架和转向器。维修服务顾问安排由你及你的团队完成左前悬架和转向器的更换任务。

学习目标

通过本学习任务的学习，你应当能：

1. 根据工单内容确定工作内容和制订工作计划；
2. 认识和描述汽车转向系及行驶系总体结构及类型；
3. 描述汽车转向系及行驶系的基本原理和主要技术参数；
4. 根据维修手册制订原车转向系及行驶系总成拆卸工艺流程；
5. 在规定时间内，根据拆卸工艺流程和技术要求，正确、安全使用工具和设备，完成转向系及行驶系总成拆卸；
6. 根据维修手册制订转向系及行驶系安装工艺流程；
7. 在规定时间内，按照安装工艺流程和技术要求，正确、安全使用工具和设备，完成转向系及行驶系总成安装；
8. 按照技术要求，经济地完成转向系及行驶系运行材料的补给；
9. 正确进行旧件和废料回收。

内容与结构

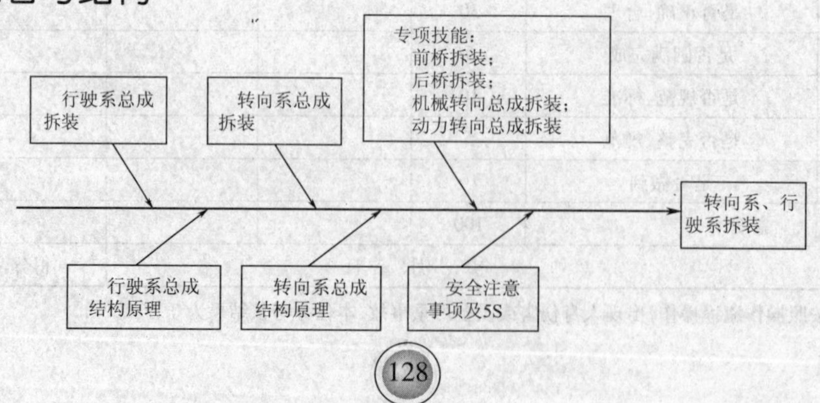

建议学习时间:20h

引导问题

一、任务准备

引导问题1　汽车转向系、行驶系的类型、功用与组成是怎样的?

(1)汽车行驶系。

①行驶系的类型有__________、__________、__________、__________,汽车行驶系通常采用__________。

②通过资料学习,完成表7-1。

汽车行驶系功用与组成　　表7-1

行驶系功用是				
行驶系四大组成部分名称				
各组成部分功用				
各组成部分包括的主要总成				

(2)汽车转向系。

①转向系的类型有____

____

②通过资料学习,完成表7-2。

汽车转向系功用与组成　　表7-2

转向系功用				
转向系三大组成部分名称				
各组成部分功用				
各组成部分包括的主要总成				

引导问题2　行驶系、转向系的主要技术参数及拧紧力矩有哪些?

(1)结构参数与技术参数。

通过资料学习,完成表7-3。

行驶转向系结构参数与技术参数　　表7-3

参　数	桑塔纳LX型	桑塔纳2000型
满载前桥载荷(kg)	<800	<810
最小离地间隙(mm)		
前轮距(mm)		

续上表

参 数			桑塔纳 LX 型	桑塔纳 2000 型
前悬架形式			麦克弗逊式独立悬架	
前减振器	工作行程(mm)			
	压缩长度(mm)			
	复原长度(mm)			
	缸径(mm)			
	活塞上端连接尺寸			
前束(mm)				
传动轴等速万向联轴器	RF 节	形式	固定型	
		最大摆角(°)		
		0°~10°内最大转矩	2 600N·m	2 600N·m
	VL 节	形式		
		最大摆角(°)		
		0°~10°内最大转矩		
满载后桥载荷(kg)				
轴距(mm)				
后轮距(mm)				
后悬架形式			非独立悬架	非独立悬架
后桥横梁	长(mm)			
	宽(mm)			
	高(mm)			
	壁厚(mm)			
	形状		V 形冲击件	V 形冲击件
后减振器	容量(mL)			
	缸直径(mm)			
	行程(mm)			
	拉伸长(mm)			
	压缩长(mm)			
轮胎规格			185/70 SR13	
轮胎结构				
轮胎宽度				
轮胎高宽比(%)				
SR			速度小于 180km/h 的子午线轮胎	
轮胎气压(kPa)	前轮			
	后轮			
	备胎			
车轮螺栓紧固力矩				
轮胎地步花纹磨损指示标记			宽_____深_____	宽_____深_____
转向盘自由行程				

(2)各连接件拧紧力矩。

通过资料学习,完成表7-4。

连接件拧紧力矩　　表7-4

转向系部分	力矩(N·m)	行驶系部分	力矩(N·m)
转向盘与转向柱		前悬架至车身	
转向柱管与车身		前悬架螺栓副	
转向锁套至车身		转向横拉杆至前悬架	
转向柱下端与转向器齿轮轴		固定制动钳体至前悬架	
转向器与车身		分泵缸体至制动支架	
转向减振器与转向器		球拉头至轮毂	
转向减振器支架与转向器		球接头至下摆臂	
转向横拉杆与转向臂		轮毂至驱动轴	
转向横拉杆与支架		驱动轴至凸缘	
转向横拉杆锁紧螺母		下摆臂至发动机托架	
转向支架与转向器齿条		发动机托架至车身	
转向横拉杆卡箍		横向稳定杆至副车架及下摆臂	
		减振器下端至后桥固定螺母	
		减振器上端与车身固定螺母	
		轴承支座与车身固定螺母	
		后桥金属橡胶衬套固定螺母	
		制动底板固定螺母	
		车轮固定螺栓	

引导问题3　行驶转向系的结构和工作原理是怎样的?

(1)行驶系的力是如何传递的?

根据图7-1,写出各序号对应的零件名称。

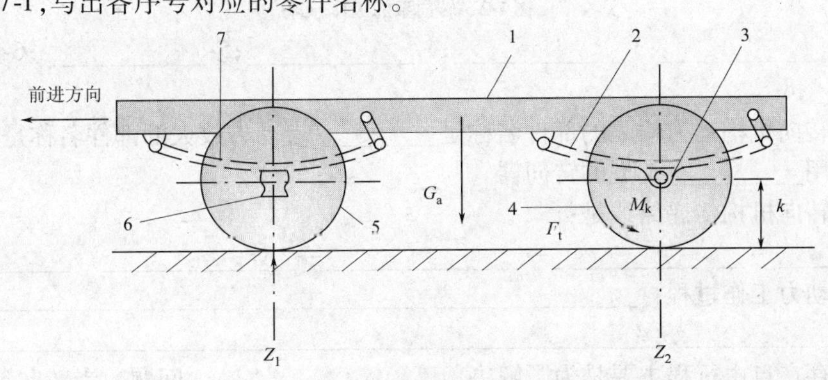

图7-1　行驶系的工作原理

1-__________;2-后悬架;3-__________; 4-__________;5-__________;
6-从动桥;7-__________

①驱动力的产生过程：____

____

②驱动力的传递路线：____

____

③行驶的充要条件：____

____

(2)转向系的力是如何传递的？

①机械式转向机构。

上海桑塔纳轿车转向系，采用的是带有____________(转向齿轮与转向柱由安全联轴节连接)的机械式转向机构，如图 7-2 所示。

根据图 7-2，写出各序号对应的零件名称。

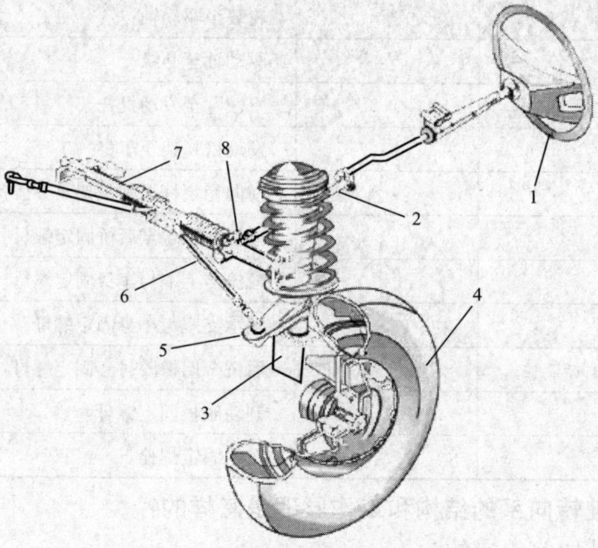

图 7-2 转向系的工作原理

1-转向盘；2-__________；3-__________；4-__________；5-__________；6-转向横拉杆；7-__________；8-__________

机械式转向机构动力输入的部件名称是__________，动力放大的部件名称是__________，轿车通常采用__________类型的转向器。

机械式转向机构传递路线是：

__________→__________→__________→__________→__________。

转向系动力工作过程：____

____。

转向盘存在自由行程主要是为了解决__________________问题。当转向盘自由行程太大会引起__________________，当转向盘自由行程太小会引起__________________。

②液压式动力转向机构。

根据图 7-3，写出各序号对应的零件名称。

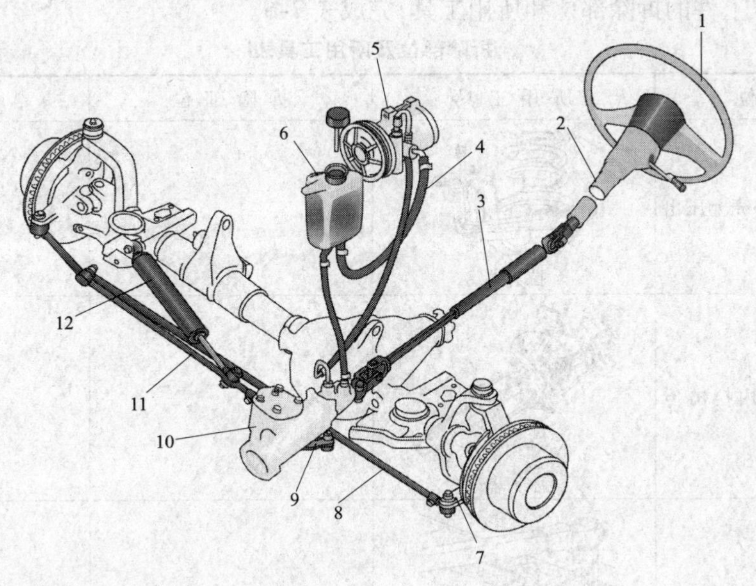

图7-3 液压式动力转向系统示意图

1-转向盘； 2-____________;3-____________;4-____________;5-____________;6-转向液罐；7-__________;8-__________;9-__________;10-__________;11-__________;12-__________

液压助力转向系统的液压部分包含的部件有________________________________。

液压助力转向工作原理：____。

液压助力转向系统管路中的工作介质液压油应具备的物理条件是______________。

二、方案制订与优选

引导问题4 如何进行前悬架的更换？

前悬架系统故障会危及行车安全，有些故障是由悬架系统和转向系统共同作用的结果。故减振器失效则应进行更换。

(1)需要准备何种学习资料进行学习？

专业学习资料有：____________、____________、____________。

(2)从汽车上更换前悬架需要拆除哪些零件？完成表7-5。

需拆装件名称 表7-5

需拆装总成	拆装件名称
前悬架拆装	
发动机悬架和悬架装置下摆臂及横向稳定杆拆装	
传动轴的拆装	
其他	

(3)确认以上件的拆除部位和所用工具,完成表 7-6。

拆除部位及所用工具表

表 7-6

拆 除 部 位	所 用 工 具	拆 除 部 位	所 用 工 具
前悬架拆装: 从减振器支柱外壳上压出横拉杆接头	拉力器		
前悬架拆装: 从车轮轴承壳内拉出传动轴	V.A.G.1389 压力器		
前悬架拆装: 拆下减振器活塞杆上的螺母	内六角扳手		
前悬架拆装: 分解带弹簧的减振器总成	A VW524 扳手和六角扳手		
前悬架拆装: 压出轮毂轴承	VW412 VW420 VW295a 专用工具		

(4)有哪些安全操作要求？完成表7-7。

安全操作要求　表7-7

作业项目	安全注意事项描述
举升汽车支撑点的确认与举升机使用	
减振器拆除	
拆除前桥压力器使用	

(5)有哪些环保要求？完全成表7-8。

环保要求　表7-8

作业项目	环保注意事项描述
变速器油回收与存放	
减振器油回收与存放	
废气排放处理	

引导问题5　根据以上分析，如何制订与优选工作方案？

(1)制订桑塔纳轿车前桥与前悬架拆装流程。

(2)制订桑塔纳轿车后桥与后悬架拆装流程。

(3)制订桑塔纳轿车动力转向装置拆装流程。

(4)观察桑塔纳轿车，其悬架由几个部分组成？前悬有什么特点？后悬有什么特点？

三、实施与控制

引导问题6　如何进行前桥和前悬架拆装？

(1)前桥和前悬架结构及连接关系。

①前桥　桑塔纳轿车前桥采用的是(□断开式；□整体式；□独立悬架；□非独立悬架；□转向桥；□驱动桥)，其上端通过__________和车身相连接，下端通过__________与固定在车身上的副车架相连接，两端安装汽车车轮。车轮轴承与下摇臂之间通过可移动球形接头连接，从而使前轮固定，并通过下摇臂上的长孔可调整(□车轮外倾；□前束；□主销内倾；□主销后倾)，

前桥总体结构如图7-4所示。根据图7-4,写出各序号对应的零件名称。

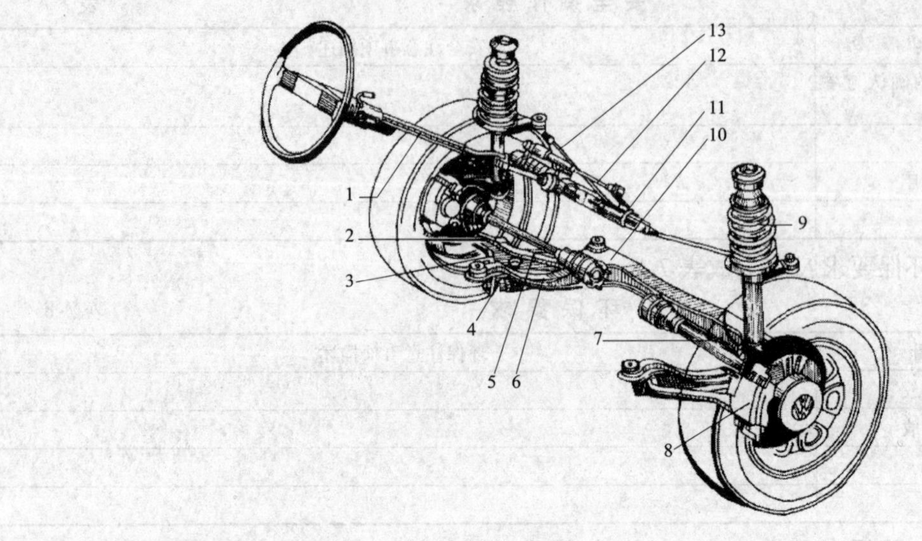

图7-4 前桥总成结构图

1-安全型转向柱;2-__________;3-__________;4-下摇臂橡胶轴承;5-____________;6-副车架;7-________;8-________;9-________;10-________;11-________;12-________;13-________

观察所拆轿车的前桥总成,回答问题:

①该轿车设置主销后倾角的原因是____。

②该轿车设置主销内倾角的原因是____。

③该轿车设置前轮外倾角的原因是____。

④该轿车具有前轮前束的原因是____。

桑塔纳轿车前桥除和一般汽车前桥一样用以传递__________与__________之间的各种作用力外,还承受着转向和驱动的双重任务,故称(□支持桥;□转向桥;□驱动桥)。因此,它有着和一般驱动桥同样的主减速器和差速器。但由于它的车轮在转向时需要转过一个角度,故半轴不得不分成内外两段,并用__________连接,如图7-5所示。根据图7-5,写出各序号对应的零件名称。

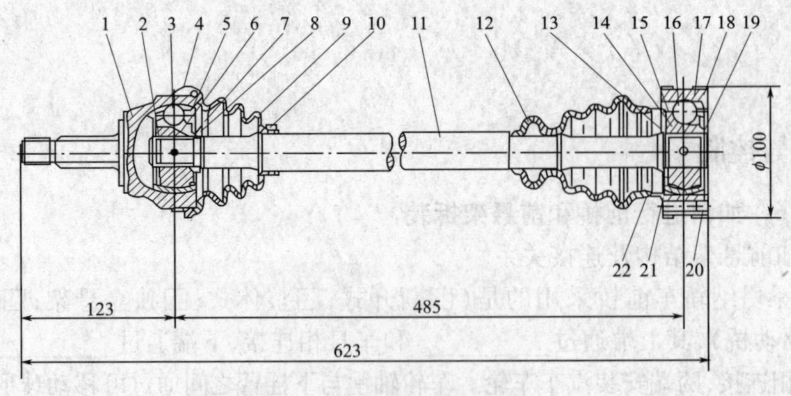

图7-5 半轴的结构(尺寸单位:mm)

1-__________; 2-卡簧;3-____________;4-____________;5-____________;6-____________;
7-__________;8-__________;9-__________;10-__________;11-__________; 12-__________;
13-____________;14-____________;15-____________;16-____________;17-____________;
18-__________; 19-卡簧;20-塑料护罩;21-__________;22-__________

②前悬架 悬架是__________与__________之间传力连接装置的总称。前悬架是由弹性元件的__________,导向元件的__________、__________、__________和__________组成。桑塔纳轿车前悬架采用的是(□麦克弗逊悬架;□双叉臂悬架;□多连杆悬架;□独立悬架;□非独立悬架)。它是一种车轮沿摆动的(□主销;□主销轴线)移动的悬架,其最大的特点是将双作用的筒式减振器作为悬架杆系的一部分。上横臂不复存在,而是减振器活塞杆兼起作用并与__________连接。下面的横摆臂也是简单的三角形锻压架,以承受前桥的(□侧向力;□纵向力)和弯矩,使前轮不易发生偏摆。

这种悬架的优点:____

缺点:____

根据图7-6和图7-7,写出各序号对应的零件名称。

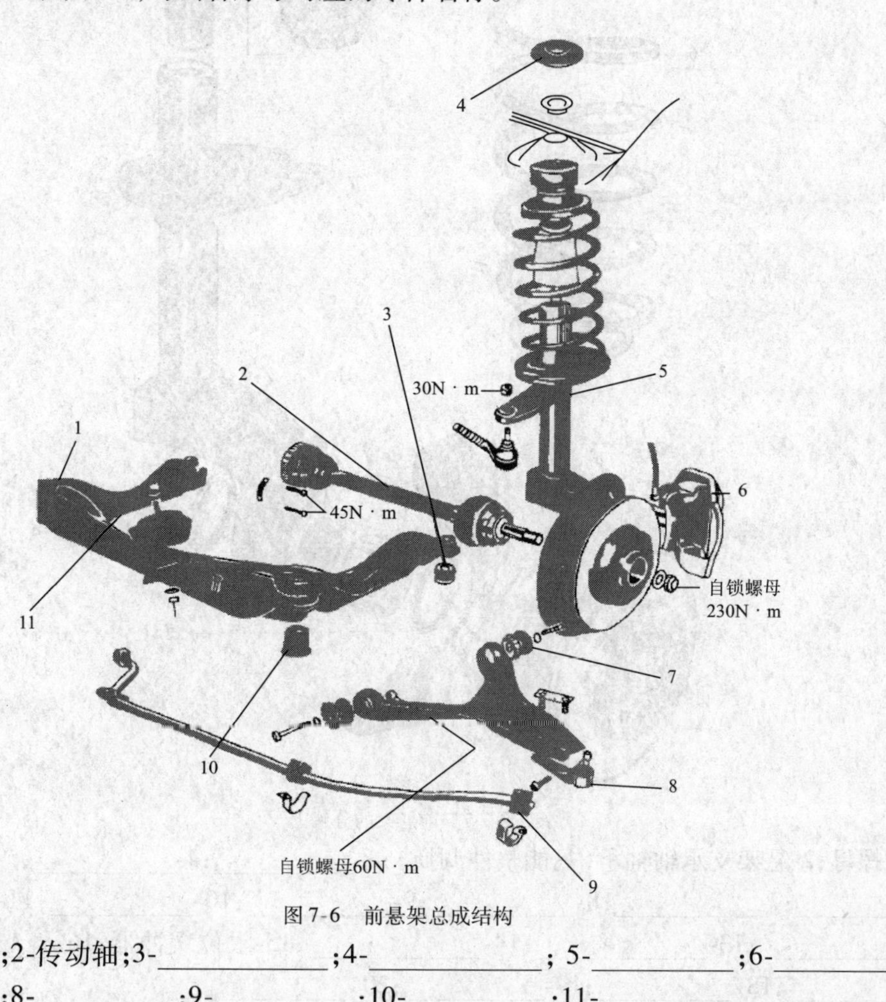

图7-6 前悬架总成结构

1-发动机悬架;2-传动轴;3-____________;4-____________; 5-____________;6-____________;
7-__________;8-__________;9-__________;10-__________;11-__________

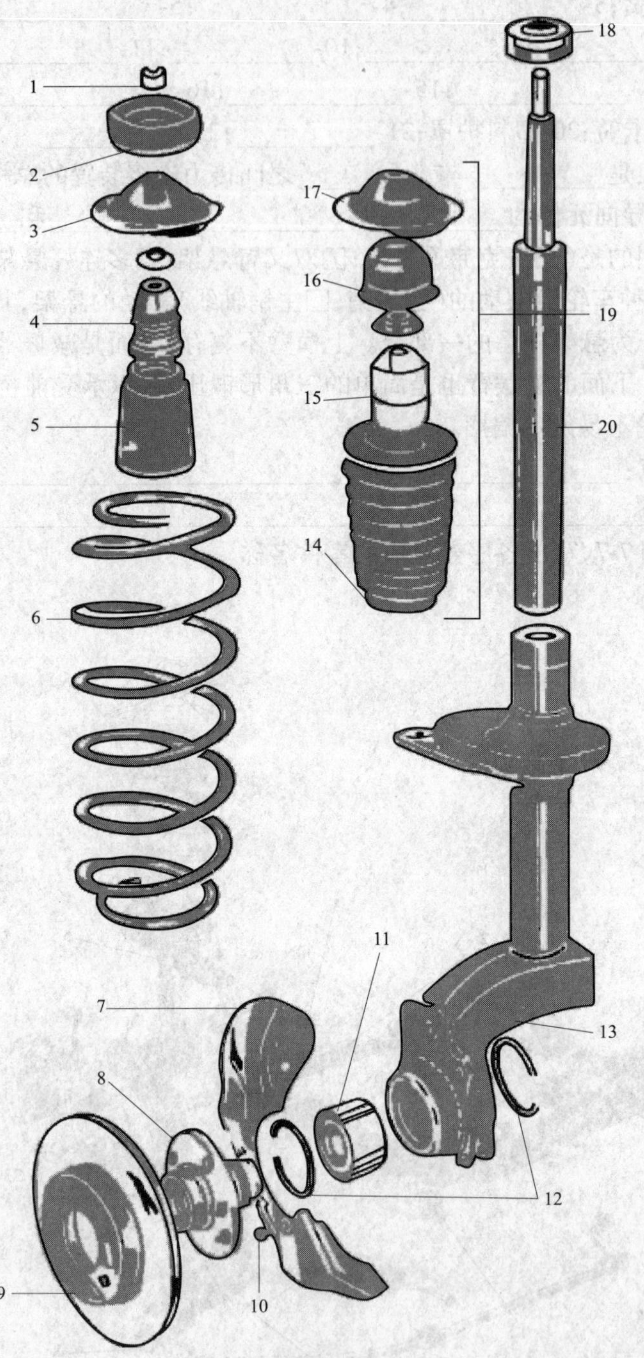

图 7-7　前悬架的分解图

1-开槽螺母;2-悬架支承轴轴承(只能整件调换);3-________;4-________;5-________;6-________;7-________;8-________;9-________;10-________;11-________;12-________;13-________;14-________;15-限位缓冲器;16-________;17-________;18-________;19-________;20-________

(2)前悬架拆装。

①前悬架的拆卸与分解:

a. ____。

b. ____。

c. ____。

d. ____,如图7-8所示。

e. ____,如图7-9所示。

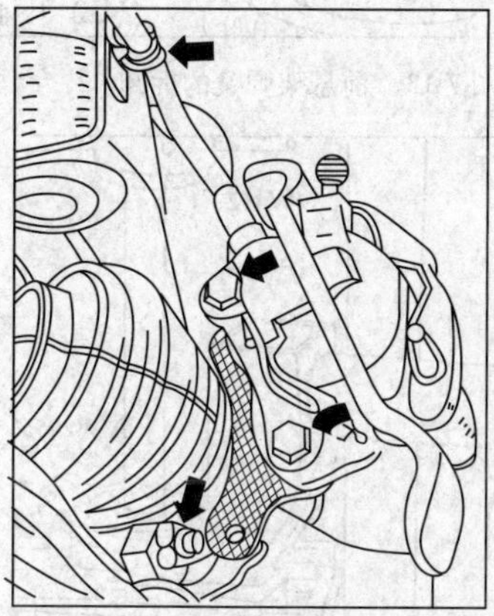

图7-8　制动钳的拆卸与固定

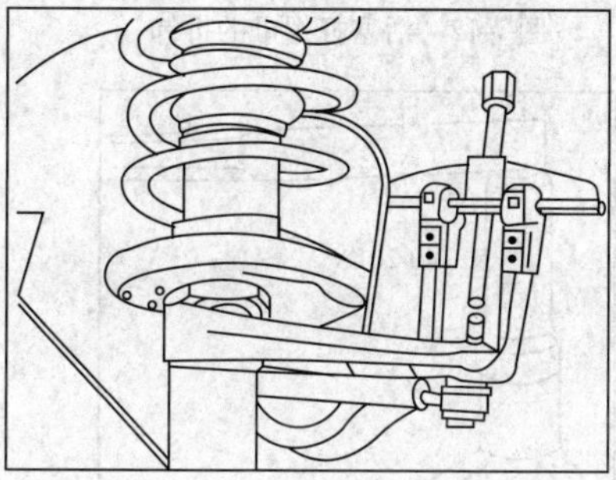

图7-9　横拉杆接头的压出

f. ____,如图7-10所示。

____,如图7-11所示。

注意:不可加热轮毂,否则轮毂轴承会损坏。

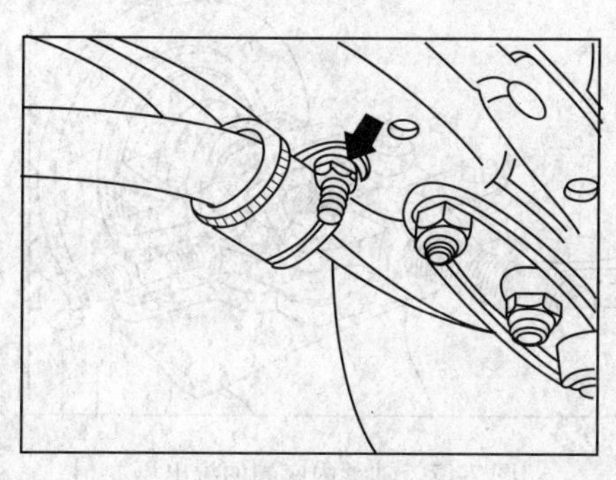

图7-10　稳定杆螺母的拆卸

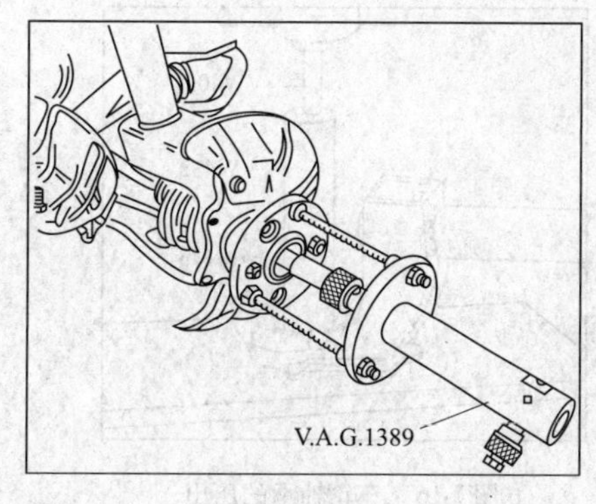

图7-11　传动轴的压出

g. ____,如图7-12所示。

h. ____,如图7-13所示。

i. ____,如图7-14所示。

j. ____,如图7-15所示。

____,如图7-16所示。

最后用拉力器拉出轴承内座圈轴承,如图7-17所示。

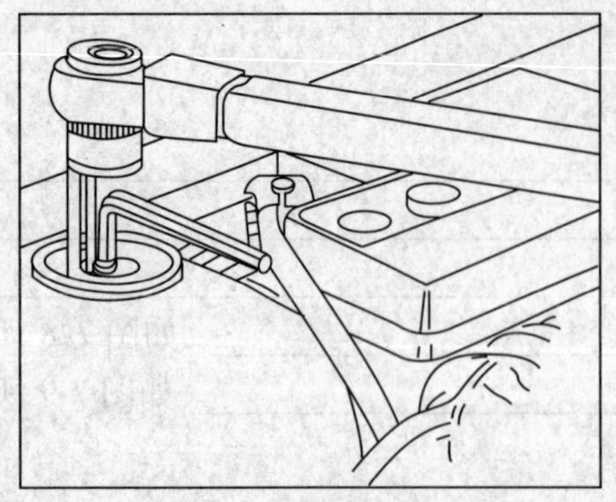
图 7-12 活塞杆螺母的拆卸

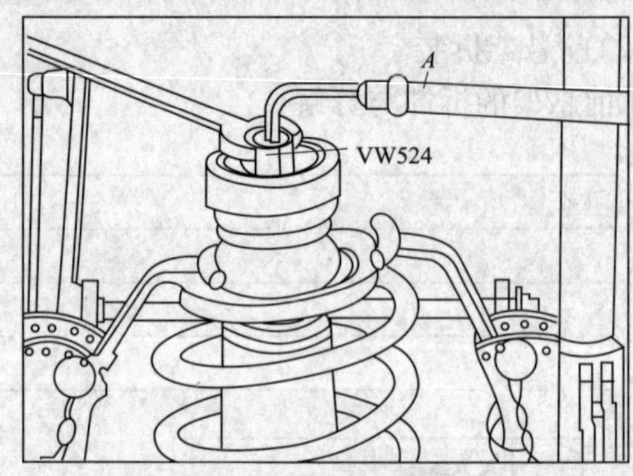

图 7-13 前悬架弹簧的拆卸

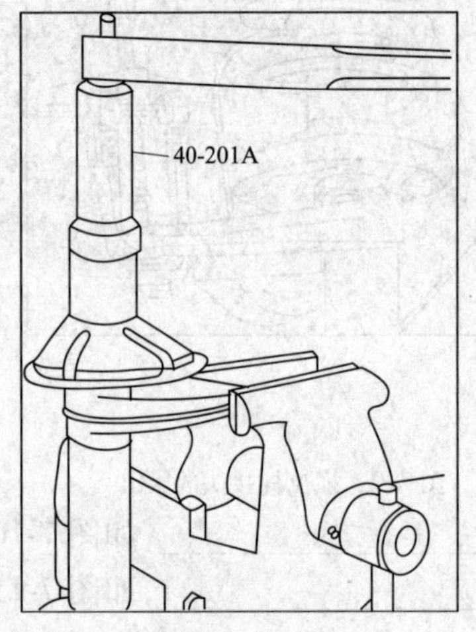

图 7-14 减振器的拆卸

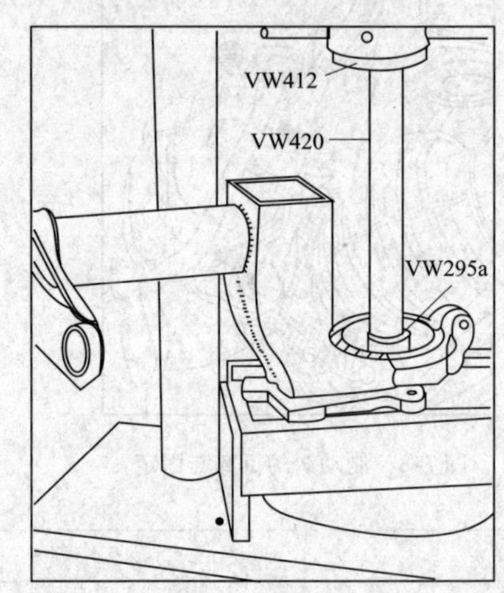

图 7-15 轮毂的压出

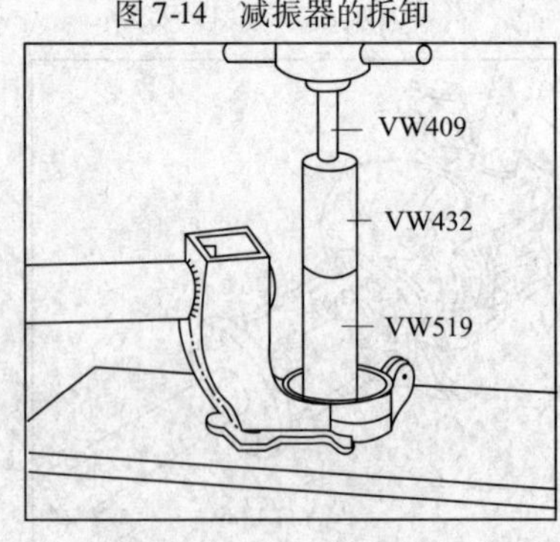

图 7-16 车轮轴承的压出

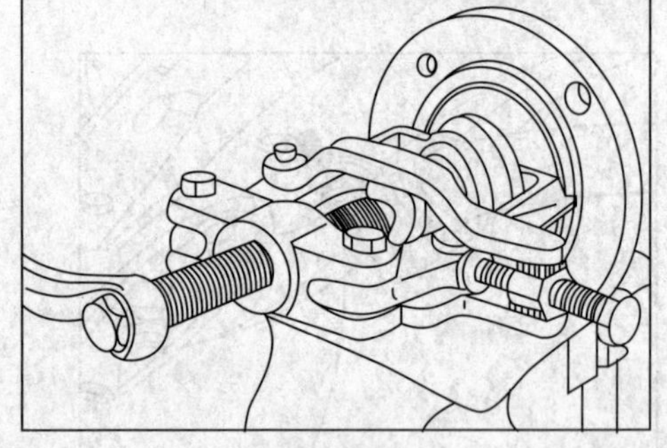
图 7-17 轴承内座圈的拉出

②前悬架的组装。

前悬架的组装顺序应按拆卸的相反顺序进行，但同时还应注意下列几点。

a. 前悬架总成(□可以；□不可以)用焊接和整形修理。

b. 自锁螺母(□必须；□不需)更换新件。

c. 螺母或螺栓的紧固力矩应符合规定，不能过松、过紧。

d. 轮毂轴承压入前应涂上润滑脂，两只挡圈的开口位置应相差(□90°；□180°；□270°；□360°)。

e. 传动轴装配时，应擦净传动轴与轮毂花键齿面的油污及密封胶，对有液压转向的，要在传动轴花键处涂______mm 宽的密封剂 D6，装好后必须______min 后方可行驶。

(3) 发动机悬架和悬架装置下摆臂及横向稳定杆拆装。

①拆卸与分解：

a. ______________________________。

b. ______________________________。

c. ______________________________。

②发动机悬架、下摆臂与横向稳定杆的安装。

安装应按拆卸的相反顺序进行，但是同时应注意下列事项：

a. 往车上安装发动机悬架时，其连接螺栓的紧固有一定的顺序，从车辆行驶方向看，其顺序为：______→ 后右螺栓 →______→______。

b. 重新安装时，(□必须；□不需) 更换所有自锁螺母。

c. 必须按规定力矩拧紧螺栓和螺母。

d. 安装之后，发动机悬架内部都要用(□防腐剂；□除锈剂；□润滑剂) 进行处理。如更换新的发动机悬架，这个新悬架内部要用(□防护蜡；□润滑蜡；□润滑剂) 进行处理。

e. 安装横向稳定杆时，必须注意安装方向，弯曲部分应位于(□上面；□中间；□下面) 球形接头，左右结构不同，安装时，曲柄应朝(□前；□后)。

(4) 传动轴的拆装。

①传动轴的拆卸：

a. ______________________________。

b. ______________________________，如图 7-18 所示。

c. ______________________________。

根据图 7-18，写出各序号对应的零件名称。

1　4　5　6　3　2　7　8　9　10　11

12　22　21　17　13　14　16　15　19　18　20

图 7-18　传动轴的解体

1-联轴器外星轮；2-卡簧；3-钢球；4-______；5-______；6-______；7-______；8-______；9-______；10-______；11-______；12-______；13-______；14-______；15-______；16-______；17-______；18-______；19-______；20-______；21-______；22-______

②传动轴的装车：

a. 将等速万向联轴器的花键涂上一圈__________mm 的防护剂 D6，然后装上传动轴的花键套（注意：涂 D6 后__________min 方可行驶）。

b. 将传动轴用螺栓与法兰按规定力矩__________N · m 拧紧。

c. 将球形接头按原位装配并紧固。

d. 拧紧轮毂固定螺母，规定力矩为__________N · m。

e. 装上挡泥板、制动钳、车轮，必要时进行前轮定位调整。

引导问题 7　如何进行后桥和后悬架拆装？

(1)后桥及后悬架的结构及连接关系。

上海桑塔纳后桥为（□断开式；□整体摆动式；□独立悬架；□非独立悬架；□转向桥；□驱动桥）。它由__________、__________与__________组成，如图 7-19 所示。根据图 7-19，写出图中各序号对应的零件名称。

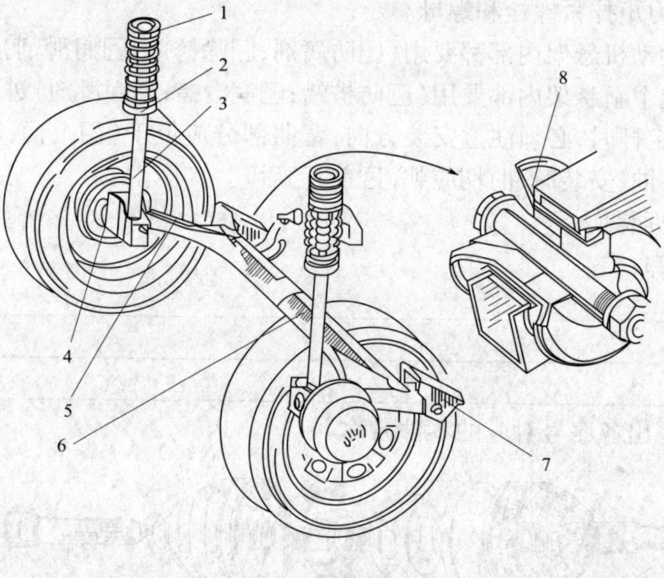

图 7-19　后桥的结构图

1-支承杆座；2-减振支柱；3-________；4-________；5-_______；6-_______；7-________；8-_______

钢板梁由一根__________mm 厚、__________mm 长的 V 形横梁、两根__________加工成变截面悬挂管臂及加强筋、支承板、橡胶金属支承套、后轮支承短轴等组成。

两悬架臂焊接在 V 形梁左右两侧，并用三角加强筋加固，前端通过__________与车身作铰链连接，后端与__________连接，整个后桥体连同车轮可以相对于车身作上下摆动，而减振器及螺旋弹簧起消振和缓冲作用。后桥体不仅承受轿车质量，而且当两侧车轮上弹簧挠度不同时，后桥横梁发生扭转从而起到__________作用。

这种悬架的优点：____

____

缺点：____

____

(2)后桥轮毂轴承拆装。

①后桥轮毂轴承拆卸：

a. ____。

b. ____。

c. ____。

d. ____。

e. ____________________,如图7-20所示(注:由于桑塔纳轿车后轮制动具有自动调整间隙作用,制动蹄与鼓之间夹得较紧,所以拆制动鼓时应先放松)。

f. ____。

g. ____。

h. ____。

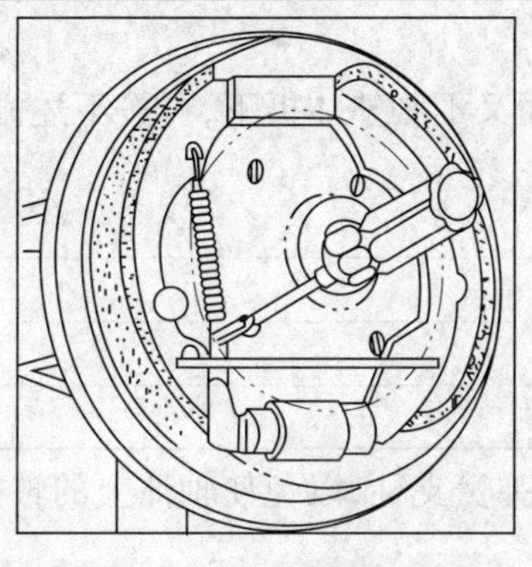

图7-20　用旋具向上拨动楔形块

②轴承和轮毂的装配与调整：

a. ____,如图7-21和图7-22所示。

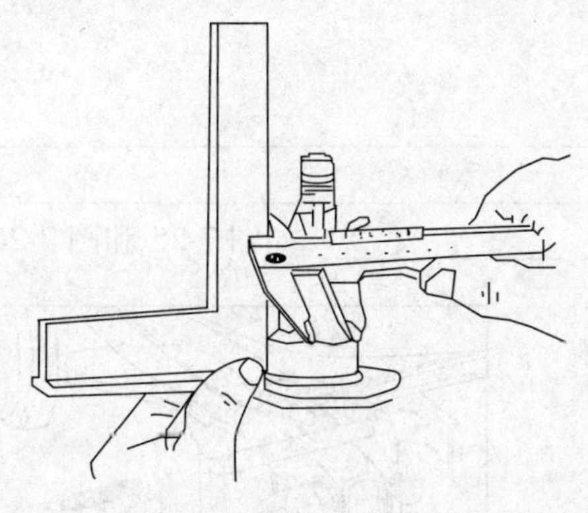

图7-21　后轮支承短轴的检查

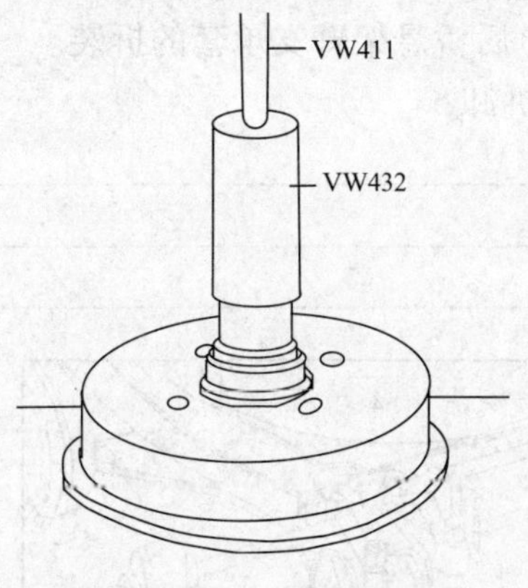

图7-22　车轮外轴承座圈的压入

b. ____。

c. ____。

d. ____。

e. ____,如图7-23所示。

f. ____，如图 7-24 所示。

g. ____。

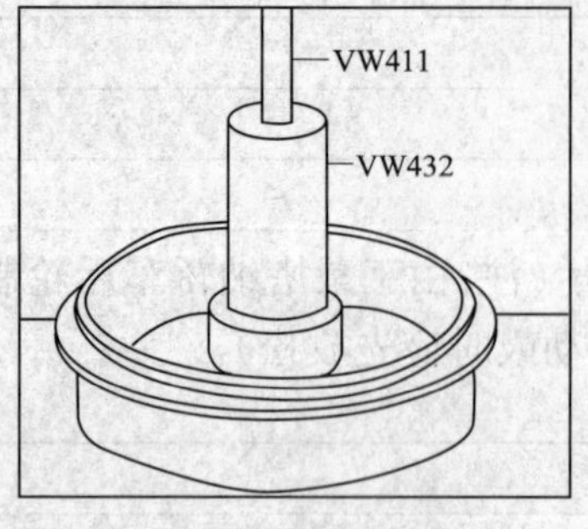

图 7-23　车轮内轴承座圈的压入

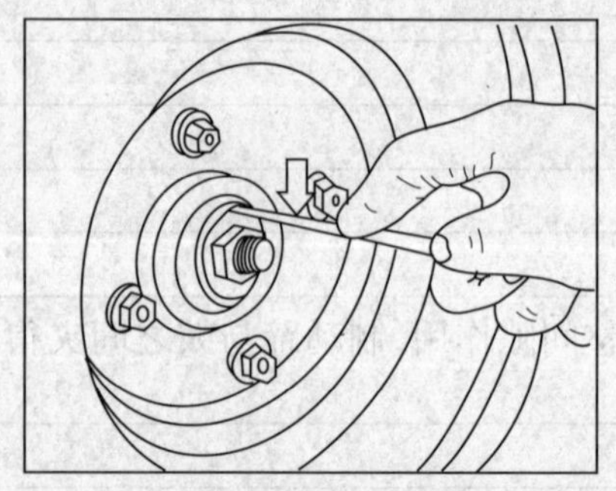

图 7-24　拨动止推垫圈检查轴承预紧度

(3)减振器和弹簧的拆装。

如仅需更换减振器或弹簧而又不必整体拆下，可按下述方法拆卸。

①拆卸：

a. ____。

b. ____。

c. ____。

d. ____。

注意：不要同时拆卸两边的弹簧支柱，以免使轴体上的轴衬受压过大。

②安装：

安装应按拆卸的相反顺序进行，但同时注意其螺母的紧固力矩，支架上的自锁螺母紧固力矩为__________N·m。安装完后，应将后隔板两边，减振器支承上的螺母（紧固力矩为__________N·m）用胶带封住。

(4)后桥悬架臂支承套的拆装。

①拆卸：

a. ____。

b. ____。

c. ____，如图 7-25 和图 7-26 所示。

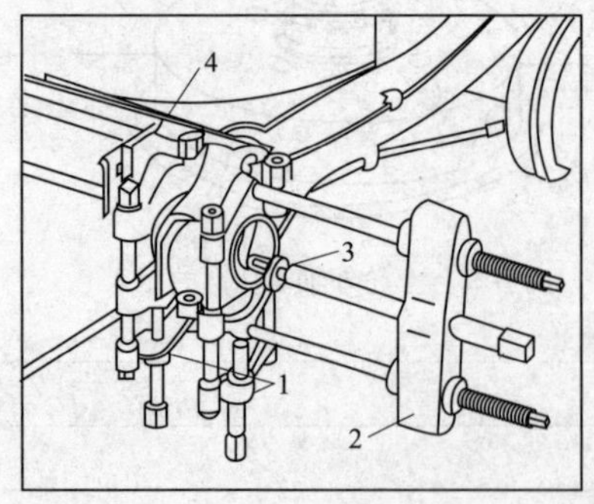

图 7-25　金属橡胶支承的拆卸

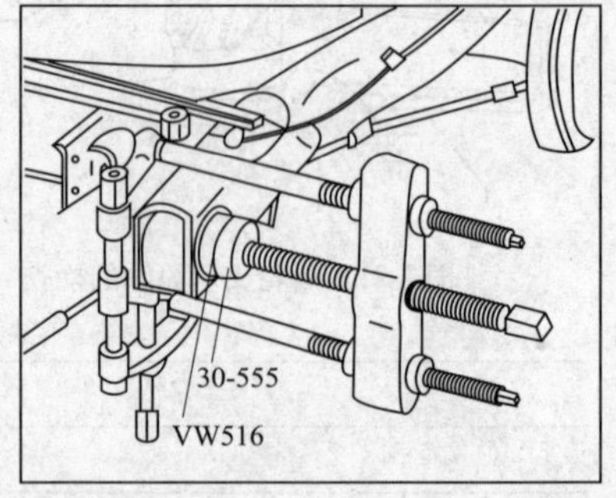

图 7-26　金属橡胶支承套另一半的拆卸

②安装：

a. ____,如图7-27所示。

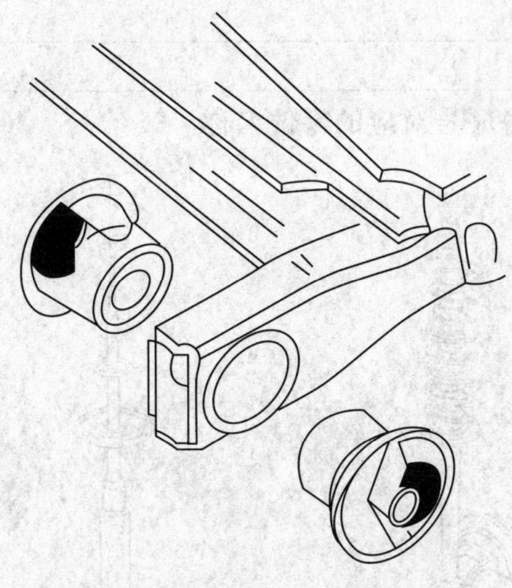

图7-27　金属橡胶支承套安装位置

b. 用电动工具将支承套压入到正确位置,其安装深度 a 应为__________mm,如图7-28所示。

c. 装上支承座,检查轴体时要水平放好,同时要求支承座与后轴体应呈__________角度,如图7-29所示,以免给支承套带来不必要的预扭变形。

d. 插上螺栓,装上自制螺母,按规定力矩__________N·m拧紧。

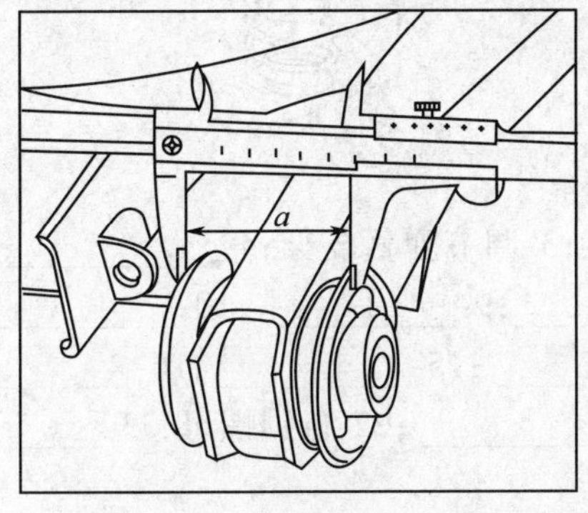

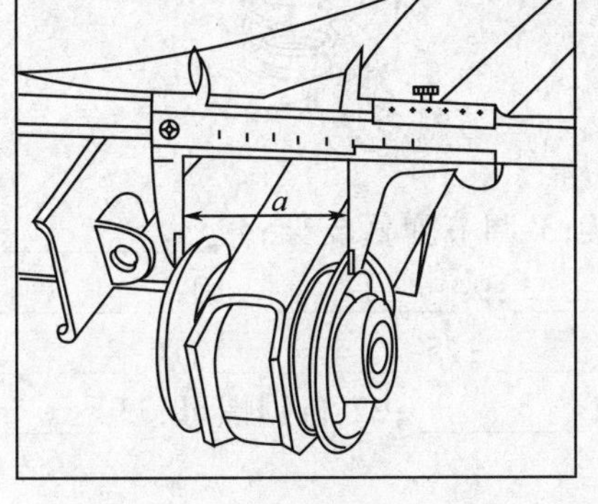

图7-28　支承套安装深度的测量

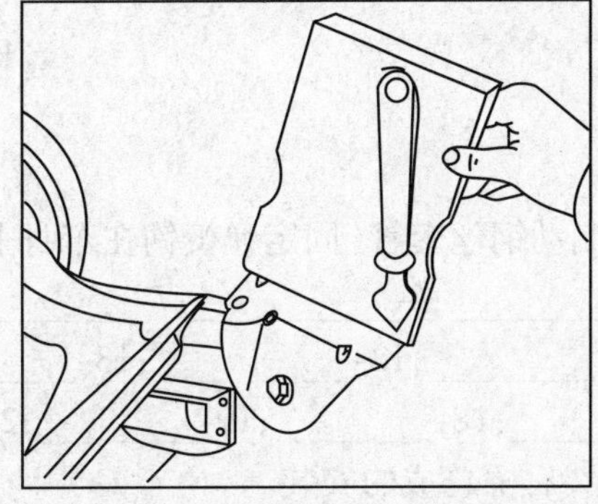

图7-29　支架与后轴体的正确安装位置

(5)后桥总成的拆装。

①拆卸：

a. ____。

b. ____。

c. ____。

d. ____。

e. ____。

f. ____。

g. ____。

h. ____。

i. ____。

j. ____,如图 7-30 所示。

根据图 7-30,写出图中各序号对应的零件名称。

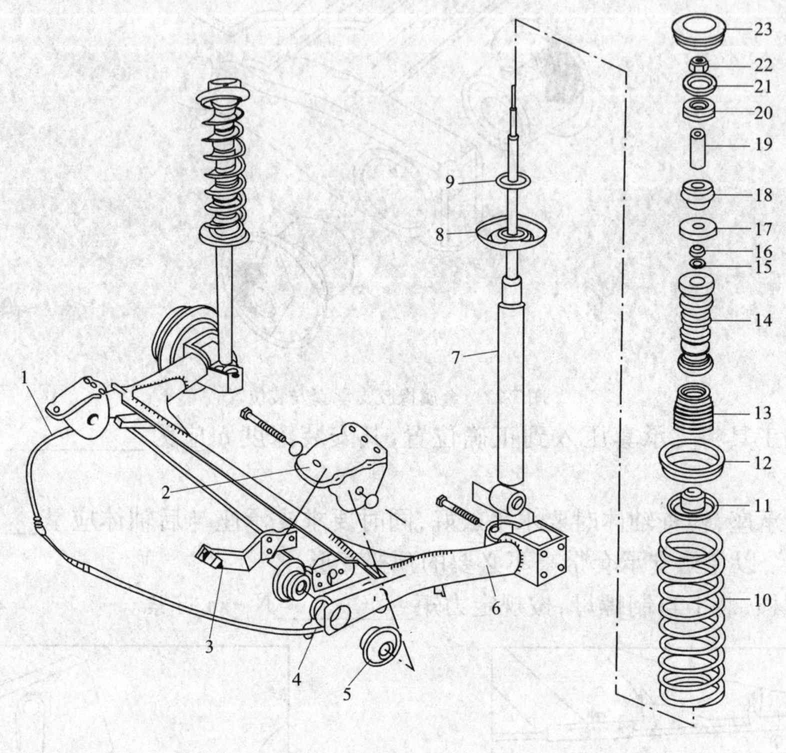

图 7-30　后桥总成的分解

1-手制动钢丝套管(固定弹簧钩在车身上);2-轴承支架;3-调节弹簧支架;4-__________;5-__________;6-__________;7-__________;8-__________;9-__________;10-__________;11-__________;12-__________;13-__________;14-__________;15-__________;16-__________;17-__________;18-__________;19-__________;20-__________;21-__________;22-自锁螺母;23-__________

②后桥总成的安装。

后桥总成的安装应按拆卸的相反顺序进行,同时还应注意以下几点:

a. 将手制动拉索铺设在排气管上面;

b. 将后桥装到车身上;

c. 将减振器弹簧支座装入车身的支架中,并用螺母固定;

d. 轴梁必须平放,车身与轴梁的夹角应为__________;

e. 更换所有自锁螺母,且按规定力矩扭紧。

③观察该轿车的轮胎和车轮,回答下列问题:

a. 该轿车的车轮属于哪种类型?

b. 该轿车的轮胎是属于哪种轮胎?采用这种轮胎的优点是什么?

c. 该轮胎的花纹对汽车的驱动有何影响？

d. 该轮胎的速度级别是多少？最高行驶速度是多少？

引导问题 8　如何进行转向系的拆装？

(1)转向操纵机构的拆装。

①转向操纵机构结构及连接关系。

转向操纵机构主要由＿＿＿＿＿、＿＿＿＿＿以及＿＿＿＿＿、＿＿＿＿＿、＿＿＿＿＿、＿＿＿＿、＿＿＿＿等组成，如图 7-31 所示。根据图 7-31，写出图中各序号对应的零件名称。

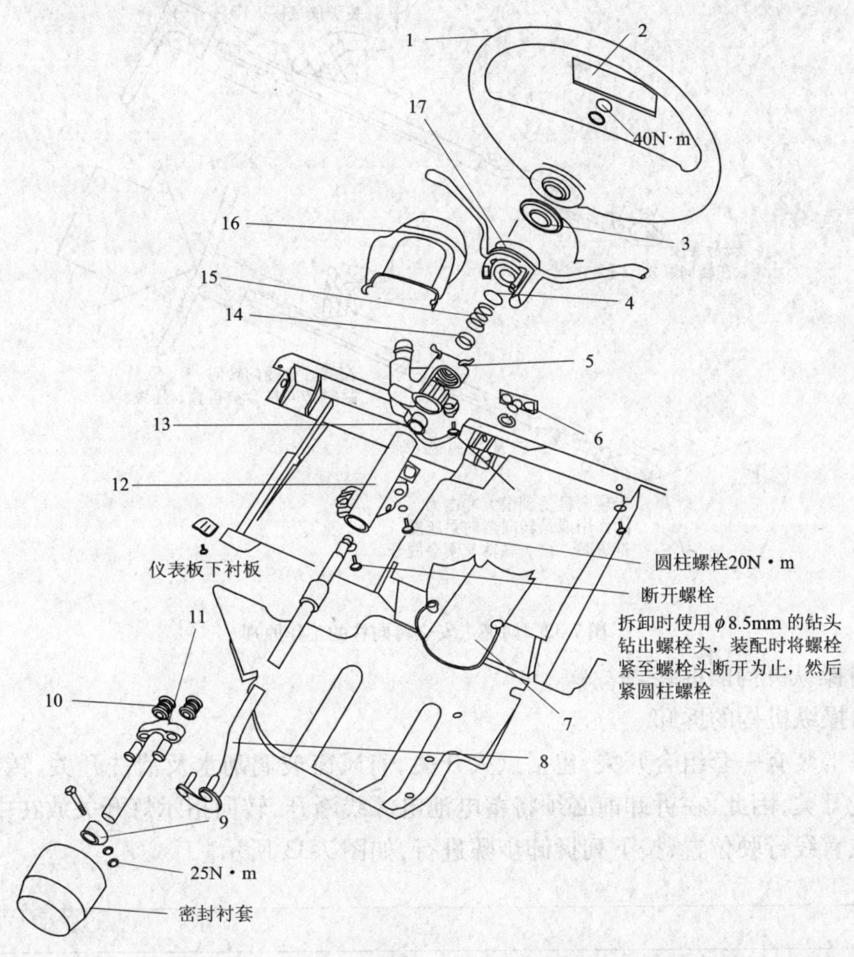

图 7-31　转向操纵机构结构图

1-转向盘;2-盖板;3-＿＿＿＿＿;4-弹性挡圈;5-＿＿＿＿＿;6-启动器把手;7-＿＿＿＿＿;8-＿＿＿＿＿;9-夹紧箍;10-＿＿＿＿＿;11-＿＿＿＿＿;12-＿＿＿＿＿;13-＿＿＿＿＿;14-＿＿＿＿＿;15-＿＿＿＿＿;16-＿＿＿＿＿;17-＿＿＿＿＿

a. 转向盘　上海桑塔纳轿车的转向盘直径为＿＿＿mm，其骨架由＿＿＿和＿＿＿制成。

b. 转向柱　转向柱分为上、下两段。上段的下部弯曲，其端部焊有近似于半月形的凸缘盘，盘上装有两个驱动销与转向柱下段上端的凸缘盘上的两孔配合，孔中还压装有尼龙衬套和橡胶圈。同时在转向柱管上还装有可折叠的安全装置(在仪表板下面)。

图 7-32 为防撞击安全转向柱的工作原理。

防撞击安全转向柱的工作原理：____________________

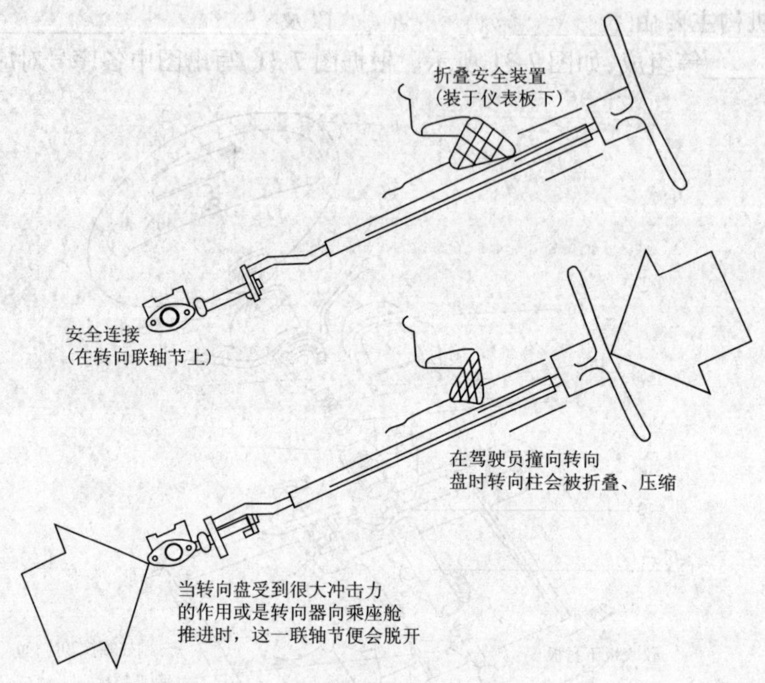

图 7-32 防撞击安全转向柱的工作原理

②转向操纵机构的拆装。

a. 转向操纵机构的拆卸。

转向柱上装有一套组合开关,包括点火开关、前风窗玻璃刮水及清洗开关、转向灯开关及远近光变光开关,因此,在拆卸前必须将蓄电池电源线断开,转向指示灯开关放在中间位置,并将车轮处在直线行驶位置,按下列拆卸步骤进行,如图 7-33 所示。

(a)____________________

(b)____________________

(c)____________________

(d)____________________

(e)____________________

(f)____________________

(g)____________________

(h)____________________

(i)____________________

根据图 7-33,写出各序号对应的零件名称。

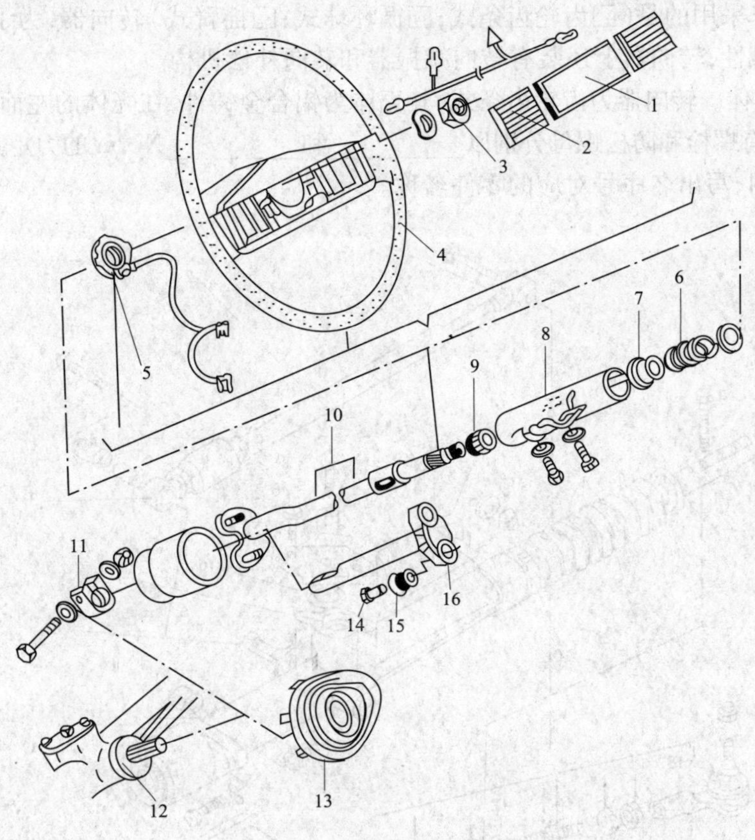

图7-33　转向操纵机构的分解

1-大盖板；2-＿＿＿＿＿；3-＿＿＿＿＿；4-转向盘；5-＿＿＿＿；6-＿＿＿＿＿；7-＿＿＿＿＿；8-＿＿＿＿＿；9-＿＿＿＿＿；10-＿＿＿＿＿；11-＿＿＿＿＿；12-＿＿＿＿＿；13-＿＿＿＿＿；14-＿＿＿＿＿；15-＿＿＿＿＿；16-＿＿＿＿＿

b. 转向操纵机构的装配。

转向操纵机构的装配应基本按拆卸的相反顺序进行，但同时应注意以下几点：

(a)转向柱与凸缘管应(□一起安装；□分开安装)，并用水泵钳连接起来。

(b)应将凸缘管推至转向机构主动齿轮上，夹紧箍圈口应(□向内；□向外)，注意不可用手掰开夹箍。

(c)转向柱管的断开螺栓装配时，应将螺栓拧紧至螺栓头(□断开；□紧固)为止，然后拧紧圆柱螺栓。

(d)车轮应处于(□直线行驶；□左转向；□右转向)位置，转向灯开关应处在(□中间位置；□左转向；□右转向)，才可装转向盘；否则，在安装转向盘时，当分离爪齿通过接触环上的簧片时，有可能造成损坏。

(e)(□必须；□不需)更换所有的自锁螺母和螺栓；转向支柱如有损坏，(□可以；□不可以)焊接修理。

(2)转向器的拆装。

①转向器结构及连接关系。

桑塔纳轿车采用的是(□齿轮齿条式;□循环球式;□摇臂式)转向器,为了消除前轮摆振和提高操作灵敏性,转向器上还装有转向减振器和转向补偿机构。

a. 转向器本体　转向器为齿轮齿条式,其壳体为铝合金铸件,在壳体的左面有椭圆形凸台,右面有凸缘,各有螺栓和防松螺母分别以________和________N·m的力矩紧固于车身上。

根据图7-34,写出名序号对应的零件名称。

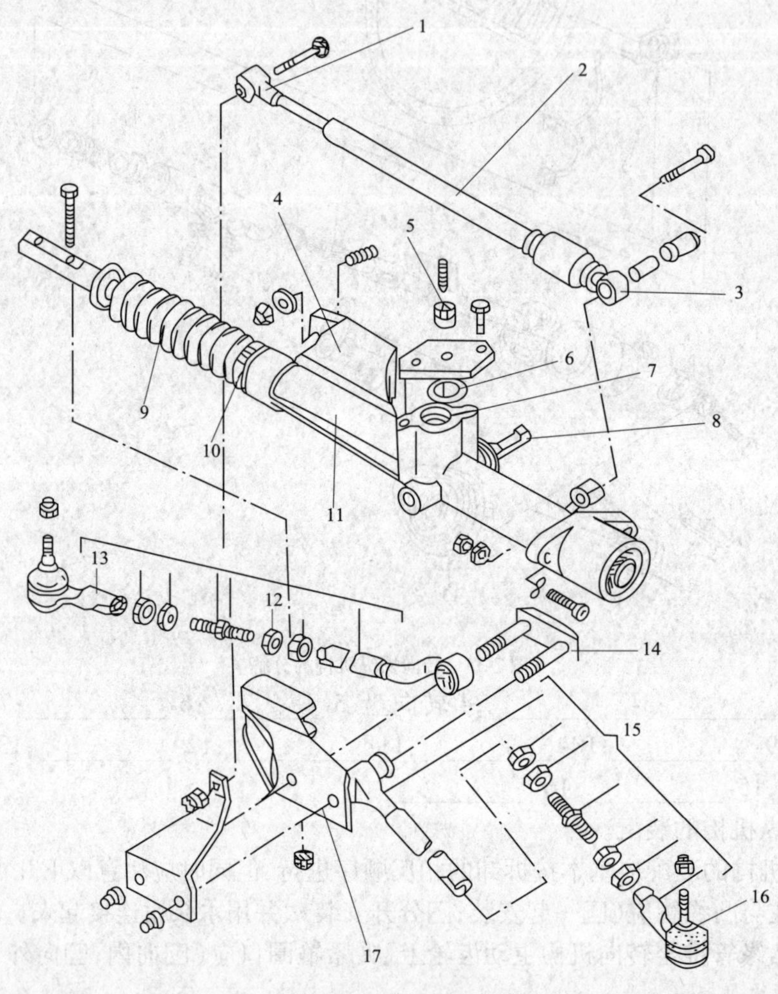

图7-34　转向器与转向横拉杆结构

1-转向减振器固定支点端;2-________;3-________;4-________;5-________;6-________;7-________;8-转向齿轮轴;9-________;10-________;11-________;12-________;13-________;14-________;15-________;16-________;17-________

b. 转向减振器　转向减振器为双向液压式,一端固定在________总成上,另一端固定在________上。它和转向器齿条同步往返直线移动,以吸收由于道路崎岖恶劣而引起的反作用力,减轻转向盘发抖,并使转向盘传来的路感较为柔和。转向减振器与前后悬架所用减振器结构相似,最大行程为________mm,最小行程为________mm,最大阻尼载荷为________

____N,最小阻尼载荷为__________N,容量为__________mL。

c. 转向补偿机构　转向补偿机构选用补偿弹簧,作为自动保持转向器最佳啮合间隙的压力件如图7-35所示。当齿轮和齿条有磨损,或者齿条轴与衬套间隙(□过大;□过小)时,必然产生(□过大;□过小)的齿轮间隙,为此通过补偿弹簧的预紧力压紧压板,以保证齿轮齿条始终处于最佳啮合状态,从而使转向盘__________,提高转向操纵灵敏度并吸收来自路面的部分冲击。

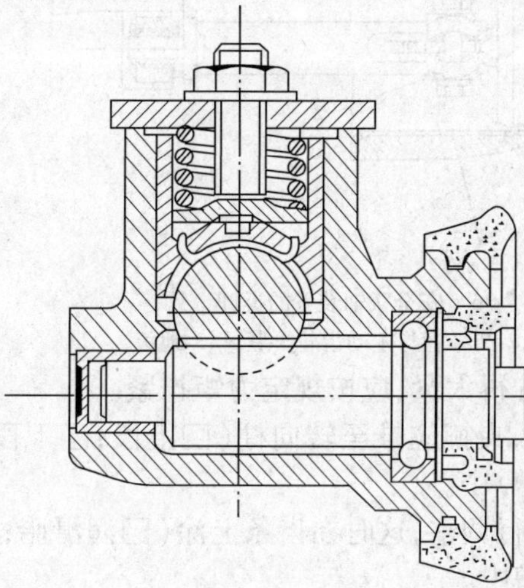

图7-35　转向器补偿机构

②转向器的拆装。

a. 观察所拆轿车的转向器,回答问题

(a)轿车上的转向器所起的作用是什么?

(b)轿车上的转向器有哪几种类型?轿车常采用哪种类型?

b. 转向器的拆卸与分解:

(a)____。

(b)____。

(c)____。

(d)____,如图7-36所示。

(e)____。

(f)____。

c. 转向器的分解:

(a)____

(b)____

(c)____

d. 转向器的装配:

转向器的装配顺序基本上与分解拆卸顺序相反，但同时注意以下几点：

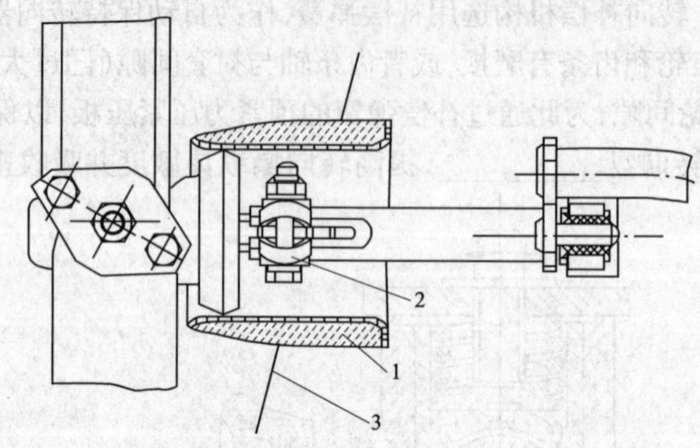

图 7-36 安全联轴装置的拆卸

1-密封罩；2-凸缘管与主动齿轮夹紧箍；3-地板

(a)转向器壳的固定螺栓，不可拧得太紧，应按规定力矩拧紧。

(b)齿轮轴与转向柱下段连接时，夹箍应推至转向柱(□上段；□下段)，密封环应嵌入转向器壳体上的(□环形槽；□半环形槽)中。

(c)波纹管可在转向器安装后进行调整，这时在齿条上涂(□润滑脂；□齿轮油；□动力转向液)，将波管一端用夹箍夹紧在环槽中。

(d)波纹管挡圈应推至齿条限位处。

(e)转向器装配后，应检查调整________________间隙。

(3)转向传动机构的拆装。

①转向传动机构的结构及连接关系。

转向传动机构主要由________及________组成。转向支架与转向横拉杆有左右两个带孔的接头，与横拉杆压接成整体，不能调节。孔内压配有橡胶—金属缓冲环，用螺栓、螺母以_______N·m 的力矩连接于转向支架下部两孔内。横拉杆外侧端均有一个带球头销的可调接头，用以调整_______和_______，球头销与转向臂相连，并用防松螺母以_________N·m 的力矩拧紧。球头销的球碗装有_________，用于预紧球头以消除间隙。

②转向传动机构拆装。

a. 拆卸：

(a)____

(b)____

(c)____

b. 装配：

(a)____

(b)____

(c)____

(4)动力转向装置的拆装。

①液压助力转向系结构及连接关系。

根据图 7-37，写出图中各序号对应的零件名称。

②动力转向装置的拆装。

a. 拆卸：

（a）____。

（b）____，如图7-38所示。

（c）____，如图7-39所示。

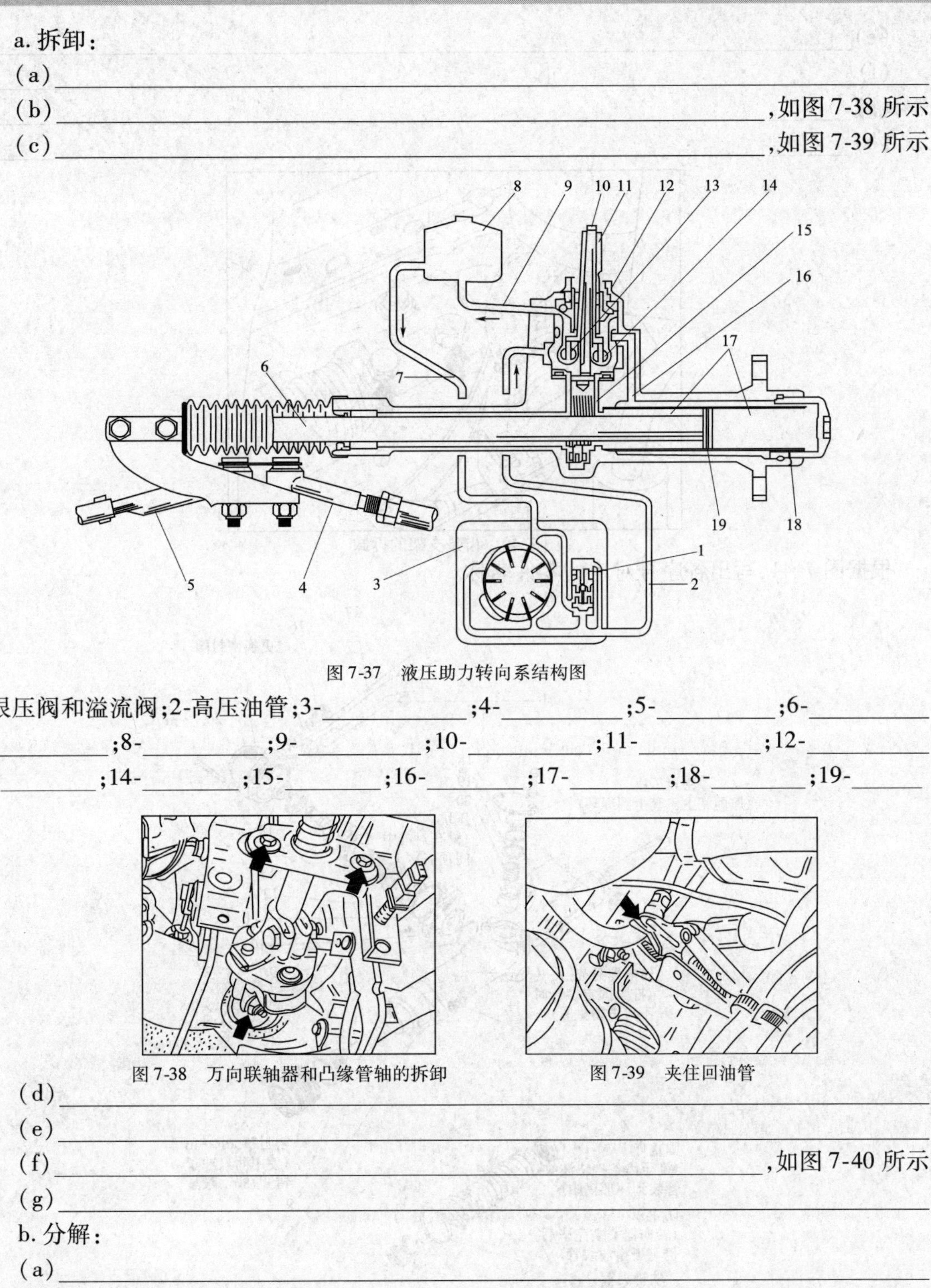

图7-37 液压助力转向系结构图

1-限压阀和溢流阀；2-高压油管；3-__________；4-__________；5-__________；6-__________；7-__________；8-__________；9-__________；10-__________；11-__________；12-__________；13-__________；14-__________；15-__________；16-__________；17-__________；18-__________；19-__________

图7-38 万向联轴器和凸缘管轴的拆卸

图7-39 夹住回油管

（d）____。

（e）____。

（f）____，如图7-40所示。

（g）____。

b. 分解：

（a）____。

（b）____。

（c）____。

（d）____。

(e)____________________。
(f)____________________。
(g)____________________。
(h)____________________。

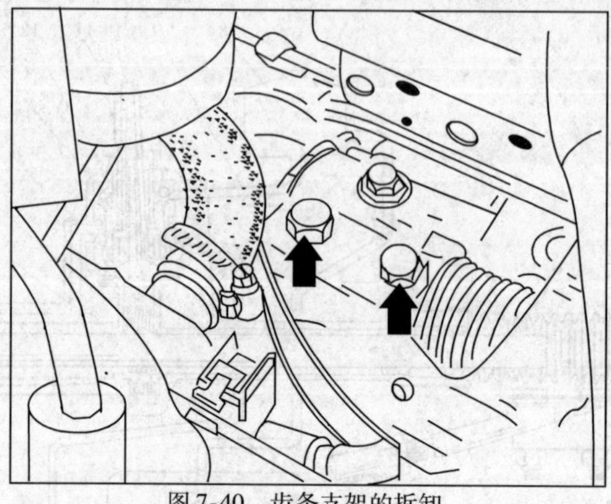

图 7-40 齿条支架的拆卸

根据图 7-41,写出各序号对应的零件名称。

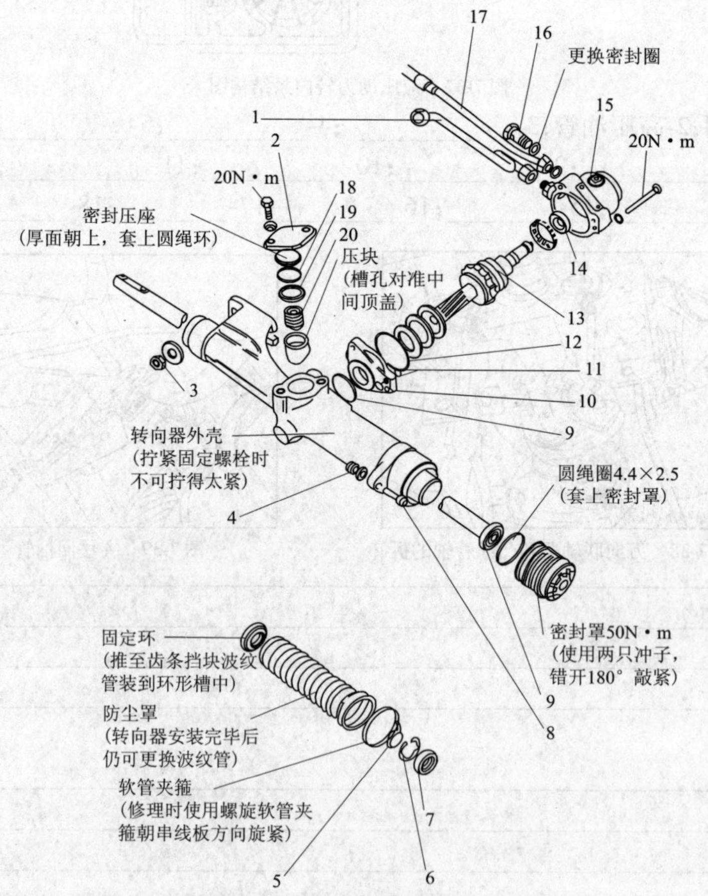

图 7-41 液压动力转向机构的分解与检修

1-油管;2-________;3-________;4-自锁螺母;5-________;6-________;7-________;8-________;9-________;10-________;11-________;12-________;13-________;14-________;15-________;16-________;17-________;18-________;19-________;20-________

c.组装:

组装应按与解体相反顺序进行,参照机械转向系的组装方法,并注意以下几点:

(a)润滑油________________

(b)滤清器________________

(c)空气________________

(d)压力________________

小知识

(1)动力转向液压油的更换:

①顶起汽车前轴,从储油罐及回流管排出旧转向液压油;

②使发动机怠速运转,一面排油,一面将转向盘转到左(右)极限位置,直至液压油排净;

③添加液压油;

④排净动力转向液压系统的空气。

(2)动力转向液压系统的排气:

①检查液面高度,必要时添加液压油;

②使发动机怠速运转,反复使转向盘从左极限位置转右极限位置,直至储油罐内无气泡和泡沫为止;如液面有下降,应继续添加液压油直至达到规定液面高度(MAX处)为止。

四、拓展训练

引导问题9　如何进行轮胎的拆装和解体?

在轮胎拆装机上拆卸和安装轮胎时,应将轮胎一侧内圈对准轮辋深槽,方能顺利拆卸;否则,易对轮胎拆装机或操作人员造成伤害。通过资料学习,完成表7-9。

轮胎的拆装解体操作　　表7-9

操作步骤	注意事项

引导问题10　电控悬架能实现哪些功能？由几个部分组成？

(1)观察带电控悬架的台架，描述电控悬架所能实现的功能。

(2)电控悬架由几个部分组成？其工作原理是什么？

五、评价与反馈

1.小组成果展示

简述本小组收获与体会。

(1)______

(2)______

(3)______

你对其他小组的建议。

(1)______

(2)______

2.课程过程评价(表7-10)

课程过程评价表　　表7-10

考核项目	评分标准	分数	学生自评	小组互评	教师评价	小计
劳动纪律	有无迟到、早退和旷工	10				
团队合作	是否和谐	5				
活动参与	是否精彩	5				
安全生产	有无安全隐患	10				
环保要求	是达到要求	5				
方案制订	是否正确、合理	15				
操作过程	是否正确熟练	25				
任务质量	是否圆满完成	10				
工单填写	是否完整、规范	5				
现场5S	是否做到	10				
总分		100				
教师签字：		年　月　日			得分	

注意：没有按照操作流程操作，出现人身伤害或设备严重事故，本任务考核结果为0分。

学习任务8　制动系拆装

工作情境描述

一辆桑塔纳2000轿车，行驶了41 235km，在常规维护时发现制动摩擦片厚度仅3mm，已达磨损极限。同时发现制动主缸有渗油情况，需更换制动摩擦片和主缸。维修服务顾问安排由你及你的团队完成制动系总成的更换任务。

学习目标

通过本学习任务的学习，你应当能：

1. 根据工单内容确定工作内容和制订工作计划；

2. 认识和描述汽车制动系的结构类型及工作原理；

3. 根据维修手册制订车轮制动器、真空助力器、制动主缸、驻车机构拆卸工艺流程；

4. 在规定时间内，根据拆卸工艺流程和技术要求，正确、安全使用工具和设备，完成车轮制动器、真空助力器、制动主缸、驻车机构拆卸；

5. 根据维修手册制订新车轮制动器、真空助力器、制动主缸、驻车机构安装工艺流程；

6. 在规定时间内，按照安装工艺流程和技术要求，正确、安全使用工具和设备，完成车轮制动器、真空助力器、制动主缸、驻车机构总成安装；

7. 按照技术要求，完成制动踏板自由行程检查调整、驻车机构检查调整、制动液的补给和排空；

8. 正确进行旧件和废料回收。

内容与结构

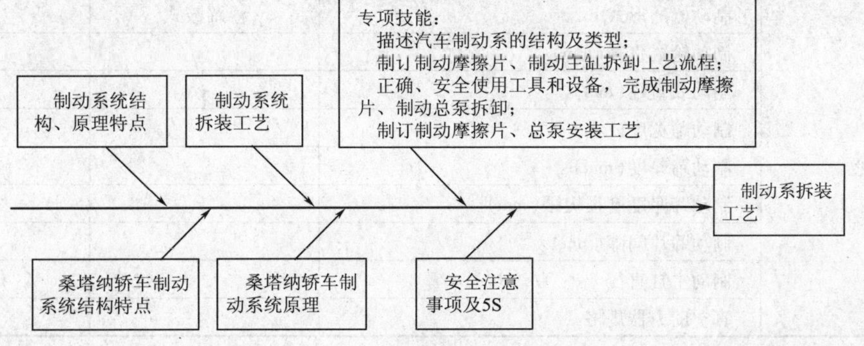

建议学习时间:20h

引导问题

一、任务准备

引导问题 1　制动系主要结构参数与技术参数及拧紧力矩。

通过各类资料查找,完成表 8-1。

制动系主要结构参数与技术参数及拧紧力矩表　　　表 8-1

参　　数		桑塔纳 LX	桑塔纳 2000
制动力分配比	前/后	4.14:1	3.36:1
	前/后	19%	
管路系统形式			
踏板总行程(mm)			
踏板自由行程(mm)			
临界制动因素 z	空载		
	满载	1.30	1.28
制动效率(空载)			
在附着系数 0.8 的路面(满载)			
前轮	制动器的形式	实心盘式	空心盘式
	制动钳的形式		
	制动盘直径(mm)		
	制动轮缸直径(mm)		
	制动盘厚度(mm)		
	制动盘厚度磨损极限(mm)		
	制动盘端面跳动量(mm)		
	新摩擦片厚度(mm)		
	摩擦片厚度磨损极限(mm)		
后轮	制动器的形式	浮蹄鼓式	
	制动轮缸直径(mm)		
	制动鼓直径(mm)		
	制动蹄宽度(mm)		
	制动蹄厚度(mm)		
	制动蹄厚度磨损极限(mm)		
	制动蹄片间隙(mm)		
	制动主缸直径		
	真空助力器规格		

续上表

参　数		桑塔纳 LX	桑塔纳 2000
拧紧力矩(N·m)	制动钳支架与前悬架减振器支柱固定螺栓		
	制动钳支架与制动钳固定螺栓		
	制动底板与后桥凸缘		
	后制动轮缸固定螺栓		
	真空助力器和主缸固定螺栓		
	真空助力器固定支架螺母		
	制动油管接头螺母		
	车轮螺栓		

引导问题2　制动系的制动力是怎样产生的?

通过资料学习,完成表8-2中汽车制动系功用与组成等相关内容。

制动系功用与组成　　表8-2

制动系功用				
制动系两大制动装置的名称	驻车制动装置	行车制动装置		
各组成部分功用				
各组成部分包括的主要总成				

根据图8-1,写出各序号对应的零件名称,并回答以下问题。

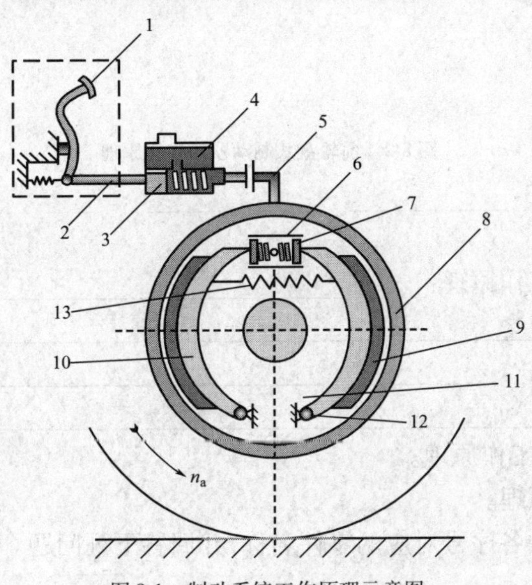

图8-1　制动系统工作原理示意图

填写下列空格:

1-制动踏板;2-主缸活塞;3-________;4-________;5-________;6-制动轮缸;7-________;8-________;9-摩擦片;10-制动蹄;11-________;12-________;13-________

摩擦力矩是如何产生的：______________________________

____

绘图说明制动力的产生过程：______________________________

____

制动力有制动器制动力、车轮制动力，它们是一样的吗？请分析。

____

____

(1)前轮盘式制动器的工作原理。

根据图 8-2，写出各序号对应的零件名称，并回答以下问题。

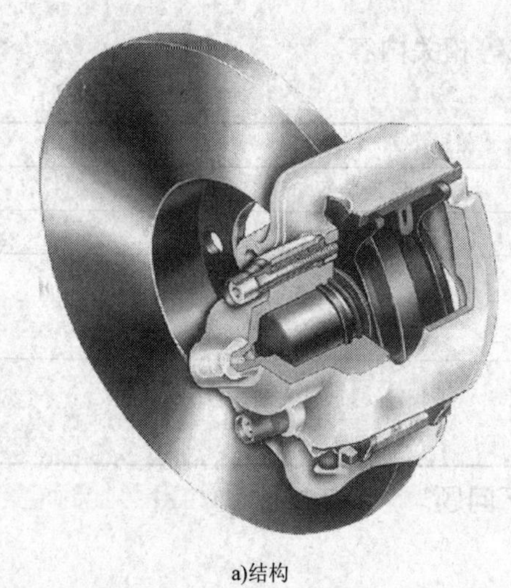

a)结构

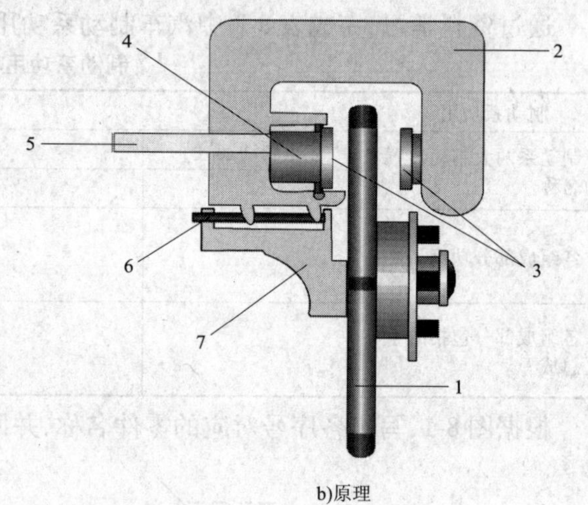

b)原理

图 8-2　前轮盘式制动器的工作原理

1-制动盘；2-悬浮式卡钳；3-__________；4-__________；5-__________；6-__________；7-__________

前轮盘式制动器的工作原理：______________________________

____

盘式制动器有何优点？______________________________

____

(2)后轮鼓式制动器工作原理。

①鼓式制动器工作原理。

根据图 8-3，写出图中各序号对应的零件名称，并回答下列问题。

增势作用：______________________________

减势作用：______________________________

领蹄作用：______________________________

从蹄作用：______________________________

后轮制动器的工作原理：____

鼓式制动器具有热衰退性的弱点，现代轿车如何克服这一缺点？______________

②观察图 8-3，分析前制动蹄和后制动蹄的受力情况，讨论如何正确安装这两个蹄片。

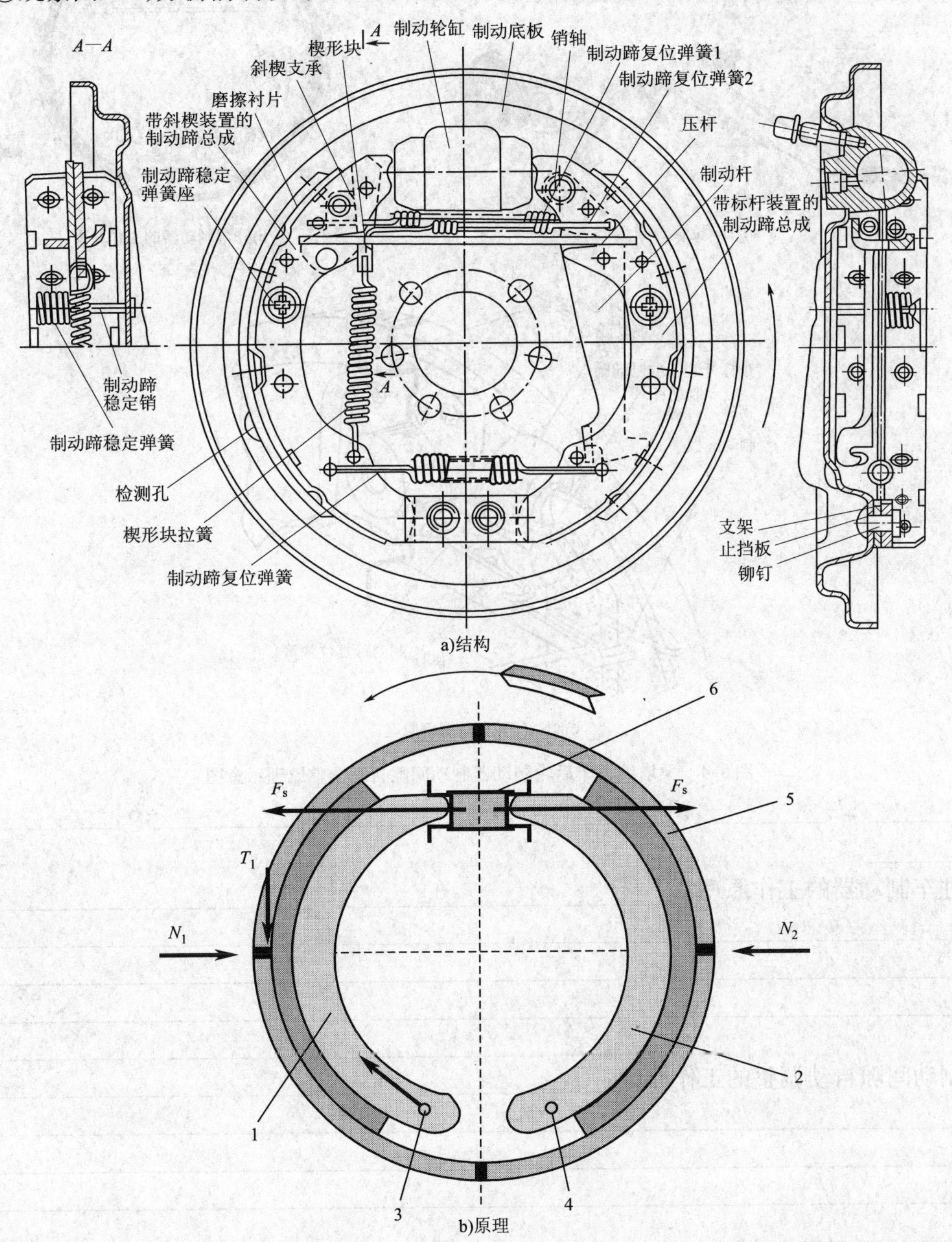

图 8-3　后轮制动器的工作原理

1-__________；2-__________；3-__________；4-__________；5-__________；6-__________

③驻车制动器的工作原理。

根据图 8-4，写出各序号对应的零件名称，并回答下列问题。

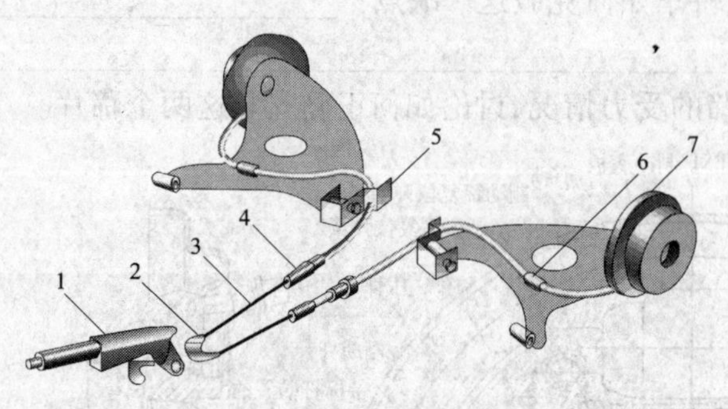

a)驻车拉索

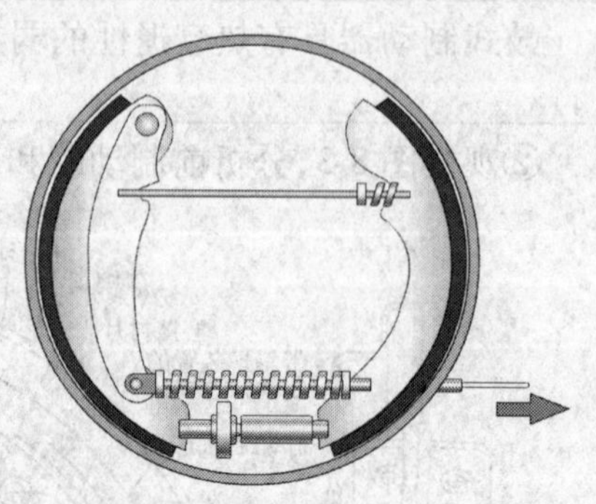
b)驻车制动器的工作原理

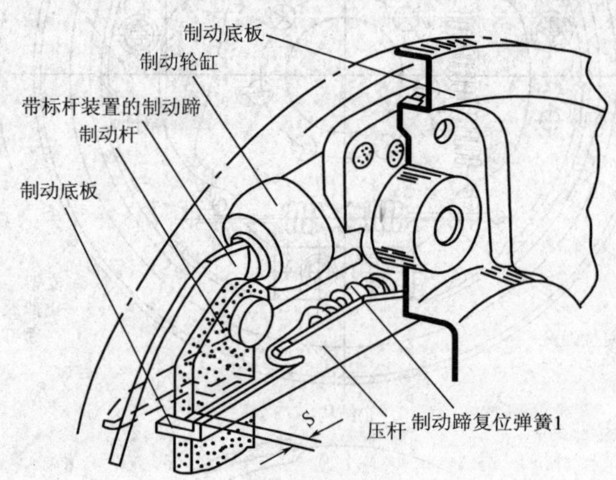

c)制动间隙自动调整原理

图 8-4 桑塔纳轿车后轮制动器制动间隙自动调整原理示意图

1-__________;2-__________;3-__________;4-__________; 5-__________;6-__________;
7-__________

驻车制动器的工作原理：____

____

____

____

____

制动间隙自动调整的工作原理：____________________________________

____

____

____

____

(3)真空助力器工作原理。

根据图 8-5，写出各序号对应的零件名称，并回答下列问题。

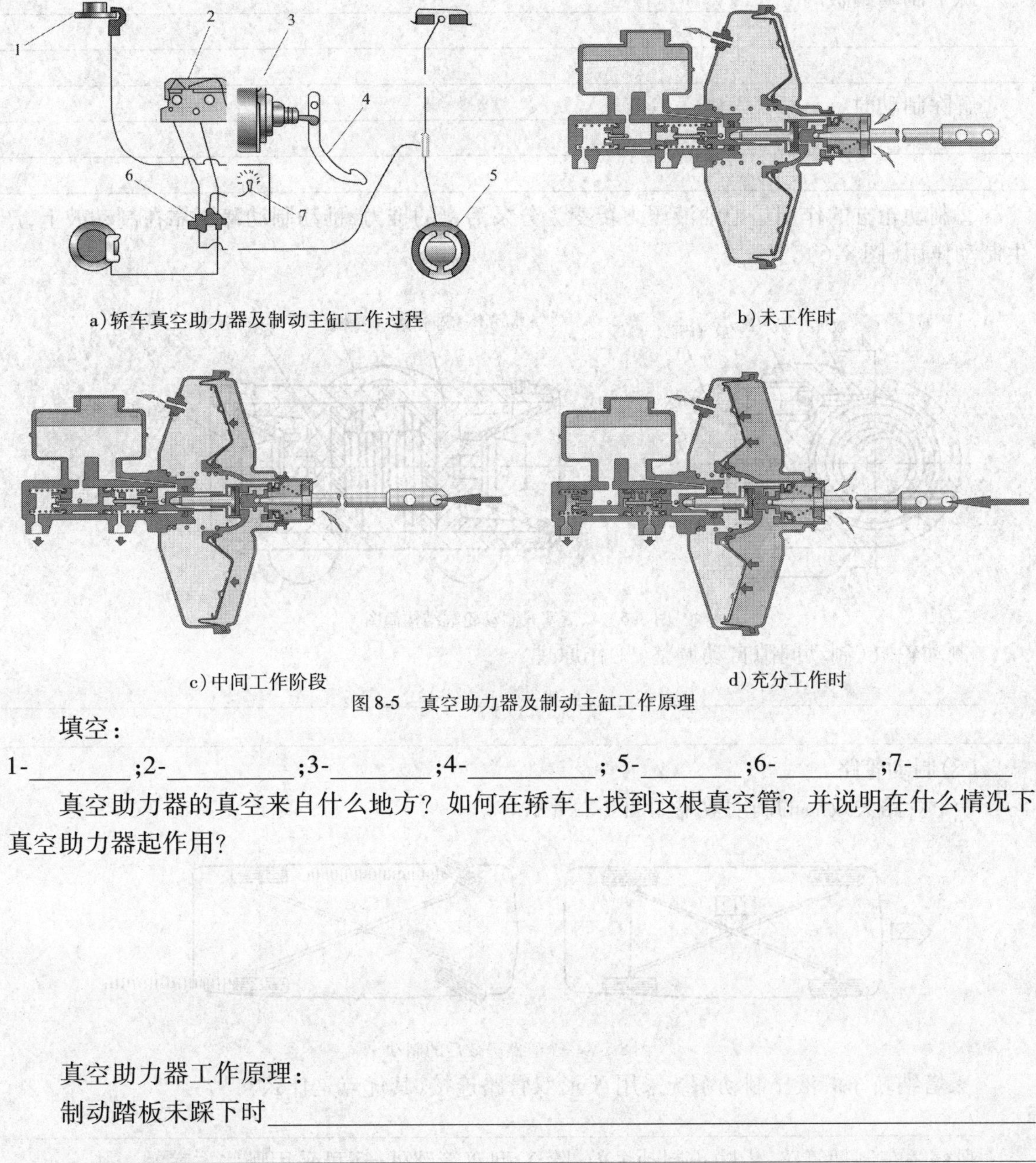

a)轿车真空助力器及制动主缸工作过程
b)未工作时
c)中间工作阶段
d)充分工作时

图8-5　真空助力器及制动主缸工作原理

填空：

1-________;2-__________;3-________;4-__________; 5-________;6-________;7-________

真空助力器的真空来自什么地方？如何在轿车上找到这根真空管？并说明在什么情况下真空助力器起作用？

真空助力器工作原理：

制动踏板未踩下时____

____

制动踏板刚踩下时____

____

制动踏板充分踩下时____

____

(4)串联双腔式制动主缸工作原理。

①制动主缸。

串联双腔式制动主缸工作原理：

踩下制动踏板时________________________________

____

解除制动时________________________________

____

②制动轮缸的作用是把油液压力转变为分泵活塞的推力,推动制动蹄压靠在制动鼓上,产生制动作用(图 8-6)。

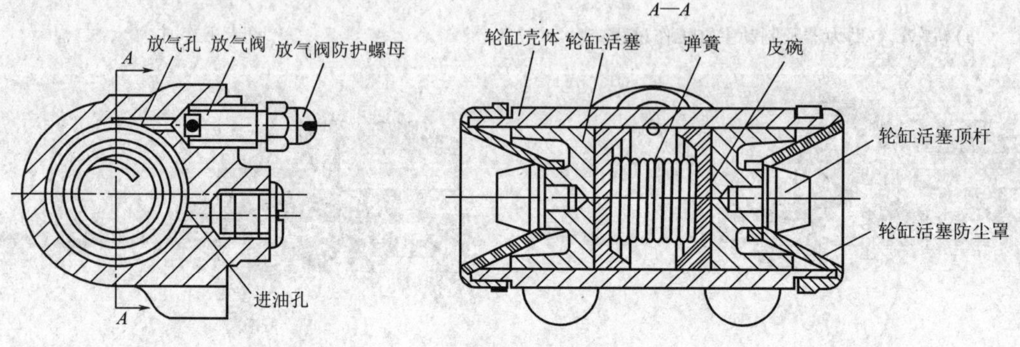

图 8-6　双活塞式制动轮缸结构简图

制动轮缸(制动间隙自动调整)工作原理:

____

____

(5)制动管路。

一个管路失效后的制动效果如图 8-7 所示。

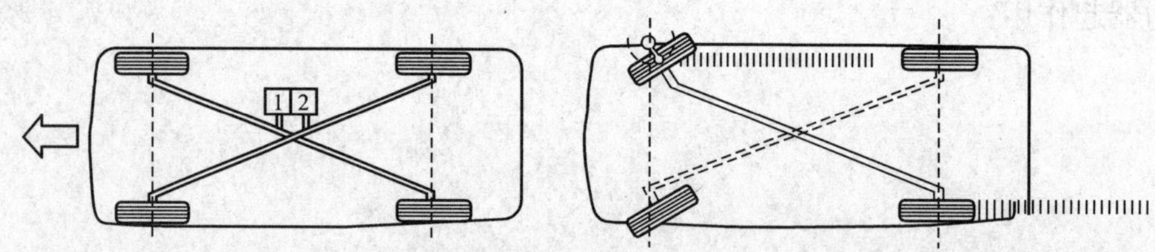

图 8-7　一个管路失效后的制动

桑塔纳轿车的液压制动系统采用 X 形双管路连接,其优点是什么?

____

观察轿车制动管路,为防止制动失效,除 X 型双管路外,还可采用哪些方案?

____

制动管路里流动的介质是什么物质?这种制动介质应具有什么物理特性?如何正确使用制动介质?

____

(6)制动防抱死系统(ABS)。

①车轮滑移率。

干燥硬实路面上的地面附着系数与滑移率之间的关系如图 8-8 所示。

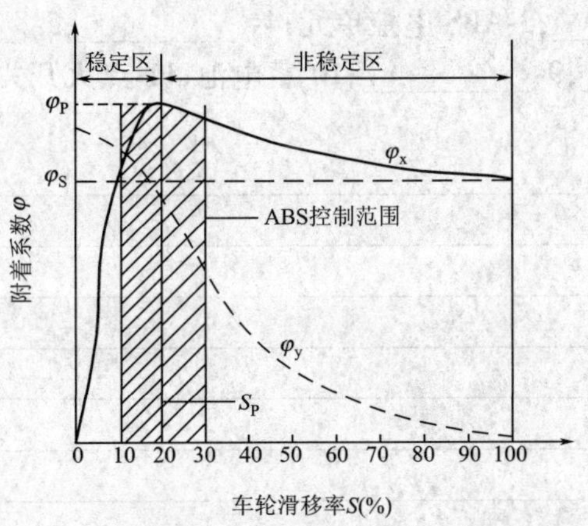

图 8-8　滑移率与地面附着系数

车轮滑移率______________________________________,用 S 表示,其计算公式为:

$$S=\frac{v-v_W}{v}\times 100\%=\frac{v-r_0\omega}{v}\times 100\%$$

式中:S——_______________;

v——_______________;

v_W——_______________;

r_0——_______________;

ω——_______________。

观察图 8-8,当车轮安全制动时,车轮的滑动成分应在什么范围是合理的?请写出理由。如何实现车辆的安全制动?请设计安全制动的硬件组成。

____

车轮完全抱死时,$S=$__________,车轮纯滚动时,$S=$__________。

②ABS 基本组成及原理。

根据图 8-9,写出图中各序号对应的零件名称,并回答以下问题。

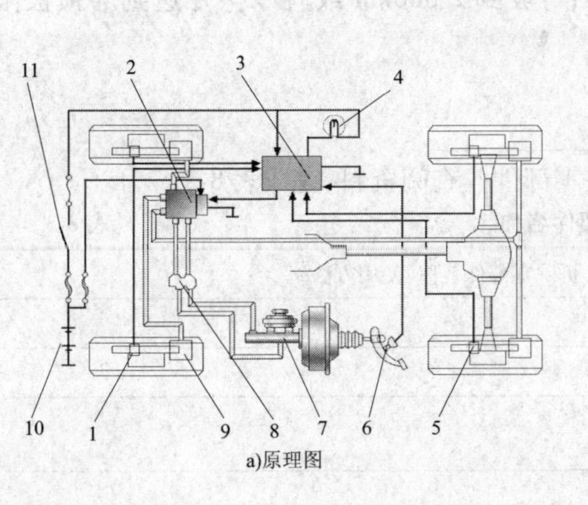

a)原理图

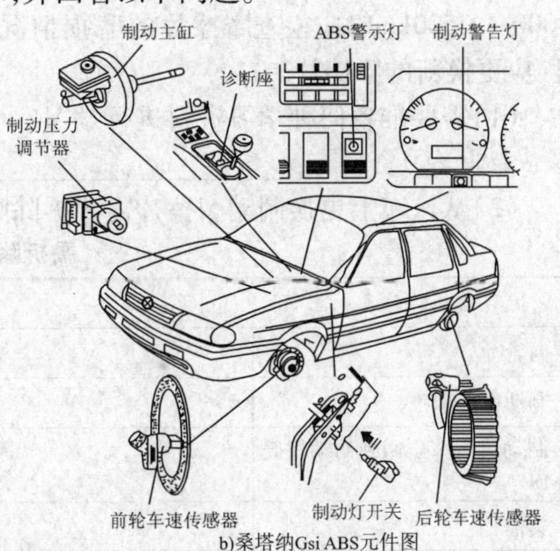

b)桑塔纳Gsi ABS元件图

图 8-9　制动防抱死系统(ABS)的基本组成

1-＿＿＿＿＿;2-＿＿＿＿＿;3-ABS 电控单元;4-＿＿＿＿＿;5-＿＿＿＿＿;6-＿＿＿＿＿;7-＿＿＿＿＿;8-＿＿＿＿＿;9-＿＿＿＿＿;10-蓄电池;11-点火开关

ABS 基本组成。

传感器:＿＿＿＿＿＿＿＿＿＿＿＿＿＿＿＿＿＿＿＿＿＿＿＿＿＿＿＿＿＿＿＿＿＿＿＿。

电子控制器:＿＿＿＿＿＿＿＿＿＿＿＿＿＿＿＿＿＿＿＿＿＿＿＿＿＿＿＿＿＿＿＿＿。

执行器:＿＿＿＿＿＿＿＿＿＿＿＿＿＿＿＿＿＿＿＿＿＿＿＿＿＿＿＿＿＿＿＿＿＿＿。

其他:＿＿＿＿＿＿＿＿＿＿＿＿＿＿＿＿＿＿＿＿＿＿＿＿＿＿＿＿＿＿＿＿＿＿＿＿。

ABS 工作原理。

压力升高→＿＿＿＿＿→＿＿＿＿＿→＿＿＿＿＿→＿＿＿＿＿

压力升高:＿＿＿＿＿＿＿＿＿＿＿＿＿＿＿＿＿＿＿＿＿＿＿＿＿＿＿＿＿＿＿＿＿＿

压力保持:＿＿＿＿＿＿＿＿＿＿＿＿＿＿＿＿＿＿＿＿＿＿＿＿＿＿＿＿＿＿＿＿＿＿

压力降低:＿＿＿＿＿＿＿＿＿＿＿＿＿＿＿＿＿＿＿＿＿＿＿＿＿＿＿＿＿＿＿＿＿＿

整个工作过程:＿＿＿＿＿＿＿＿＿＿＿＿＿＿＿＿＿＿＿＿＿＿＿＿＿＿＿＿＿＿＿＿

二、方案制订与优选

引导问题 3　制动摩擦片厚度应如何检查?

检查和更换制动摩擦片:由于前制动器系开式结构,灰尘易进入,所以当行驶到 1 000 ~ 1 500km时应检查摩擦片的磨损情况。当行驶到 2 500km 或者摩擦片达到磨损极限时,应更换新的摩擦片。

(1)需要准备何种学习资料进行学习?

专业学习资料有:＿＿＿＿＿、＿＿＿＿＿、＿＿＿＿＿。

(2)从汽车上更换制动摩擦片需要拆除哪些零部件?查阅资料,完成表 8-3。

需拆除零部件名称　　表 8-3

需拆除总成	拆除零部件名称(使用方法)
前轮	
制动钳壳体	
制动钳活塞压回到制动钳壳体内	
其他	

(3)确认以上件的拆除部位和所用工具,完成表 8-4。

拆除部位和所用工具　　表8-4

拆 除 部 位	所 用 工 具	拆 除 部 位	所 用 工 具
拆卸上、下固定螺栓	内六角扳手		

(4)有哪些安全操作要求？完成表8-5。

安 全 操 作 要 求　　表8-5

作 业 项 目	安全注意事项描述
举升汽车支撑点的确认与举升机使用	
制动片拆除	
制动钳活塞压回到制动钳	
壳体内	

(5)有哪些环保要求？完成表8-6。

环 保 要 求　　表8-6

作 业 项 目	环保注意事项描述
制动油回收与存放	
废气排放处理	

引导问题4　根据以上分析，如何制订与优选工作方案？

(1)制订桑塔纳轿车制动摩擦片更换流程。

(2)制订桑塔纳轿车制动蹄片更换流程。

(3)制订桑塔纳轿车制动总泵更换流程。

三、实施与控制

引导问题5　如何进行前轮制动器拆装？

(1)前轮制动器结构及连接关系。

桑塔纳轿车前轮采用的是浮式钳盘制动器，其结构如图8-10所示。

根据图8-10，写出各序号对应的零件名称。

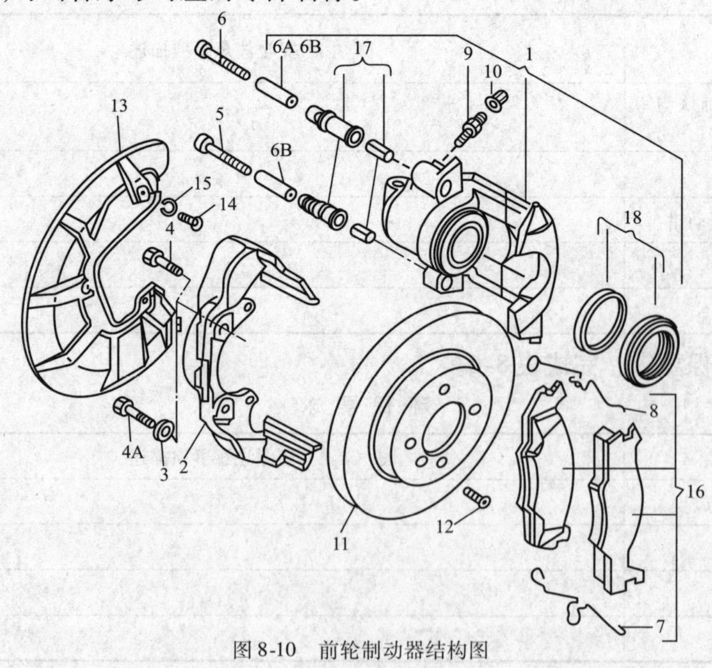

图8-10　前轮制动器结构图

1-制动钳总成;2-制动钳支架垫圈螺栓;3-__________;4-螺栓;5-__________;6-导向销;7-__________;8-__________;9-放气螺钉;10-防尘套;11-__________;12-__________;13-__________;14-__________;15-__________;16-__________;17-导向销塑料套; 18-活塞密封圈和防尘罩

(2)拆卸:

①____________________

②____________________

③____________________

④____________________

⑤____________________

⑥____________________

⑦____________________

小提示

在把制动钳活塞压回到制动钳壳之前,应先从制动液储液罐中抽出一部分制动液,以免活塞压回时,引起制动液外溢,损坏油漆。制动液具有毒性和较强的腐蚀性。因此,排放时,须用专门的塑料瓶或其他容器存放。

(3)装配:

①____________________。

②____________________。

③装上制动钳,用__________的力矩拧紧紧固螺栓。

④____________________。

⑤____________________。

⑥安装前轮,用__________的力矩拧紧紧固轮胎螺栓。

你认为以上步骤是否有改进之处?

□有　　□无

若有,请说明你的改进意见。

____

____

引导问题6　如何进行后轮制动器拆装?

(1)后轮制动器结构及连接关系。

后轮采用的是(□自动调整制动间隙;□手动调整制动间隙;□盘式;□鼓式)制动器,其形式属(□简单非平衡式;□简单平衡式),并兼起手制动器作用,其结构如图8-11所示。

根据图8-11,写出各序号对应的零件名称。

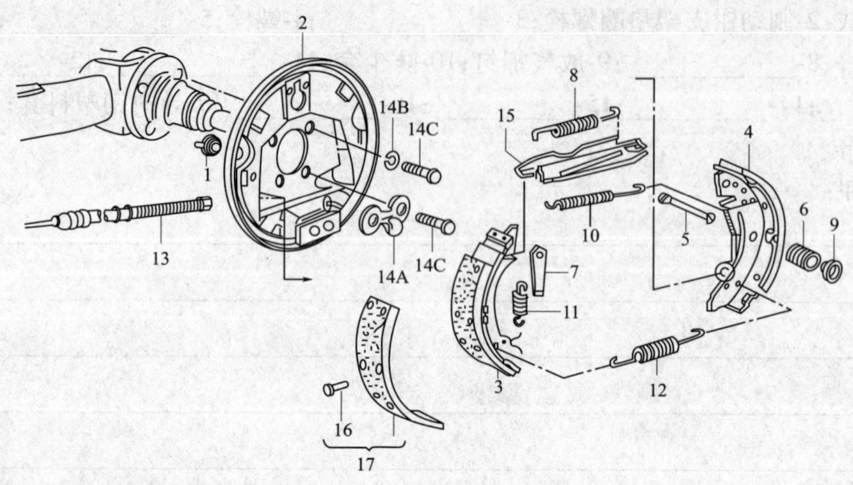

图 8-11　后轮制动器结构图

1-＿＿＿＿;2-＿＿＿＿;3-＿＿＿＿;4-＿＿＿＿;5-＿＿＿＿;6-＿＿＿＿;
7-＿＿＿＿;8-＿＿＿＿;9-＿＿＿＿;10-＿＿＿＿;11-＿＿＿＿;12-＿＿＿＿;
13-＿＿＿＿;14-＿＿＿＿;15-＿＿＿＿;16-＿＿＿＿17-＿＿＿＿

(2)当需要更换摩擦片或制动鼓时,应按下述步骤进行拆卸与分解。

①＿＿＿＿＿＿＿＿＿＿＿＿＿＿＿＿＿＿＿＿＿＿＿＿

②＿＿＿＿＿＿＿＿＿＿＿＿＿＿＿＿＿＿＿＿＿＿＿＿

③＿＿＿＿＿＿＿＿＿＿＿＿＿＿＿＿＿＿＿＿,如图 8-12 所示。

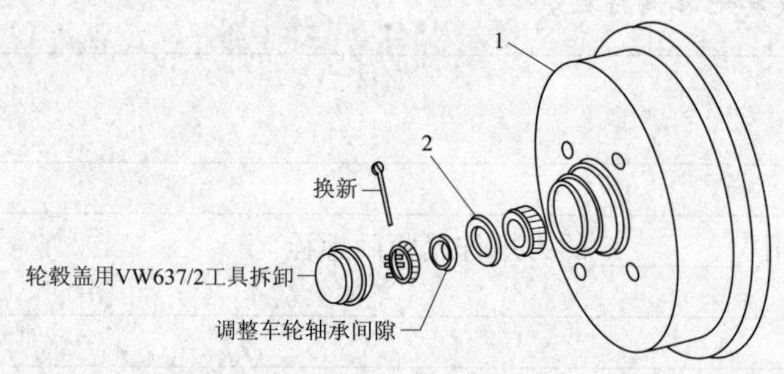

图 8-12　车轮后轮毂的拆卸

1-制动鼓;2-止推垫圈

④＿＿＿＿＿＿＿＿＿＿＿＿＿＿＿＿＿＿＿＿＿＿＿。

⑤＿＿＿＿＿＿＿＿＿＿＿＿＿＿＿＿＿＿＿＿＿＿＿。

⑥＿＿＿＿＿＿＿＿＿＿＿＿＿＿＿＿＿＿＿＿＿＿＿。

⑦＿＿＿＿＿＿＿＿＿＿＿＿＿＿＿＿＿＿＿＿＿＿＿。

⑧＿＿＿＿＿＿＿＿＿＿＿＿＿＿＿＿＿＿＿＿＿＿＿。

⑨＿＿＿＿＿＿＿＿＿＿＿＿＿＿＿＿＿＿＿＿＿＿＿。

⑩＿＿＿＿＿＿＿＿＿＿＿＿＿＿＿＿＿＿＿＿,如图 8-13 所示。

(3)装配。

装配顺序应按拆卸的相反顺序进行。

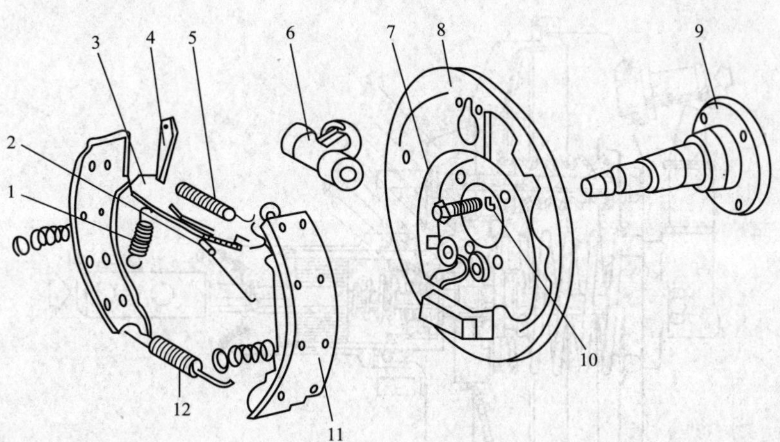

图 8-13　后轮制动器的拆卸

1-复位弹簧;2-储液罐;3-压力杆;4-楔形件(必要时在拆卸制动鼓之前,用从动鼓螺孔伸入的一字旋具把它向上压止限位);5-__________;6-__________;7-__________;8-__________;9-__________;10-__________;11-__________;12-__________

①____

②____

③____

④____

⑤____

⑥____

⑦____

⑧____

⑨____

⑩____

你认为以上步骤是否有改进之处?

□有　　　□无

若有,请说明你的改进意见。

____

____

引导问题7　如何进行真空助力器拆装?

(1)真空助力器结构及连接关系。

真空助力器是利用__________的能量,将进气管产生的真空度和大气压力差,转变为机械力来推动总泵活塞,以辅助制动时驾驶员施加于踏板上的力,其结构如图8-14所示。写出8-14中各序号对应的零件名称。

(2)拆卸与分解。

①拆卸:____,____,如图8-15所示。

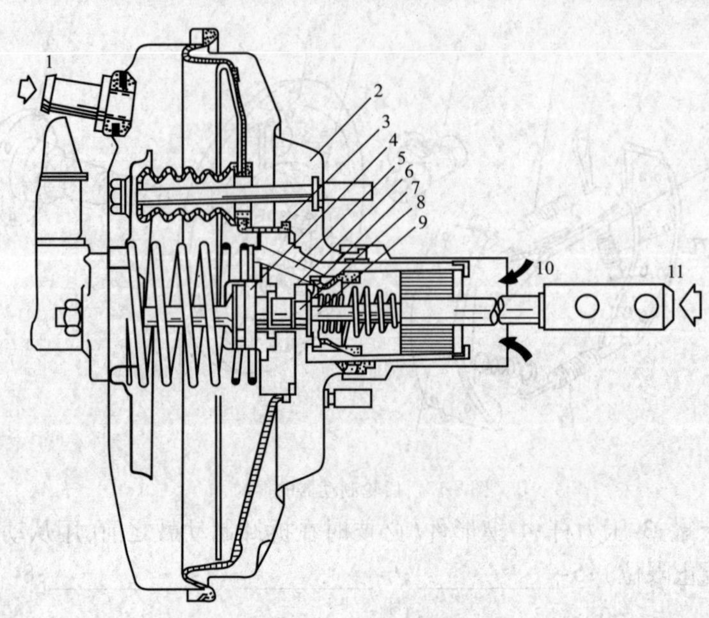

图 8-14　真空助力器结构简图

1-__________;2-工作室;3-工作阀;4-____________;5-进气压力管;6-控制箱;7-__________;8-__________;9-__________;10-__________;11-__________

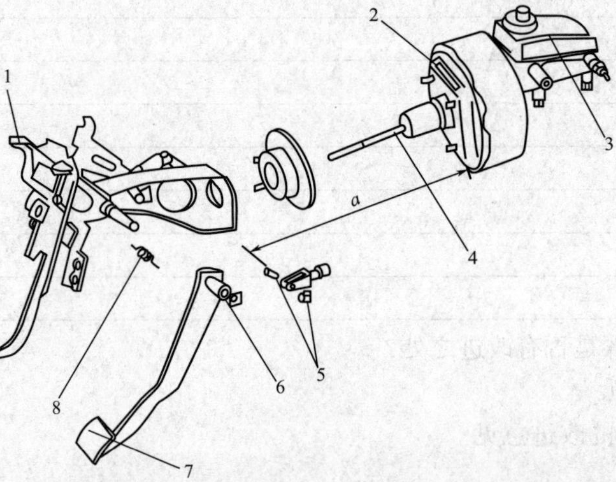

图 8-15　真空助力器的拆卸(制动踏板)

1-踏板轴承支架;2-带制动主缸的助力器;3-____________;4-____________;5-__________;6-__________;7-__________;8-复位弹簧

②分解:真空助力器的分解____,____,如图 8-16 所示。

(3)真空助力器的安装。

真空助力器的安装应按拆卸的相反顺序进行。安装前,必须调整制动主缸压力杆上的叉头,将叉头尺寸调整为__________mm。

你认为以上步骤是否有改进之处?

□有　　　□无

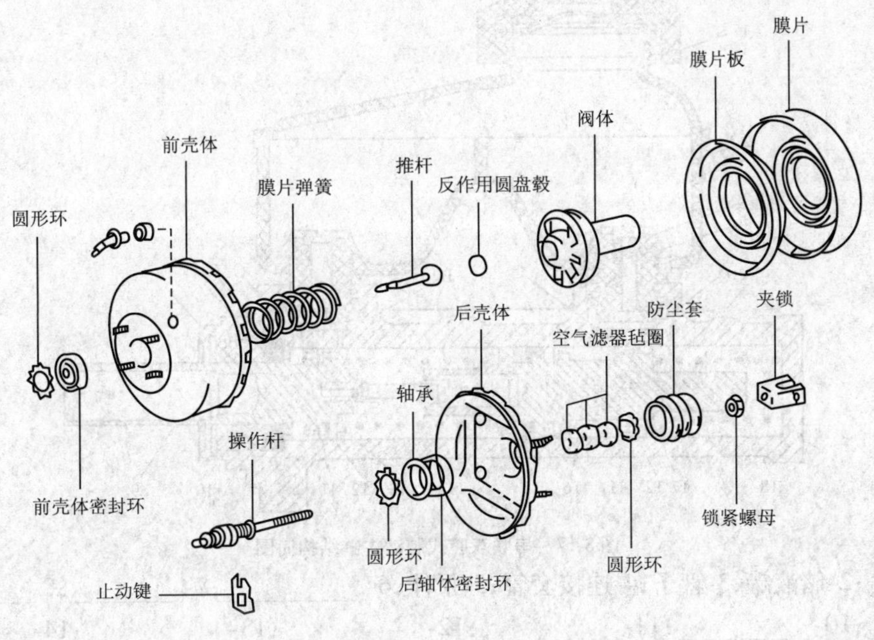

图8-16　真空助力器的分解

若有，请说明你的改进意见。

____

____

引导问题8　如何进行制动主缸拆装？

(1)制动泵结构及连接关系。

制动主缸是__________形式，如图8-17所示，它用两只螺栓连接在真空助力器前方，主缸上有两个与储液罐相连管路3和连接套管4。制动液通过管路分别供给前后制动腔。制动主缸前后两处各有两只对称的出油螺孔分别通过X形管路与四个车轮上的轮缸连接。

(2)拆卸与分解。

①拆卸：制动主缸的拆卸如图8-18所示。根据图8-18，写出各序号对应的零件名称。

②分解：上海桑塔纳轿车的制动主缸不允许进行分解和修理。若有损坏，应更换总成。主缸虽然有不同的生产厂家，但总成之间可以互换，储液罐也可单独更换。

(3)制动主缸的安装。

将主缸装于助力器前端，按规定力矩旋紧固定螺母，装上四根连接硬管和储油罐。加注制动液至“MAX”处，然后进行制动系统放气并补充制动液至规定值。

你认为以上步骤是否有改进之处？

□有　　　□无

若有，请说明你的改进意见。

____

____

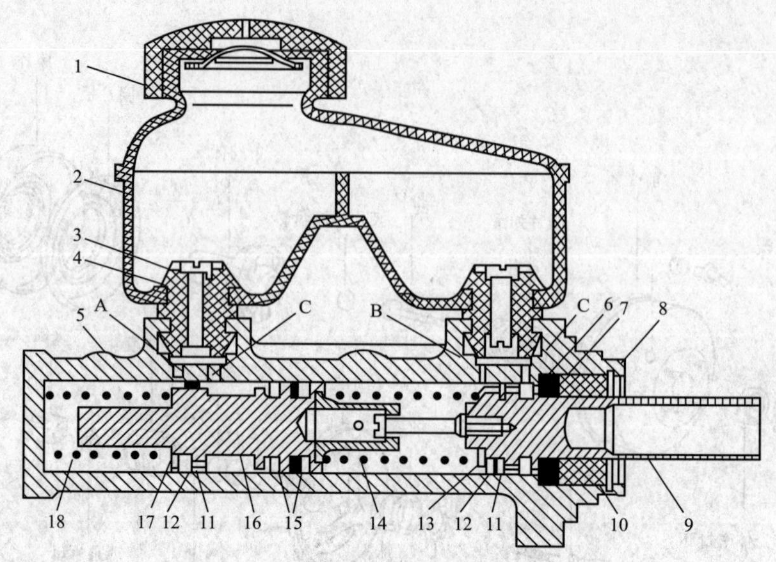

图 8-17　串联双腔式制动主缸结构简图

1-加液口盖;2-储液罐;3-管子;4-连接套管;5-泵体;6-________;7-________;8-________;9-________;10-________;11-________;12-________;13-________;14-________;15-________;16-第二活塞;17-________;18-________

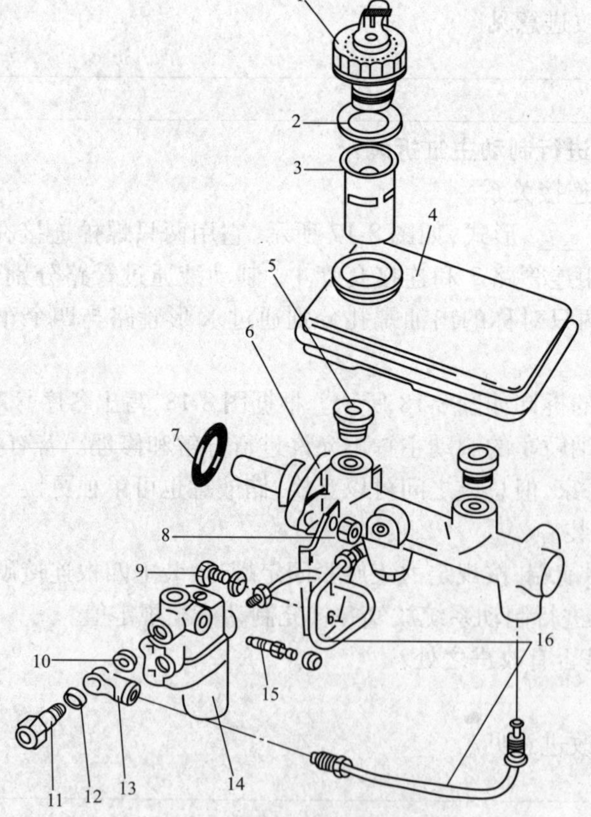

图 8-18　制动主缸的拆卸

1-锁紧盖;2-密封圈;3-滤网;4-制动液罐体;5-__________;6-__________;7-__________;8-__________;9-__________;10-__________;11-__________;12-__________;13-__________;14-__________;15-__________;16-__________

引导问题9　如何进行制动管路拆装?

(1)制动管路结构。

由__________根制动硬管和__________根软管组成。其中,四根硬管的一端分别与制动主缸的四个出口相连,另一端两个管头接两根软管后,再分别用两根短硬管接到左、右后制动轮缸上;另外两个管头与制动软管相连后与前钳轮缸连接。

全部软管、硬管和主缸的连接处均用__________的螺纹连接。采用软管的目的是为了适应前后轮的跳动,软管采用耐腐蚀的橡胶及编织材料。前制动软管长约__________,后制动软管长约__________。管路的工作压力为__________。制动硬管材料为具有多层表面保护的邦迪管,其爆破压力可达__________以上。制动液应采用__________制动液,每台车需制动液__________L,每__________年需更换一次。

(2)制动管路的分解。

①前轮制动管路的分解如图8-19所示。

根据图8-19,写出各序号对应的零件名称。

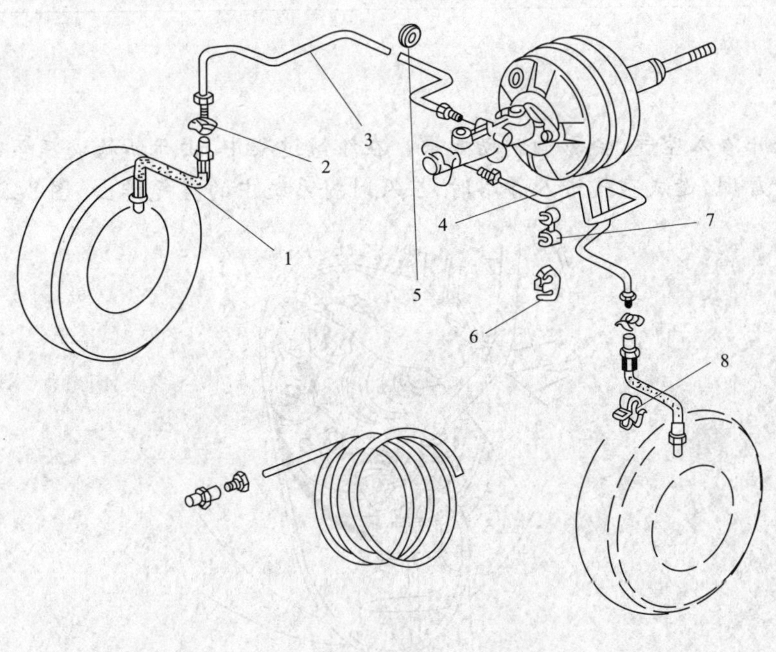

图8-19　前轮制动管路的分解

1-接前轮缸软管;2-软管硬管连接件;3-__________;4-__________;5-__________;6-__________;7-__________;8-__________

②后轮制动管路的分解如图8-20所示。

根据图8-20,写出各序号对应的零件名称。

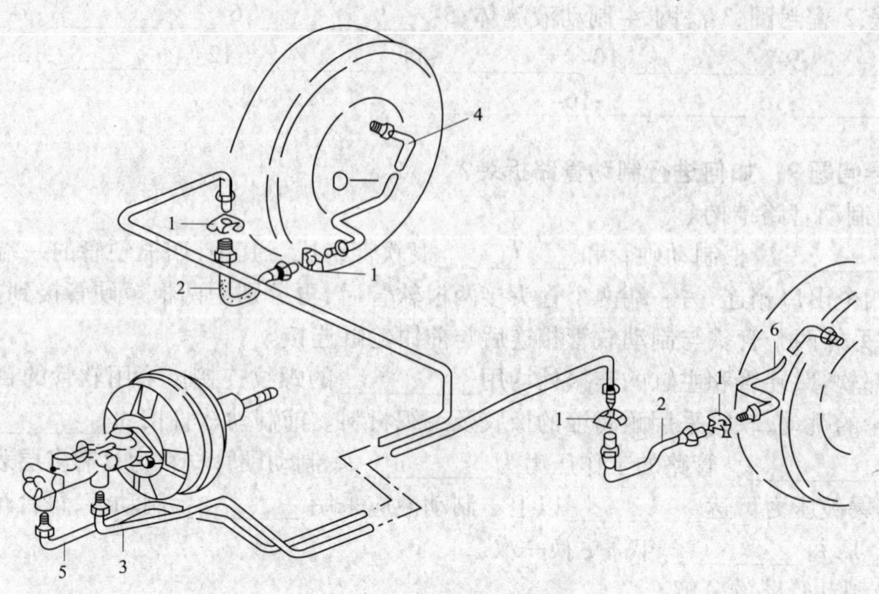

图 8-20 后轮制动管路的分解

1-软管与硬管的连接件;2-软管;3-__________;4-__________;5-__________;6-__________

小知识

制动系统中渗入空气,会影响制动效果。在维修过程中,由于拆检液压系统、接头松动或制动液不足等原因,造成空气进入管路时,应及时将系统中的空气排出(图 8-21)。

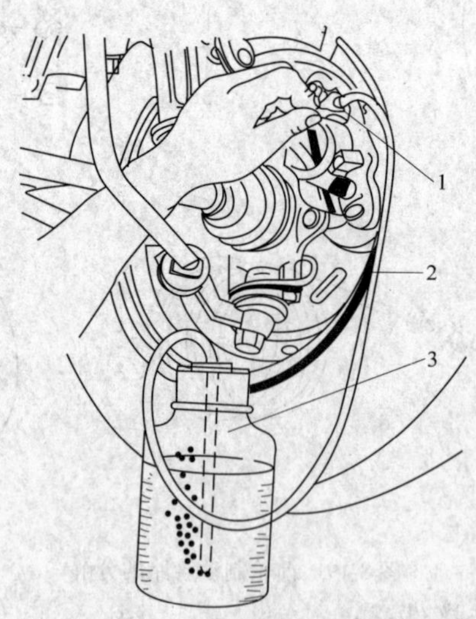

图 8-21 液压制动系统放气图

1-放气螺钉;2-放气管;3-透明容器(装制动液)

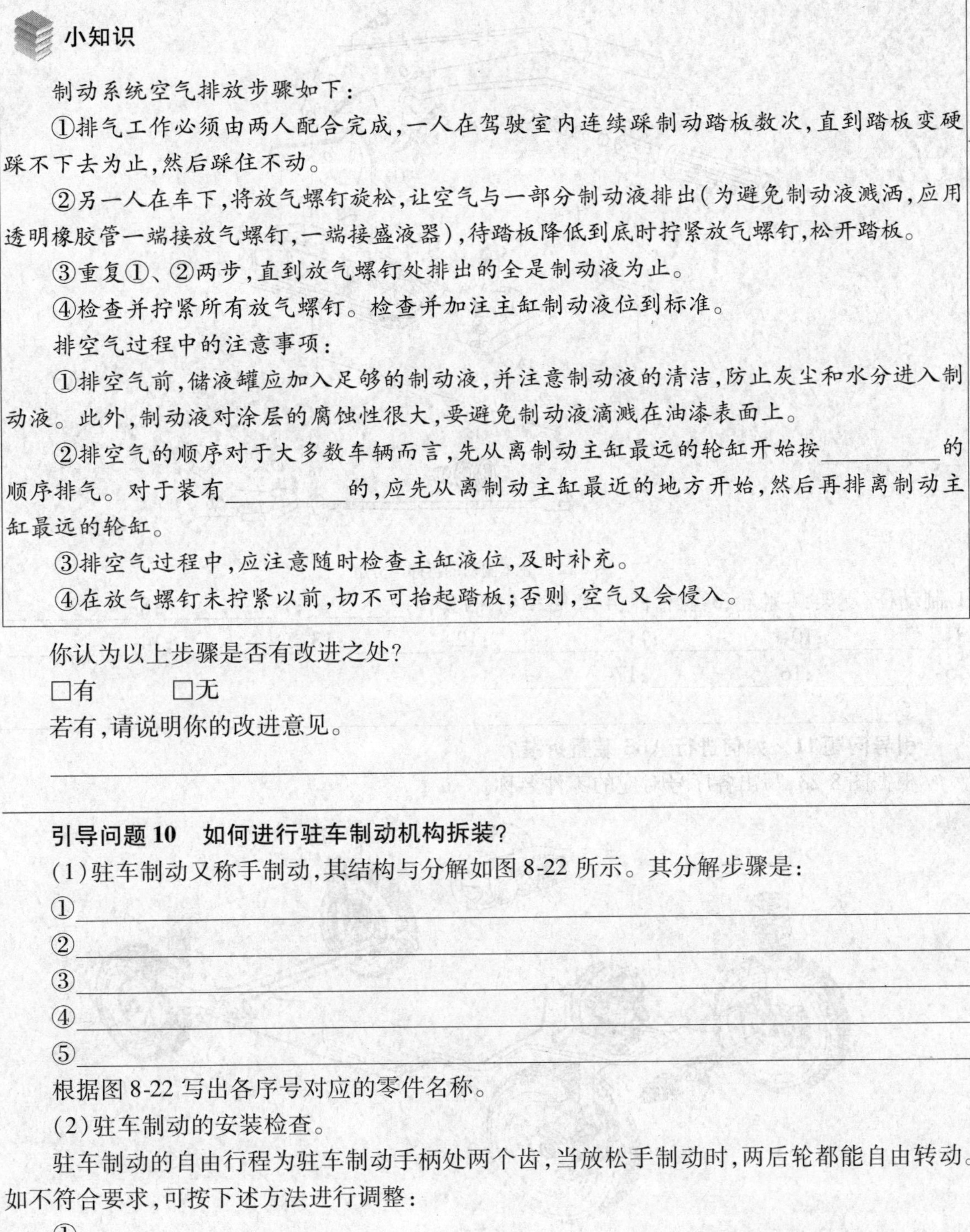

小知识

制动系统空气排放步骤如下：

①排气工作必须由两人配合完成，一人在驾驶室内连续踩制动踏板数次，直到踏板变硬踩不下去为止，然后踩住不动。

②另一人在车下，将放气螺钉旋松，让空气与一部分制动液排出（为避免制动液溅洒，应用透明橡胶管一端接放气螺钉，一端接盛液器），待踏板降低到底时拧紧放气螺钉，松开踏板。

③重复①、②两步，直到放气螺钉处排出的全是制动液为止。

④检查并拧紧所有放气螺钉。检查并加注主缸制动液位到标准。

排空气过程中的注意事项：

①排空气前，储液罐应加入足够的制动液，并注意制动液的清洁，防止灰尘和水分进入制动液。此外，制动液对涂层的腐蚀性很大，要避免制动液滴溅在油漆表面上。

②排空气的顺序对于大多数车辆而言，先从离制动主缸最远的轮缸开始按________的顺序排气。对于装有________的，应先从离制动主缸最近的地方开始，然后再排离制动主缸最远的轮缸。

③排空气过程中，应注意随时检查主缸液位，及时补充。

④在放气螺钉未拧紧以前，切不可抬起踏板；否则，空气又会侵入。

你认为以上步骤是否有改进之处？

□有　　　□无

若有，请说明你的改进意见。

____

____

引导问题 10　如何进行驻车制动机构拆装？

（1）驻车制动又称手制动，其结构与分解如图 8-22 所示。其分解步骤是：

①______________________________

②______________________________

③______________________________

④______________________________

⑤______________________________

根据图 8-22 写出各序号对应的零件名称。

（2）驻车制动的安装检查。

驻车制动的自由行程为驻车制动手柄处两个齿，当放松手制动时，两后轮都能自由转动。如不符合要求，可按下述方法进行调整：

①______________________________

②______________________________

③______________________________

④______________________________

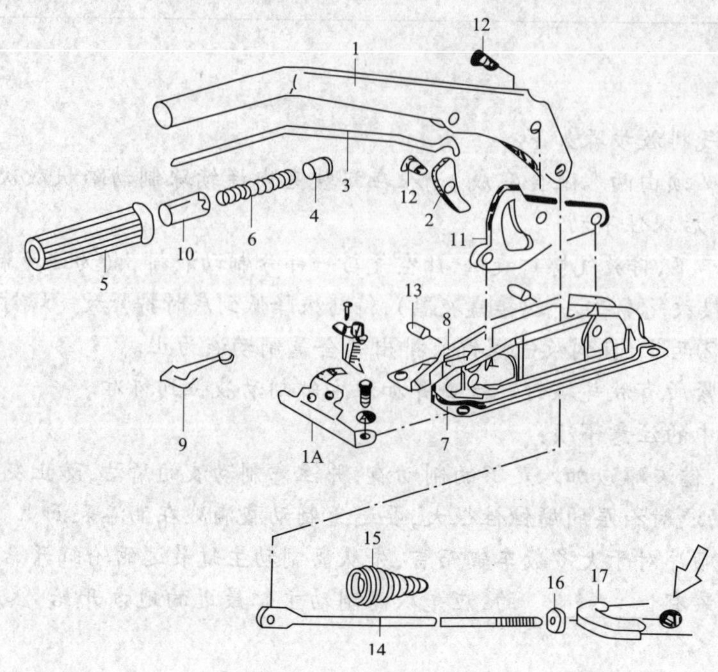

图 8-22　驻车制动的拆卸与分解

1-制动杆/支架;2-棘轮;3-棘轮杆;4-套筒;5-手柄套;6-________;7-________;8-________;9-________;10-________;11-________;12-________;13-________;14-________;15-________;16-________;17-________

⑤____

引导问题 11　如何进行 ABS 装置拆装?

根据图 8-23,写出各序号对应的零件名称。

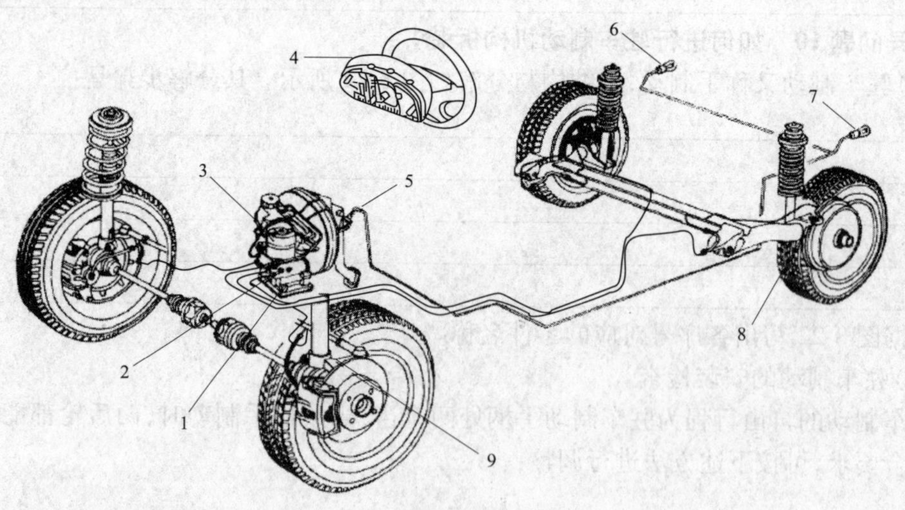

图 8-23　桑塔纳 ABS 的安装

1-电子控制装置(控制单元);2-________;3-________;4-________;5-________;6-________;7-________;8-________;9-________

(1)液压电控单元 HECU 的拆装。

拆卸:

①关掉点火开关,并断开蓄电池负极线。

②从 HECU 总成拆下电线束。

③踩下踏板(>60mm)并用踏板架固定住,原因________________。

④________________。

⑤________________。

⑥________________。

⑦________________。

⑧________________。

安装:

①将 HECU 总成装到支架上,拧紧力矩为________N·m。

②________________。

③将制动液管安装在总成上,拧紧力矩为______N·m(M10×1)和______N·m(M12×1)。

④加注新的制动液至制动液储液罐________刻线处,并按规定方法排气。

⑤点火开关转到________挡,ABS 警告灯须亮起 1.7s 后再熄灭。

⑥________________。

⑦________________。

(2)拆卸车轮转速传感器。

拆卸具体步骤如下:

①________________,如图 8-24、图 8-25 所示。

②________________。

③________________。

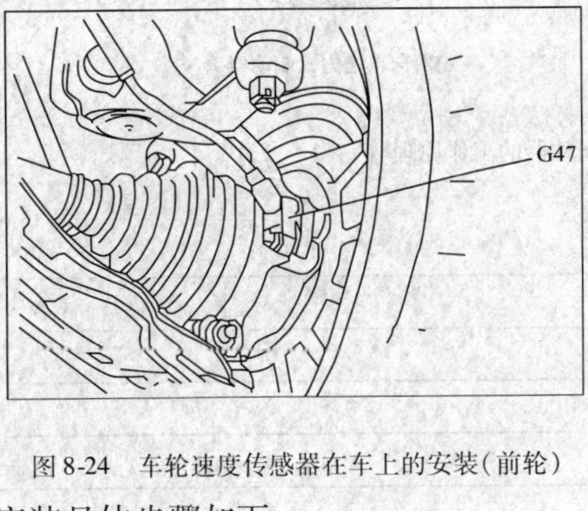

图 8-24　车轮速度传感器在车上的安装(前轮)

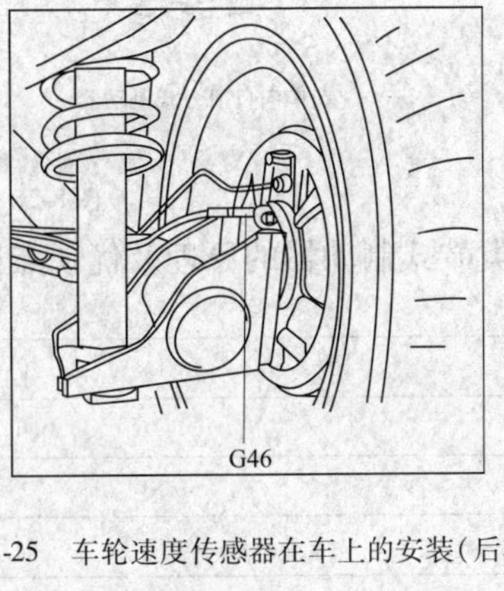

图 8-25　车轮速度传感器在车上的安装(后轮)

安装具体步骤如下:

①________________。

②________________。

③________________。

④用________N·m 力矩拧紧内六角紧固螺栓。

⑤____。

四、拓展训练

(1)各类鼓式制动器工作原理,如图 8-26 所示。

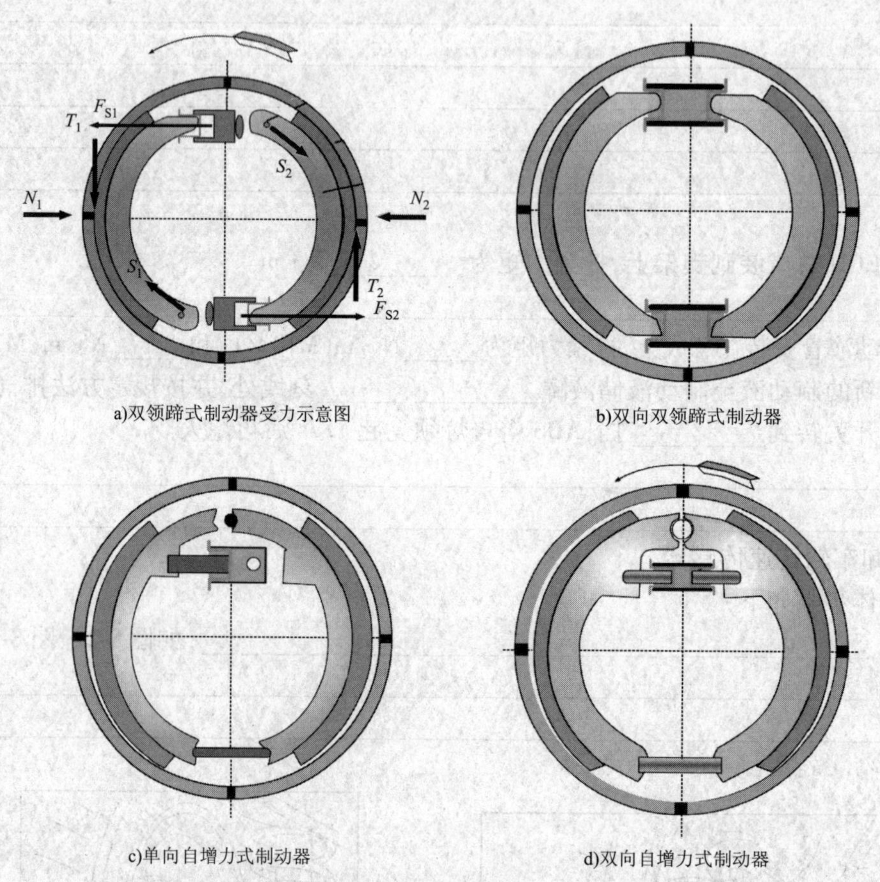

a)双领蹄式制动器受力示意图

b)双向双领蹄式制动器

c)单向自增力式制动器

d)双向自增力式制动器

图 8-26 各类鼓式制动器的工作原理

各类鼓式制动器的原理及优缺点比较:

____

____

____

____

____

____

____

____

(2)查阅资料,说明丰田威驰轿车、切诺基轿车制动系统的结构与组成。

丰田 VIOS 轿车制动系统的组成：____

____

切诺基轿车制动系统的组成：____

____

五、评价与反馈

1. 小组成果展示

简述本小组收获与体会。

(1)____

____

(2)____

____

(3)____

____

你对其他小组的建议。

(1)____

____

(2)____

____

2. 课程过程评价(表 8-7)

课程过程评价表　　表 8-7

考核项目	评 分 标 准	分数	学生自评	小组互评	教师评价	小计
劳动纪律	有无迟到、早退和旷工	10				
团队合作	是否和谐	5				
活动参与	是否精彩	5				
安全生产	有无安全隐患	10				
环保要求	是否达到要求	5				
方案制订	是否正确、合理	15				
操作过程	是否正确、熟练	25				
任务质量	是否圆满完成	10				
工单填写	是否完整、规范	5				
现场 5S	是否做到	10				
总　分		100				
教师签字：		年　　月　　日			得分	

注意：没有按照操作流程操作，出现人身伤害或设备严重事故，本任务考核结果为 0 分。

学习任务9　车身电器拆装

工作情境描述

一辆别克凯越乘用车发生交通事故，现送至4S店进行维修，经检查，发动机舱严重损坏，车窗被挤压变形，维修服务顾问安排由你及你的团队完成仪表、前照灯、开关总成、刮水器和风窗玻璃洗涤器的拆装。

学习目标

通过本学习任务的学习，你应当能：

1. 根据工单内容确定工作内容和制订工作计划；
2. 认识和描述汽车的仪表、前照灯、电动门窗、刮水器和风窗玻璃洗涤器结构及类型；
3. 描述汽车仪表、前照灯、电动门窗、刮水器和风窗玻璃洗涤器的工作原理和主要技术参数；
4. 根据维修手册制订仪表、前照灯、电动门窗、刮水器和风窗玻璃洗涤器拆卸工艺流程；
5. 在规定时间内，根据拆卸工艺流程和技术要求，正确、安全使用工具和设备，完成仪表、前照灯、电动门窗、刮水器和风窗玻璃洗涤器拆卸；
6. 根据维修手册制订修复后的仪表、前照灯、电动门窗、刮水器和风窗玻璃洗涤器安装工艺流程；
7. 在规定时间内，按照安装工艺流程和技术要求，正确、安全使用工具和设备，完成仪表、前照灯、电动门窗、刮水器和风窗玻璃洗涤器安装；
8. 正确进行旧件和废料回收。

内容与结构

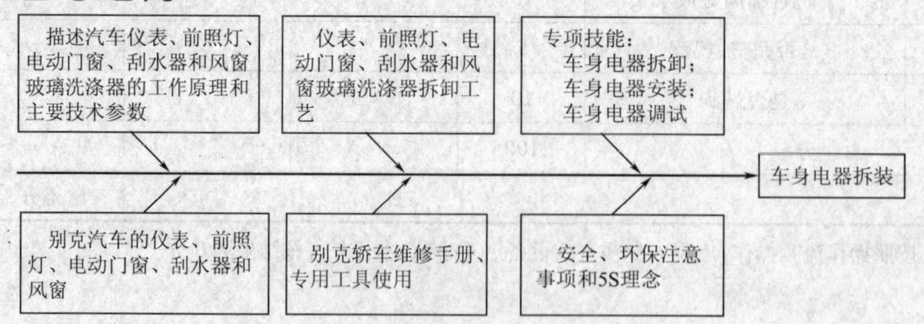

建议学习时间:40h

引导问题

一、任务准备

引导问题1　别克轿车仪表有何特点?

(1)通用别克轿车的组合仪表(IPC)如图9-1所示,看图完成表9-1。

图9-1　别克组合仪表板

别克轿车组合仪表板　　表9-1

序　号	名　　称	作　　用
5		
8		
9		
10		
13		
14		
15		
22		
25		

动力控制模块(PCM)、电子制动牵引力控制模块(EBTCM)、组合仪表(IPC),这些系统通过__________进行相互通信。

(2)图9-2所示为别克乘用车组合仪表的部分电路,用红笔画出仪表和警报灯工作时电流的流动方向。

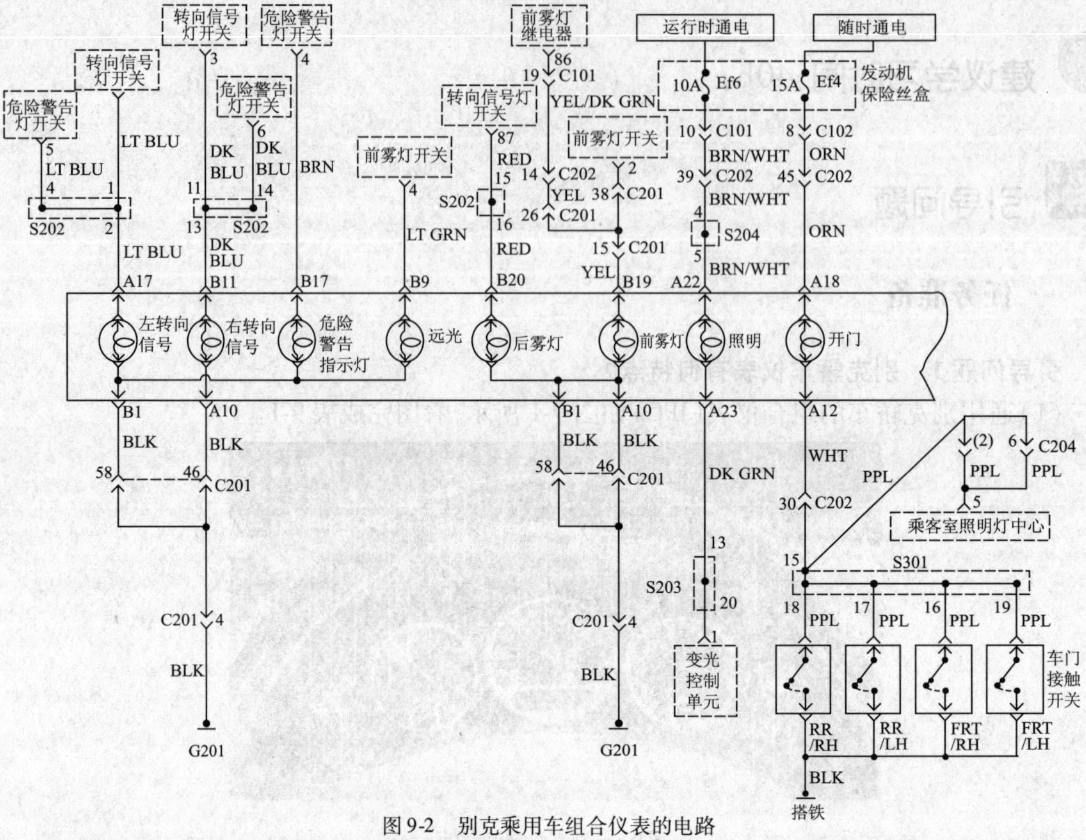

图 9-2　别克乘用车组合仪表的电路

引导问题 2　别克乘用车前照灯有何特点？

(1)图 9-3 所示为别克照明系统部件视图,填写表 9-2 中所指灯具名称。

图 9-3　别克照明系统部件视图

别克照明系统部件　　表 9-2

序　号	名　　称	序　号	名　　称
1		7	
2		8	
3		9	
4		10	
5		11	
6		12	

①别克乘用车使用的前照灯灯泡是(　　)。

A. 卤素灯泡　　　　B. 白炽灯泡　　　　C. HID 灯泡

②对于 W-CAR 系列车型,自动前照灯开启的条件有:________;________;________。

③别克轿车前照灯是否具有射程自动调整功能?　是□　否□

④别克轿车前照灯是否具有离家回家功能?　是□　否□

⑤别克轿车否具有前照灯未关提醒蜂鸣器?　是□　否□

(2)图 9-4 所示为别克乘用车前照灯的工作电路,用红笔画出前照灯工作时电流的流动方向。

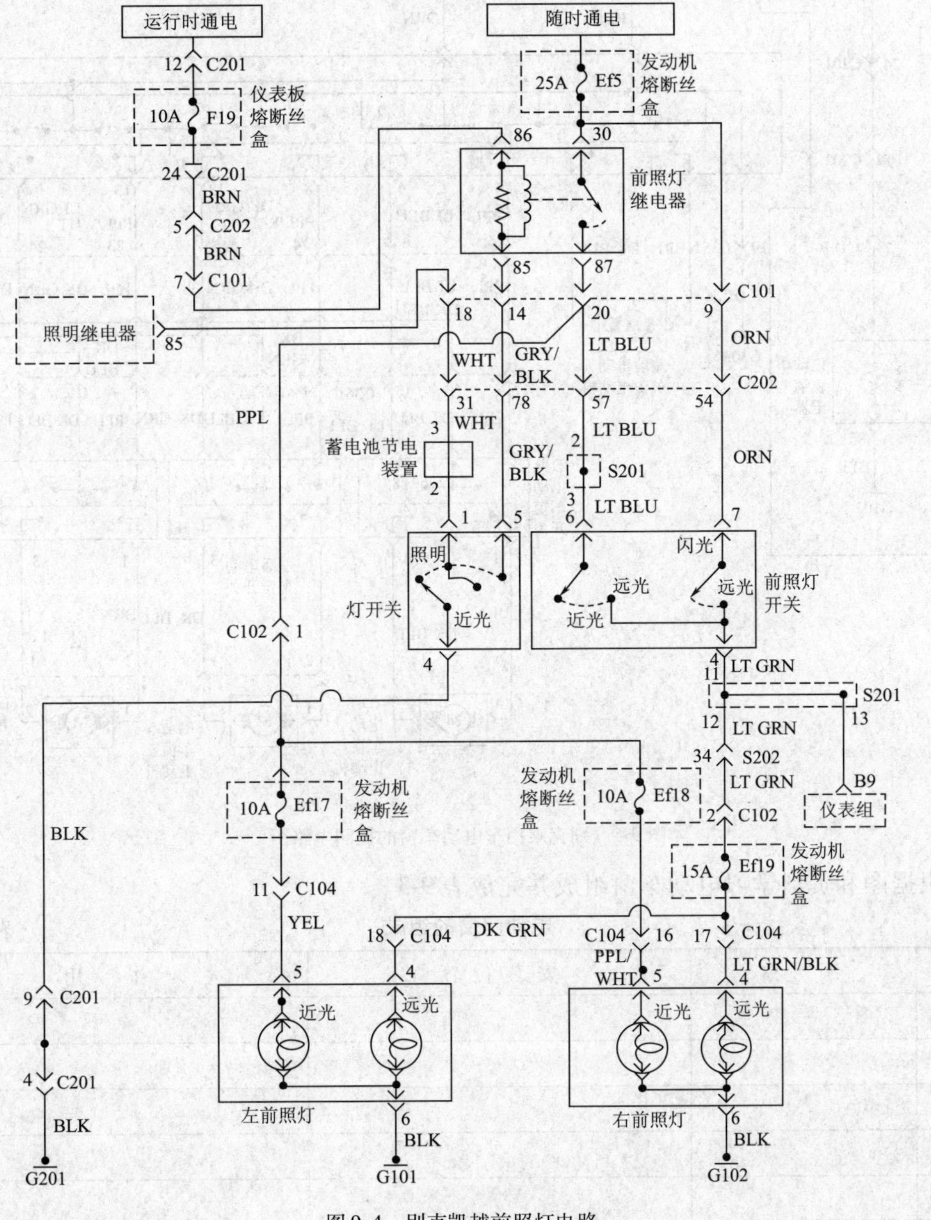

图 9-4　别克凯越前照灯电路

引导问题 3　别克乘用车电动门窗有何特点？

(1)图 9-5 所示为别克凯越乘用车电动车窗的控制电路图。

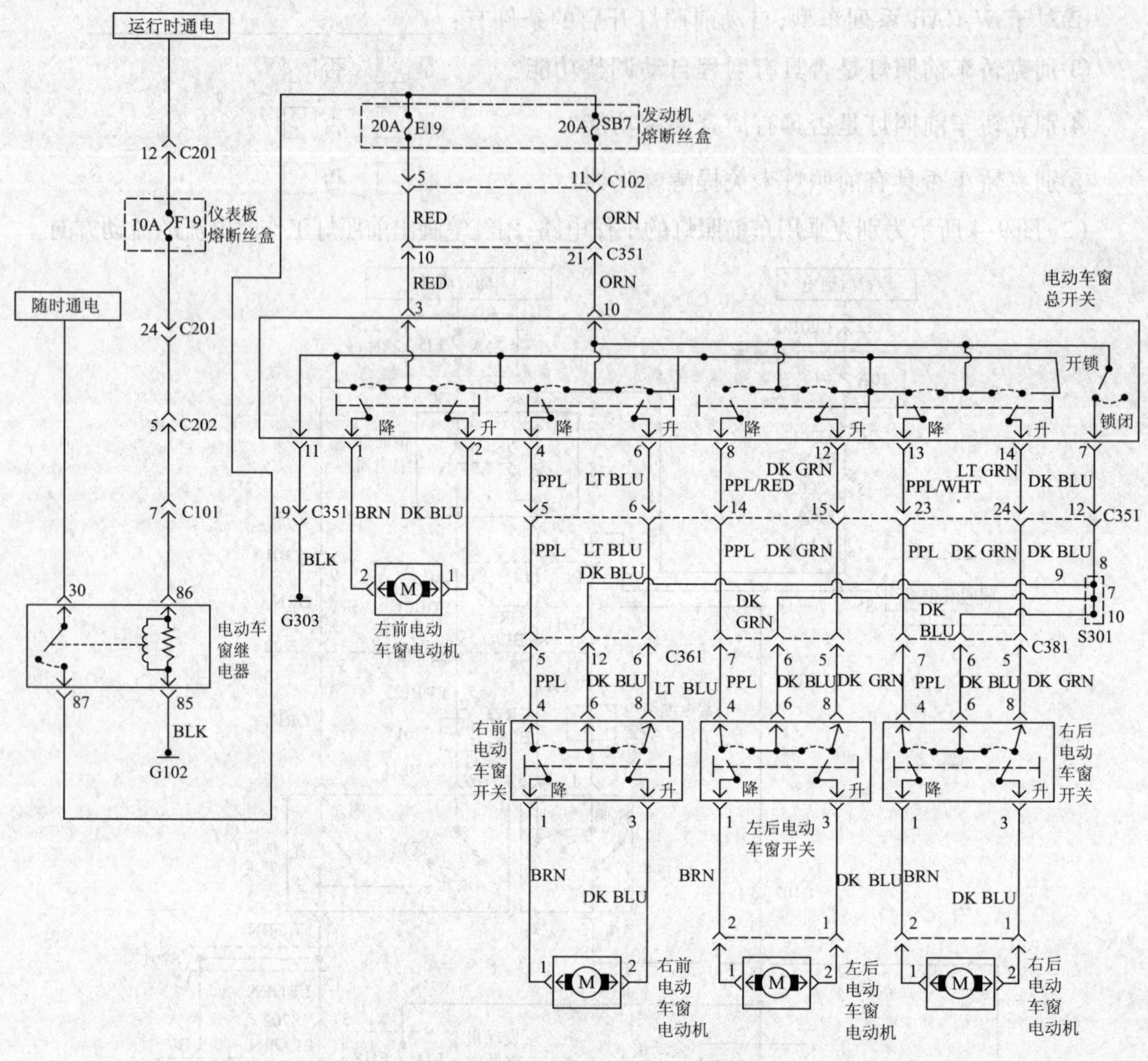

图 9-5　别克乘用车电动车窗的控制电路图

①根据图和资料学习电动车窗组成并完成表 9-3。

电动门窗的组成　　　　表 9-3

序号	名　称	安装位置	作　用

②用红笔在图9-5上标明电动门窗工作时电流的流动方向。

(2)别克乘用车电动车窗是否具有防夹功能?　　是□　否□

(3)别克乘用车电动车窗是否具有下雨自动关闭功能?　　是□　否□

(4)车身控制模块(BCM)控制门窗的工作过程是:____________________________________

引导问题4　别克凯越轿车刮水器有何结构特点?

(1)图9-6所示为别克凯越乘用车的刮水器系统,据图学习下列内容,并写出图中各序号对应的零件名称。

①别克乘用车刮水器使用的电动机是(　　)。

A.励磁式　　B.永磁式

②别克乘用车刮水器是否具有停止位置自动调整功能?　　是□　否□

③别克乘用车刮水器是否具有自动开启功能?　　是□　否□

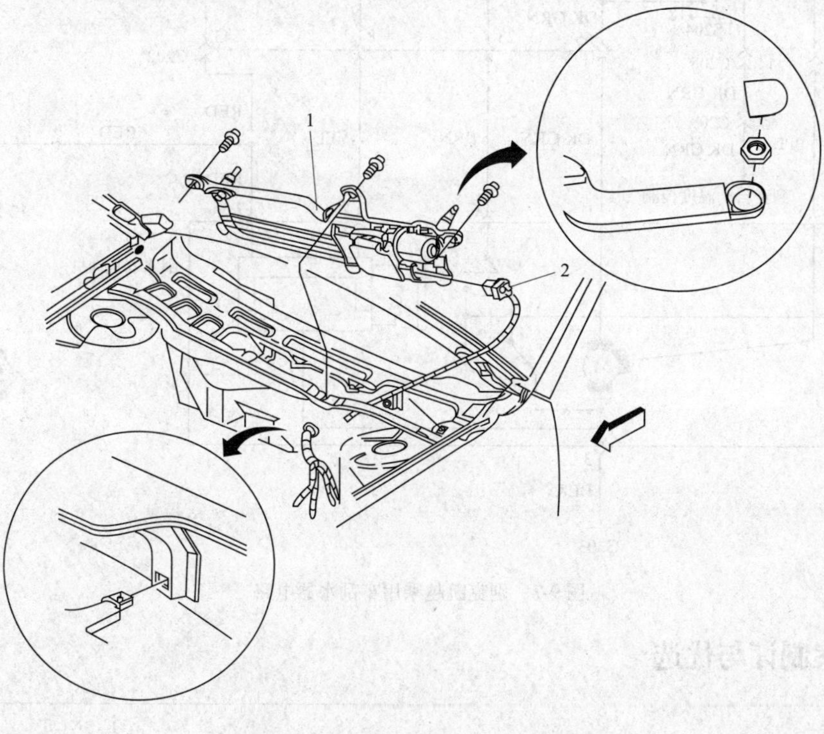

图9-6　别克凯越乘用车的刮水器系统

1-__________;2-__________

(2)图9-7所示为别克凯越乘用车刮水系统的电路,用红笔标出刮水器工作时电流的流动方向。

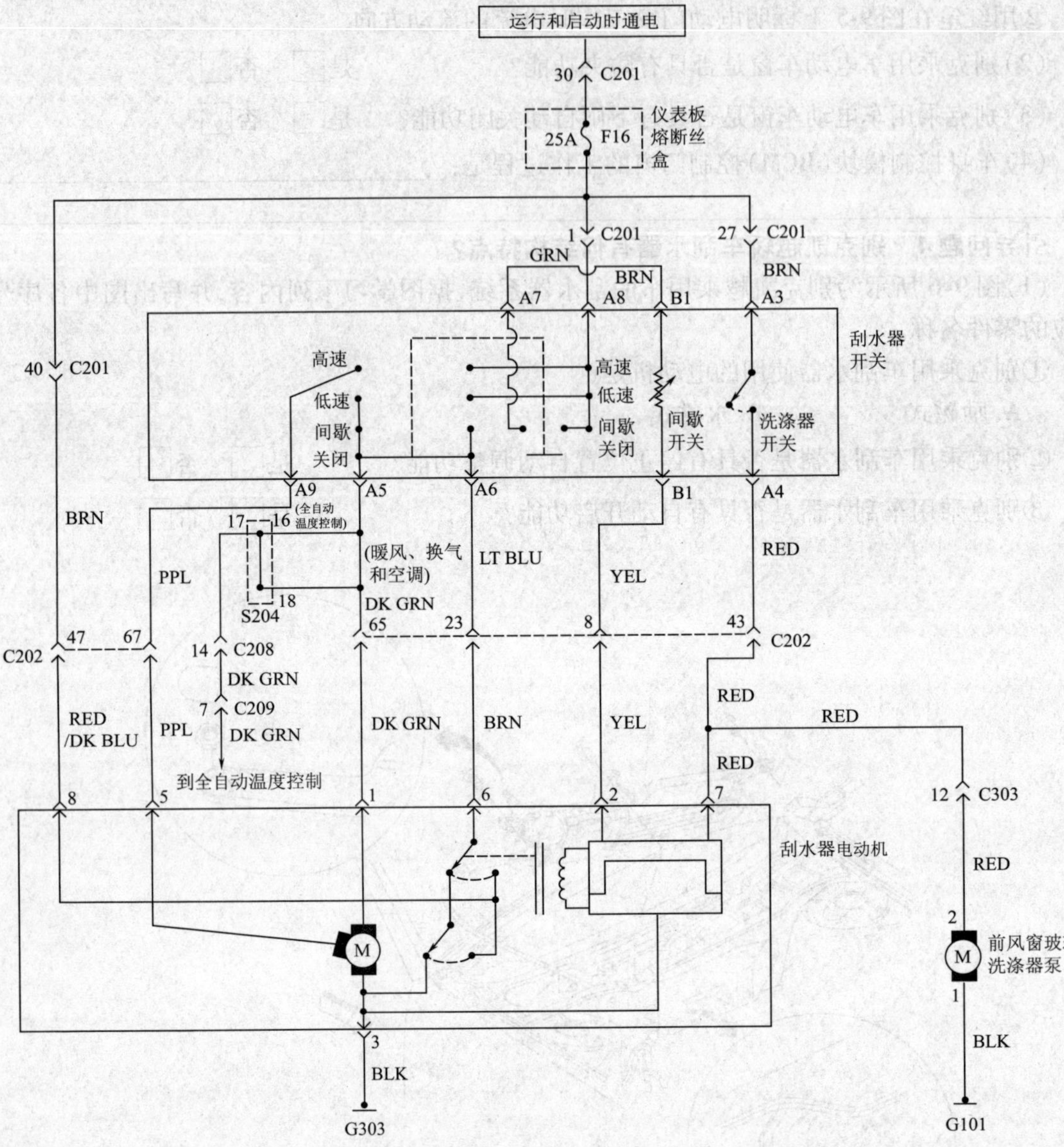

图 9-7 别克凯越乘用车刮水器电路

二、方案制订与优选

小知识

别克乘用车维修手册的使用

在维修手册的章节中包含有规格、示意图和布线图、部件定位、诊断信息和程序、维修指南、说明与操作、专用工具和设备七个标题。

(1)在规格这个标题下,可以查找到螺栓的拧紧力矩、系统所用部件的参数。

(2)在示意图和布线图这个标题下,可以查找到该系统的线路图。

(3) 在部件定位这个标题下,可以查找到该系统机械或线路部件的位置。

(4) 在诊断信息和程序这个标题下,可以查找到一些维修策略的详细步骤、诊断故障码的详细解释和出现故障码的检修流程、TECH 2 上每项数据的解释。

(5) 在维修指南这个标题下,可以查找到该系统的部件拆装步骤。

(6) 在说明与操作这个标题下,可以查找到该系统主要部件的介绍及对线路图的走向说明介绍。

(7) 在专用工具和设备这个标题下,可以查找到维修该系统时所需用到的专用工具名称及专用工具的图形和编号。

在查找维修手册时,首先要了解查找目标,确定需要查找的项目应该属于哪一个章节,然后再翻到相对应章节的目录,确定需要查找的项目应该属于该章节的哪一个系统,再根据需要查找的项目来确定属于该系统的哪一个标题,最后再根据标题确定具体的页数。

引导问题 5　如何制订仪表拆卸工艺流程?

(1) 说出在正式拆卸仪表板前需要做准备工作。

____

____

(2) 需要准备何种学习资料进行学习?

专业学习资料有:________、________、________。

(3) 从汽车上拆卸仪表板需要拆除其他哪些元件?完成表 9-4。

需拆除的零件　　表 9-4

元件名称	所处位置	所用工具

(4) 在拆卸仪表板的过程中,有哪些技术要求?完成表 9-5。

技术要求　　表 9-5

作业项目	技术要求描述
记录仪表的编号	

(5) 根据上述分析,制订仪表板拆卸工艺流程:

引导问题6　如何制订仪表板安装工艺流程?

(1)安装与拆卸有何工艺差异。

①工具选用有无差异:______

②工艺顺序关系:______

(2)制订仪表板安装工艺流程:

(3)安装上仪表板后,需要做哪些技术上的处理?完成表9-6。

需做的技术处理　　表9-6

作业项目	技术处理事项描述

引导问题7　如何制订前照灯拆卸工艺流程?

(1)说出在拆卸前照灯前需要做的准备工作。

______

______

(2)说出在汽车上拆下前照灯时需要拆卸的其他元件,完成表9-7。

需拆卸元件　　表9-7

拆卸元件名称	所处位置	所用工具
蓄电池负极电缆		

(3)如何处理前照灯中损坏的元件?

(4)根据上述分析制订前照灯拆卸工艺流程。

引导问题8　如何制订前照灯安装工艺流程?

(1)安装与拆卸有何工艺差异。

①工具选用有无差异:______

②工艺顺序关系:______

(2)制订前照灯安装工艺流程:

(3)在安装前照灯时有哪些技术上的要求?完成表9-8。

技术要求　　表9-8

作业项目	技术要求描述

引导问题9　如何制订电动门窗拆卸工艺流程？

(1)从汽车上拆卸电动门窗需要拆卸哪些件？完成表9-9。

需拆除部位及所用工具　　表9-9

外部附件	拆除件名称
门窗密封件	
其他连接件	
电动门窗支撑件	
导线连接	

(2)确认以上件的拆除部位和所用工具,完成表9-10。

拆除部位及所用工具　　表9-10

拆除部位	所用工具	拆除部位	所用工具

(3)有哪些安全操作要求？完成表9-11。

安全操作要求　　表9-11

作业项目	安全注意事项描述
拆除蓄电池连接线	
门窗玻璃	

(4)根据上述分析,制订拆卸电动门窗工艺流程：

引导问题10　如何制订电动门窗安装工艺流程？

(1)安装与拆卸有何工艺差异。

①工具选用有无差异：________________

②工艺顺序关系：________________

(2)制订电动门窗安装工艺流程：

(3)在安装电动门窗时有哪些技术上的要求？完成表9-12。

技术要求　　　　表9-12

作业项目	技术要求描述
使用正确的紧固件	

(4)根据上述分析,制订拆卸电动门窗工艺流程：

引导问题11　如何制订刮水器拆卸工艺流程？

(1)从汽车上拆卸刮水器电动机需要拆除哪些件？完成表9-13。

需拆除件名称　　　　表9-13

外部附件	拆除件名称
导线连接	
其他连接件	
刮水器电动机固定件	
刮水器固定件	

(2)确认以上件的拆除部位和所用工具,完成表9-14。

拆除部位及所用工具　　　　表9-14

拆除部位	所用工具	拆除部位	所用工具

(3)根据上述分析,制订拆卸刮水器电动机工艺流程：

引导问题12　如何制订刮水器电动机安装工艺流程？

(1)安装与拆卸有何工艺差异。

①工具选用有无差异：__________

②工艺顺序关系：__________

(2)在安装刮水器电动机时有哪些技术上的要求？完成表9-15。

技 术 要 求　　表9-15

作 业 项 目	技术要求描述
使用正确的紧固件	

(3)根据上述分析,制订安装刮水器电动机工艺流程:

引导问题13　如何制订风窗玻璃洗涤器拆卸工艺流程?

(1) 从汽车上拆卸风窗玻璃洗涤器需要拆除哪些元件?完成表9-16。

需 拆 除 的 元 件　　表9-16

外 部 附 件	拆除件名称
导线连接	
其他连接件	
其他附属件	

(2)确认以上件的拆除部位和所用工具,完成表9-17。

拆除部位和所用工具　　表9-17

拆 除 部 位	所 用 工 具	拆 除 部 位	所 用 工 具

(3)根据上述分析,制订拆卸风窗玻璃洗涤器工艺流程:

引导问题14　如何制订风窗玻璃洗涤器安装工艺流程?

(1)安装与拆卸有何工艺差异。

①工具选用有无差异:______

②工艺顺序关系:______

(2)在安装风窗玻璃洗涤器时有哪些技术要求?完成表9-18。

技 术 要 求　　表9-18

作 业 项 目	技术要求描述
使用正确的紧固件	

(3)根据上述分析,制订安装风窗玻璃洗涤器工艺流程:

三、方案实施与控制

引导问题 15　如何正确、安全使用工具和设备,完成仪表拆卸?

(1)正确选用并备齐所有工具和设备,完成表 9-19 和表 9-20。

通 用 工 具　　表 9-19

通用工具名称	使 用 要 求

专 用 工 具　　表 9-20

专用工具名称	使 用 要 求

(2)如何断开蓄电池供电线路?完成表 9-21。

断开蓄电池供电线路　　表 9-21

注 意 事 项	内　　容
记录车辆信息	
断电方法(正、负极)	
不断电可能导致后果	

(3)如何记录原仪表板的编码?完成表 9-22。

记录原仪表板的编码　　表 9-22

注 意 事 项	内　　容
记录编码设备	
设备使用的条件	
不记录原仪表的编码将产生什么影响	

(4)执行 5S 操作。

5S 作业内容有:______________________________

引导问题 16　如何正确、安全使用工具和设备，完成仪表安装？

(1)正确选用并备齐所有工具和设备，完成表 9-23 和表 9-24。

通　用　工　具　　表 9-23

通用工具名称	使 用 要 求

专　用　工　具　　表 9-24

专用工具名称	使 用 要 求

(2)如何匹配新安装上的仪表板：

(3)试车，确认更换后的仪表板工作情况：

(4)执行 5S 操作。

5S 作业内容有：

引导问题 17　如何正确、安全使用工具和设备，完成前照灯拆卸？

正确选用并备齐所有工具和设备，完成表 9-25。

通　用　工　具　　表 9-25

通用工具名称	使 用 要 求

引导问题 18　如何正确、安全使用工具和设备，完成前照灯安装？

(1)更换前照灯灯泡的相关要求：

(2)安装前照灯的主要技术要求。

①前照灯灯光射程调整:

②紧固前照灯总成螺栓和螺母的力矩为:

(3)试车,确认更换后的前照灯工作情况:

(4)执行5S操作。

5S作业内容有:

引导问题19　如何正确、安全使用工具和设备,完成电动门窗拆卸?

正确选用并备齐所有工具和设备,完成表9-26和表9-27。

通 用 工 具　　表9-26

通用工具名称	使 用 要 求

专 用 工 具　　表9-27

专用工具名称	使 用 要 求		

引导问题20　如何正确、安全使用工具和设备,完成电动门窗安装?

(1)了解主要螺栓名称及拧紧力矩,完成表9-28。

主要螺栓名称及拧紧力矩　　表9-28

主要螺栓名称	拧 紧 力 矩	主要螺栓名称	拧 紧 力 矩

(2)试车,确认更换门窗后的工作情况:

引导问题21　如何正确、安全使用工具和设备,完成刮水器及电动机拆卸?

(1)正确选用并备齐所有工具和设备,完成表9-29。

通 用 工 具　　表9-29

通用工具名称	使 用 要 求

(2)执行5S操作。

5S作业内容有:______

引导问题22　如何正确、安全使用工具和设备,完成刮水器及电动机安装?

(1)主要螺栓及拧紧力矩,完成表9-30。

主要螺栓名称及拧紧力矩　　表9-30

主要螺栓名称	拧紧力矩	主要螺栓名称	拧紧力矩

(2)刮水器初始位置的调整:______

(3)试车,确认更换刮水器及电机的工作情况:______

(4)执行5S操作。

5S作业内容有:______

引导问题23　如何正确、安全使用工具和设备,完成风窗玻璃洗涤器拆卸?

(1)正确选用并备齐所有工具和设备,完成表9-31。

通用工具　　表9-31

通用工具名称	使用要求

(2)风窗玻璃洗涤器中洗涤液的处理:______

(3)执行5S操作。

5S作业内容有:______

引导问题24　如何正确、安全使用工具和设备,完成风窗玻璃洗涤器安装?

(1)了解主要螺栓及拧紧力矩,完成表9-32。

主要螺栓名称及拧紧力矩　　表9-32

主要螺栓名称	拧紧力矩	主要螺栓名称	拧紧力矩

(2)风窗玻璃洗涤器洗涤液加注______

(3)试车,确认更换风窗玻璃洗涤器工作情况:________________

____

(4)执行5S操作。

5S作业内容有:________________

____

____

引导问题25　观察轿车的空调系统,回答下列问题:

(1)空调系统由几个部分组成?

(2)空调制冷介质有几种?每一种的优、缺点是什么?

(3)空调系统是如何工作的?

引导问题26　观察轿车安全气囊系统的安装位置,回答下列问题:

(1)安全气囊由几个部分组成?

(2)安全气囊是怎样工作的?

(3)实现车内防护的装置还有哪些?举例说明。

引导问题27　观察轿车转向信号装置,回答下列问题:

(1)轿车转向信号装置由几个部分组成?

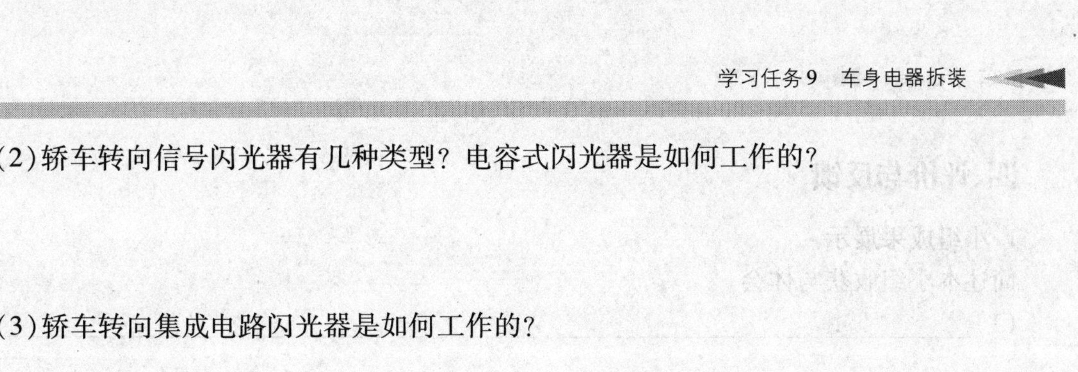

(2)轿车转向信号闪光器有几种类型？电容式闪光器是如何工作的？

(3)轿车转向集成电路闪光器是如何工作的？

引导问题28　观察轿车制动信号装置，回答下列问题：

(1)轿车制动信号装置由几个部分组成？

(2)轿车制动信号灯开关安装在哪里？是如何工作的？

引导问题29　观察轿车倒车信号装置，回答下列问题：

(1)轿车倒车信号装置由几个部分组成？

(2)轿车倒车灯开关安装在什么位置？是如何工作的？

(3)轿车倒车报警器有几种形式？列举一种描述其工作原理。

引导问题30　观察汽车喇叭，回答下列问题。

(1)汽车喇叭有几种？

(2)电喇叭是如何工作的？

四、评价与反馈

1. 小组成果展示

简述本小组收获与体会。

(1)______________________________

____

(2)______________________________

____

(3)______________________________

____

你对其他小组的建议。

(1)______________________________

____

(2)______________________________

____

2. 课程过程评价(表9-33)

课程过程评价表 表9-33

考核项目	评 分 标 准	分数	学生自评	小组互评	教师评价	小计
劳动纪律	有无迟到、早退和旷工	10				
团队合作	是否和谐	5				
活动参与	是否精彩	5				
安全生产	有无安全隐患	10				
环保要求	是达到要求	5				
方案制订	是否正确、合理	15				
操作过程	是否正确熟练	25				
任务质量	是否圆满完成	10				
工单填写	是否完整、规范	5				
现场5S	是否做到	10				
总分		100				
教师签字:		年	月	日	得分	

注意:没有按照操作流程操作,出现人身伤害或设备严重事故,本任务考核结果为0分。

学习任务10　汽车分解与装配

工作情境描述

客户的一辆轿车发生车祸,电话告知需要急救,公司派工作人员将轿车拖回,经技术人员检查后发现汽车大梁变形,需将车上发动机、底盘、电器等总成件拆下,对大梁进行校正。维修服务顾问安排由你及你的团队完成汽车分解与装配任务。

学习目标

通过本学习任务的学习,你应当能:

1. 巩固和加深已学过的汽车发动机、底盘、车身、电器的组成、结构特点,通过实际操作熟悉汽车上的典型零部件结构;
2. 初步掌握汽车整车拆装、调整的方法和操作技能,养成协同工作的良好习惯;
3. 能正确选择使用各种工具、量具;
4. 根据维修手册制订原车分解与装配工艺流程;
5. 通过实践,增加学生在拆装工艺及汽车维修技术基础实践经验,加强学生对汽车工程专业实际工作的了解;
6. 正确进行旧件和废料回收。

内容与结构

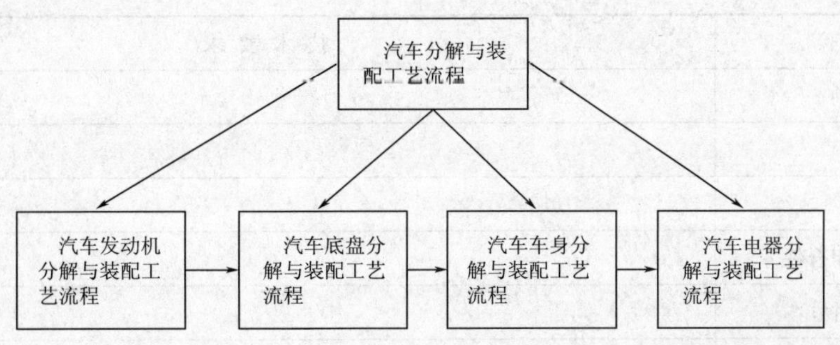

建议学习时间:50h

引导问题

一、任务准备

引导问题 1　汽车整车分解及装配的基础知识与技术要求有哪些?

(1)汽车清洗的方法是:__________,汽车外部清洗的设备是:__________。

(2)什么是汽车分解?

将汽车按规定的__________和__________,由整体先拆成各总成(或组合件)散件,最后拆卸成零件的工艺过程,称为汽车分解。

(3)什么是汽车装配?

汽车修竣后,将各总成、组合件、零件组按规定的__________和__________装配成整体汽车的工艺过程,称为汽车的装配。

二、方案制订与优选

引导问题 2　制订汽车整车分解与装配工艺流程所需做的准备工作有哪些?

(1)使用的实训车辆是:__________,实训场地是:__________。

(2)需要的设备、工量具有哪些?完成表 10-1。

所需设备、工量具表　　表 10-1

设备有	
工具有	
量具有	

(3)汽车分解与装配的技术要求和安全规则。

①汽车分解与装配的技术要求有哪些?完成表 10-2。

汽车分解与装配技术要求　　表 10-2

工 作 步 骤	技 术 要 求
拆卸或分解总成前	
拆装中应使用	
总成解体后	
主要旋转零件或组合件	
基础件及主要零件	
凡有分级修理尺寸的零件	

②汽车分解与装配有哪些安全规则？完成表10-3。

汽车分解与装配安全规则要求　　表10-3

工作范围	安全规则要求
废料回收处理要求	
运行材料的使用要求	
启动发动机注意事项	
车下作业安全要求	
安全用电规则	

引导问题3　熟悉汽车整车分解的工艺流程。

(1)汽车整车分解工艺流程是:从整车上先分解＿＿＿＿＿＿,再分解＿＿＿＿＿＿、＿＿＿＿＿＿、＿＿＿＿＿＿。

(2)汽车发动机分解与装配的工作步骤如何?

①从汽车上吊卸发动机总成的工作步骤有哪些？完成表10-4。

汽车发动机总成吊卸工作步骤　　表10-4

工作步骤	作业内容
步骤一	
步骤二	
步骤三	
步骤四	
步骤五	

②发动机总成的分解工作步骤有哪些？完成表10-5。

发动机总成的分解工作步骤　　表10-5

工作步骤	作业内容
步骤一	拆卸连接管路和导线
步骤二	拆卸外围附件和总成
步骤三	
步骤四	
步骤五	
步骤六	
步骤七	

③发动机总成的装配工作步骤有哪些？完成表10-6。

发动机总成的装配工作步骤　　表10-6

工作步骤	作业内容
步骤一	安装曲轴
步骤二	安装活塞连杆组

续上表

工作步骤	作 业 内 容
步骤三	
步骤四	
步骤五	
步骤六	
步骤七	

④发动机总成装车工作步骤有哪些？完成表10-7。

发动机总成的吊装工作步骤　　表10-7

工作步骤	作 业 内 容
步骤一	
步骤二	
步骤三	
步骤四	
步骤五	

(3)如何分解与装配汽车底盘各大系统和主要总成？

①传动系的分解与装配,完成表10-8。

传动系主要总成拆装工艺流程　　表10-8

汽车传动系主要总成	拆装工艺顺序与技术要求
离合器拆装	
变速器拆装	
万向传动装置拆装	
驱动桥拆装	

②汽车转向系的分解与装配,完成表10-9。

转向系拆装工艺流程　　表10-9

汽车转向系组成部分	拆装工艺顺序与技术要求
转向操纵机构拆装	
转向传动机构拆装	
转向器拆装	

③汽车行驶系的分解与装配,完成表10-10。

行驶系拆装工艺流程　　表10-10

汽车行驶系组成部分	拆装工艺顺序与技术要求
前桥与前悬架拆装	
后桥与后悬架拆装	
车轮与轮胎拆装	

④汽车制动系的分解与装配,完成表10-11。

制动系拆装工艺流程　　表10-11

汽车行驶系组成部分	拆装工艺顺序与技术要求
手制动装置拆装	
制动传动装置拆装	
制动控制阀(总泵)拆装	
车轮制动器拆装	

(4)轿车车身与电器的分解与装配。

①轿车车身与电器需要拆卸的零部件主要包括:前机盖撑杆装配、前舱减振块装配、前舱胶堵装配、前舱线束扎带装配、前舱线束装配、前机盖锁装配、前机盖密封条装配、中舱线束装配、天线装配、顶棚毛毡装配、行李舱锁柱装配、门触点装配、左右中地板隔音垫装配、T形三通及真空罐装配、左右侧前横梁毛毡装配、左右侧顶棚装配、安全气囊电脑板紧固、前舱线束胶堵装配、制动灯开关装配、左右侧前部毛毡装配、中通道毛毡装配、ABS控制器装配及制动油管紧固、脚踏板装配、助力器及前机盖拉丝装配、电子加速踏板装配、活性炭罐总成装配、前地毯装配、左右前门洞条装配、制动油管紧固、空调总成装配、仪表板左右支架固定、左右仪表板装配、线束固定及穿线束、遮阳板装配、布中舱线束、倒车雷达装配、布右纵梁线束及捆绑、搭铁线及尾灯线束装配、后牌照灯线束装配、冷风控制器装配、发动机线束及连接电脑板装配、左右侧后门门洞条前半部装配、冷却液罐及前舱燃油盖板装配、空调面板装配、继电器盒固定、刮水器电动机装配、左右侧后门门洞条后半部装配、行李舱触点装配、排水阀及制动离合开关装配。

②轿车车身与电器的拆卸工艺顺序是:

③轿车车身与电器的装配工艺顺序是:

引导问题4　如何制订汽车整车分解与装配工艺流程?

(1)由组长组织小组成员讨论制订实施计划,形成文档交指导教师检查。

①分解与装配什么部件?

②有哪些注意事项？

③如有“三废”产生，该怎样处理？

(2)具体拆装步骤。

①通过小组讨论，制订拆装步骤为：

②通过教师分析讨论后，形成的最终整车分解工艺流程：

③通过教师分析讨论后，形成的最终整车装配工艺流程：

三、实施与控制

引导问题 5　如何分解整车？

(1)正确选用并备齐所有工具和设备，完成表 10-12 ~ 表 10-14。

通 用 工 具 表　　表10-12

通用工具名称	使 用 要 求
扳手	优先使用梅花扳手，其次使用开口扳手，最后使用活动扳手

专 用 工 具 表　　表10-13

专用工具名称	使 用 要 求

举升与吊装设备　　表10-14

设 备 名 称	使 用 要 求

(2)准备好实习车辆。

①汽车清洁确认：

②车辆上举升机确认：

(3)按照制订好的工艺流程进行汽车的整车分解。

①安全注意事项确认：

②主要技术要求确认：

③环保注意事项确认：

(4)5S作业内容有：______

引导问题6　如何进行整车装配？

(1)按照制订的工艺流程进行汽车整车装配。

①安全注意事项确认：

②主要技术要求确认：

(2)主要螺栓及拧紧力矩，完成表10-15。

主要螺栓及拧紧力矩　表10-15

主要螺栓名称	拧紧力矩	主要螺栓名称	拧紧力矩

(3)试车，确认汽车工作情况：______

(4)执行5S：做好车间5S，清洁、______、______、______、______。

四、评价与反馈

1. 小组成果展示

简述本小组收获与体会。

(1) ____________________

(2) ____________________

(3) ____________________

你对其他小组的建议。

(1) ____________________

(2) ____________________

2. 课程过程评价(表10-16)

课程过程评价表 表10-16

考核项目	评分标准	分数	学生自评	小组互评	教师评价	小计
劳动纪律	有无迟到、早退和旷工	10				
团队合作	是否和谐	5				
活动参与	是否精彩	5				
安全生产	有无安全隐患	10				
环保要求	是达到要求	5				
方案制订	是否正确、合理	15				
操作过程	是否正确熟练	25				
任务质量	是否圆满完成	10				
工单填写	是否完整、规范	5				
现场5S	是否做到	10				
总分		100				
教师签字:		年 月 日			得分	

注意:没有按照操作流程操作,出现人身伤害或设备严重事故,本任务考核结果为0分。

参考文献

[1]陈家瑞.汽车构造[M].北京:人民交通出版社,2006.
[2]汤定国.汽车发动机构造与维修[M].北京:人民交通出版社,2005.
[3]陈文华.汽车发动机构造与维修[M].北京:人民交通出版社,2001.
[4]周林福.汽车底盘构造与维修[M].北京:人民交通出版社,2005.
[5]周建平.汽车电器设备构造与维修[M].北京:人民交通出版社,2005.
[6]李春明.汽车电器设备与维修[M].北京:高等教育出版社,2007.
[7]尹万建.汽车电器设备原理与检修[M].北京:高等教育出版社,2008.
[8]秦兴顺.汽车使用与维修[M].北京:人民交通出版社,2009.
[9]郭远辉.汽车车身电器及附属电器设备检修[M].北京:人民交通出版社,2005.
[10]解福泉.汽车典型电控系统构造与维修[M].北京:人民交通出版社,2005.
[11]蔡兴旺,付晓光.汽车构造与原理实训[M].北京:机械工业出版社,2008.
[12]吴际璋.当代汽车电控系统结构原理与检修[M].北京:人民交通出版社,2009.

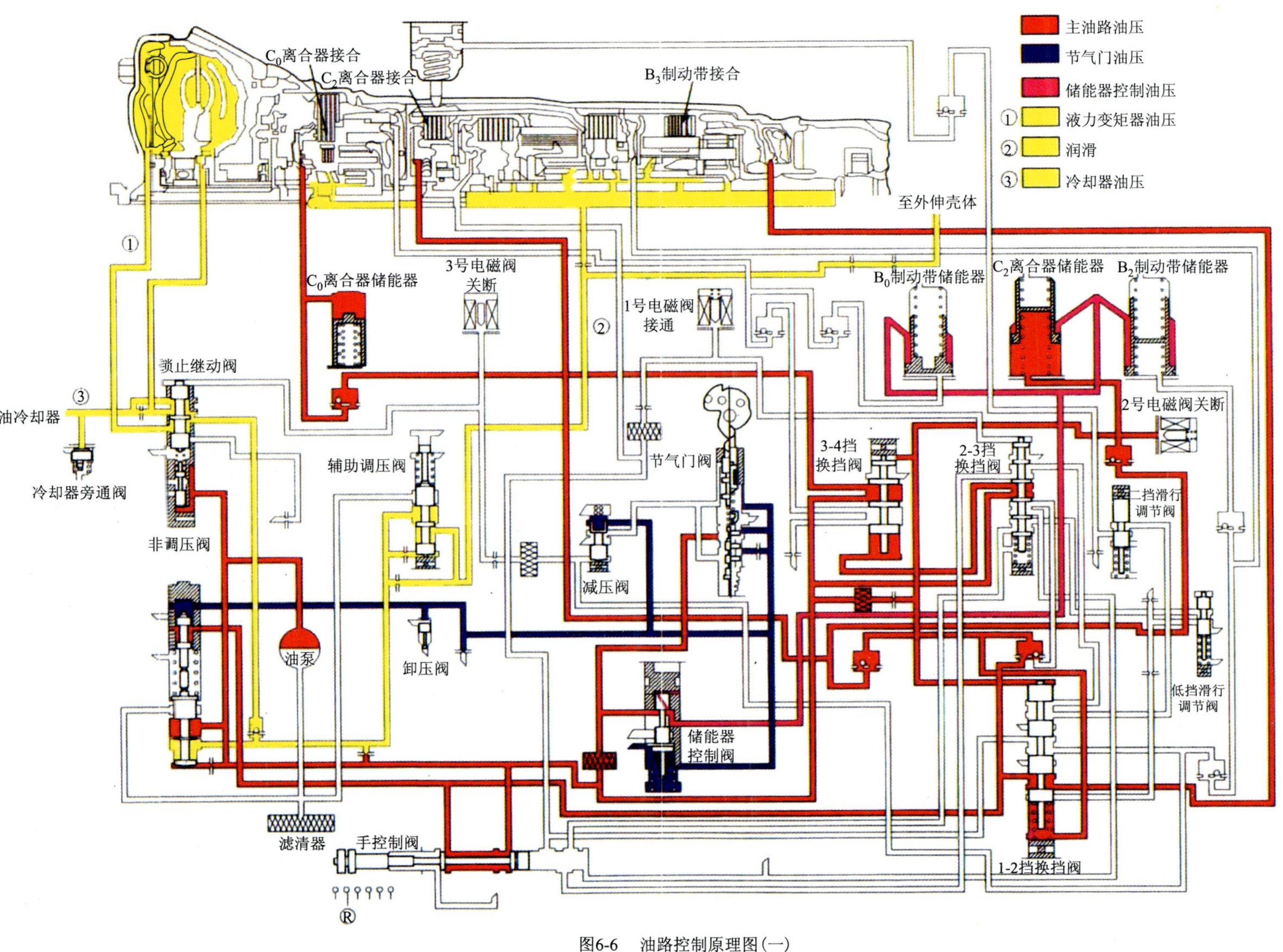

图6-6　油路控制原理图(一)

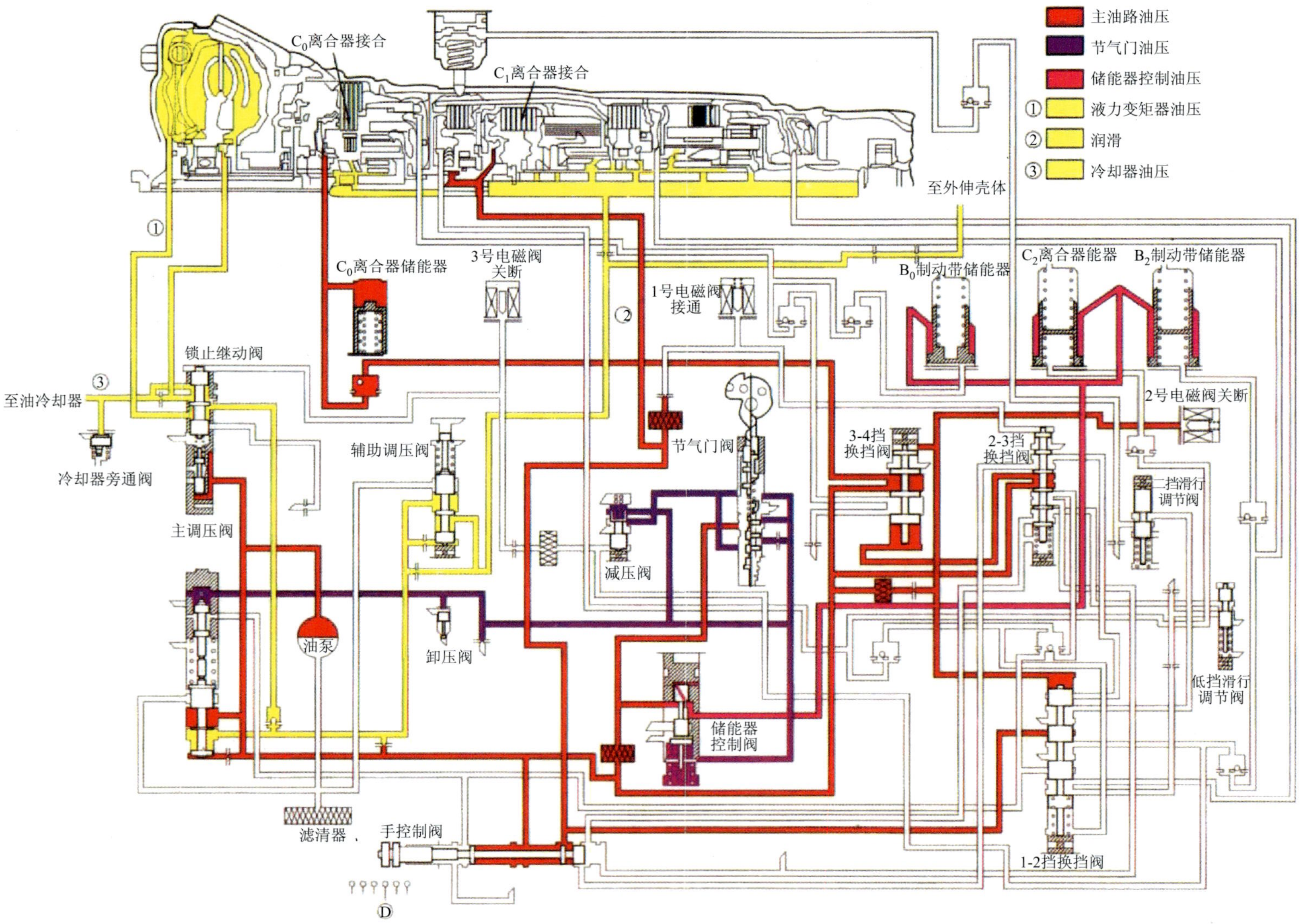

主油路油压
节气门油压
储能器控制油压
① 液力变矩器油压
② 润滑
③ 冷却器油压

C_0离合器接合
C_1离合器接合
至外伸壳体
①
C_0离合器储能器
3号电磁阀关断
②
1号电磁阀接通
B_0制动带储能器
C_2离合器储能器
B_2制动带储能器
2号电磁阀关断
锁止继动阀
③
至油冷却器
冷却器旁通阀
主调压阀
辅助调压阀
节气门阀
3-4挡换挡阀
2-3挡换挡阀
二挡滑行调节阀
减压阀
油泵
卸压阀
储能器控制阀
低挡滑行调节阀
滤清器
手控制阀
D
1-2挡换挡阀

图6-7　油路控制原理图(二)

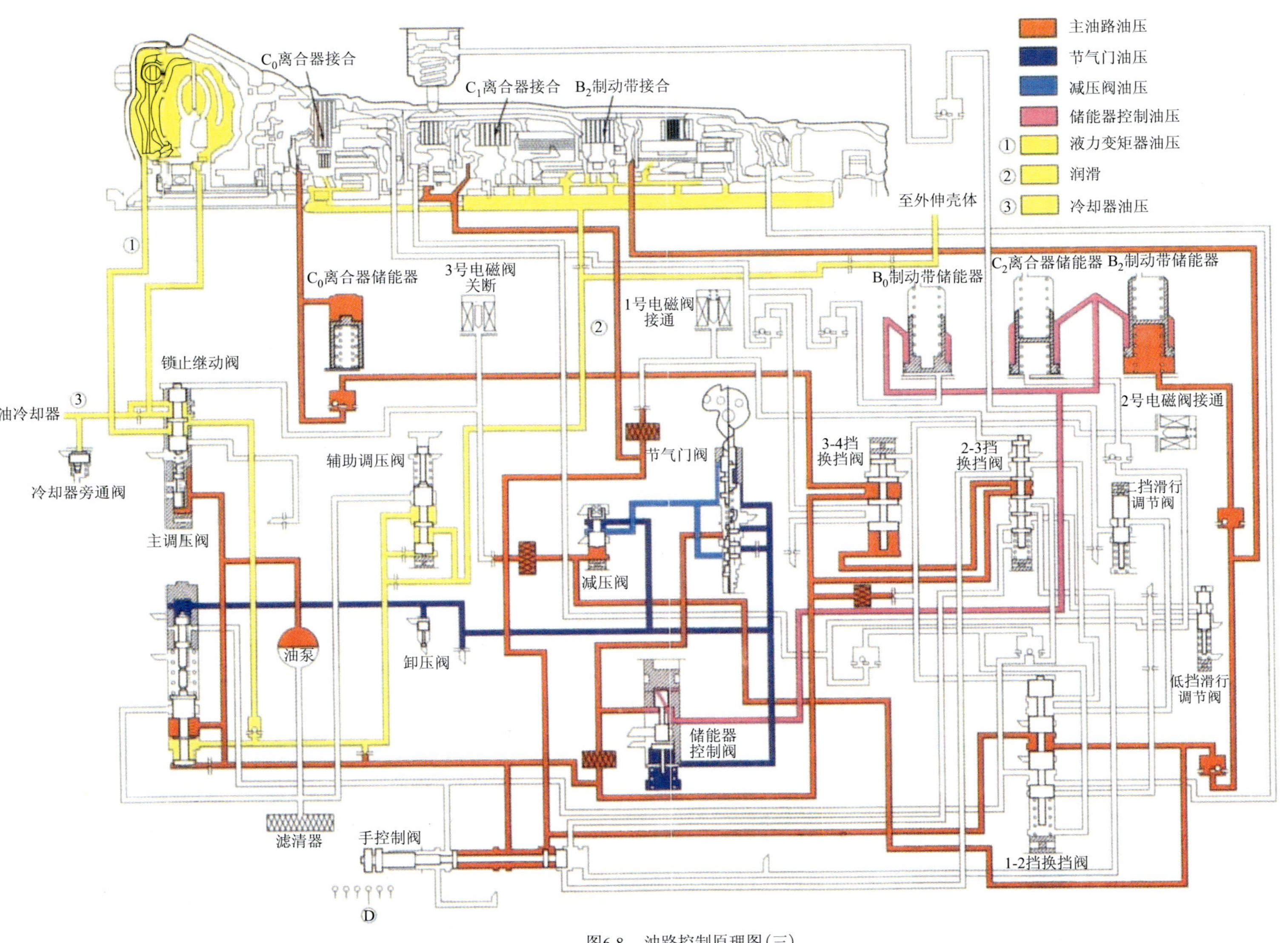

图6-8 油路控制原理图(三)

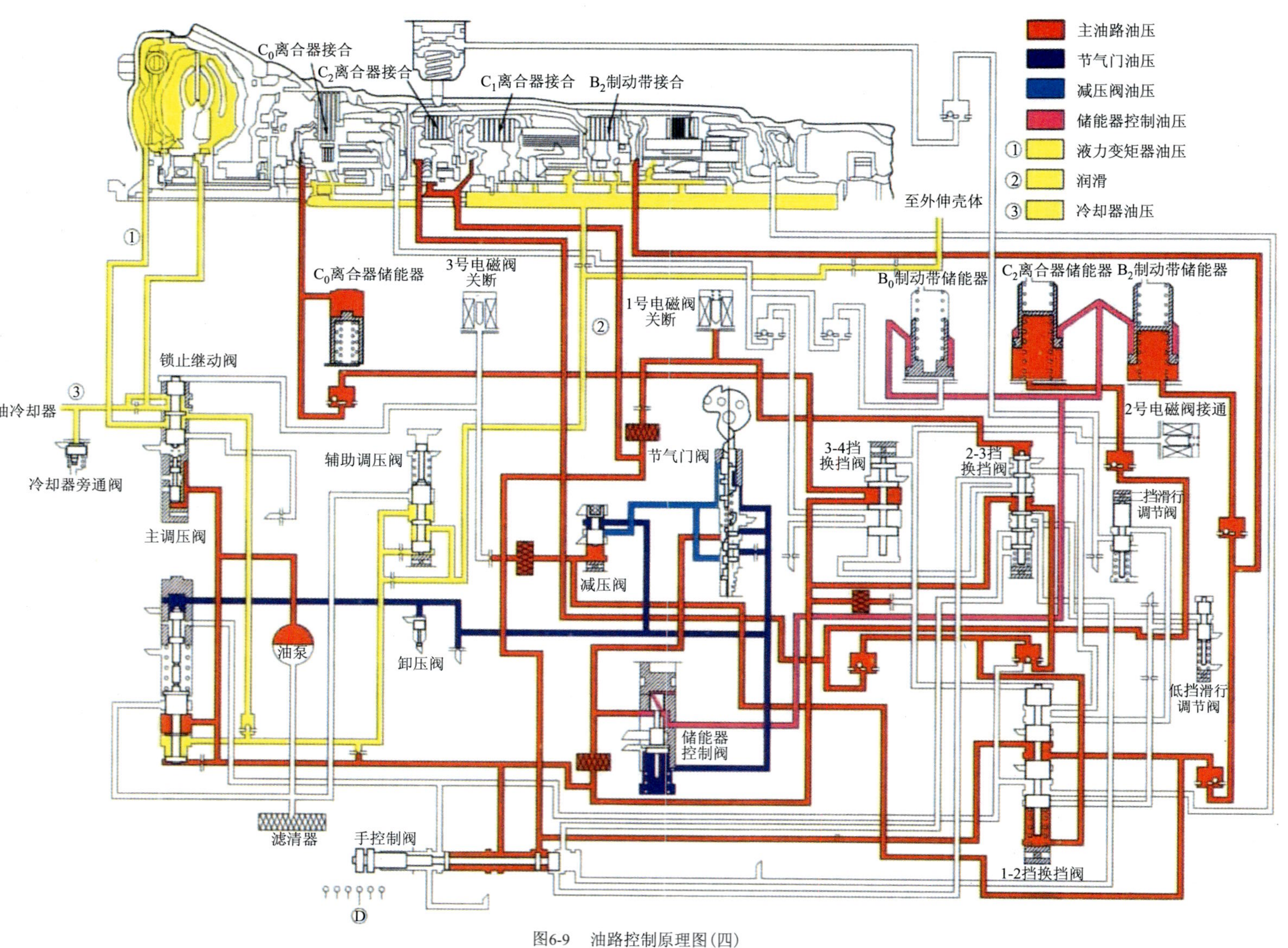

图6-9 油路控制原理图(四)

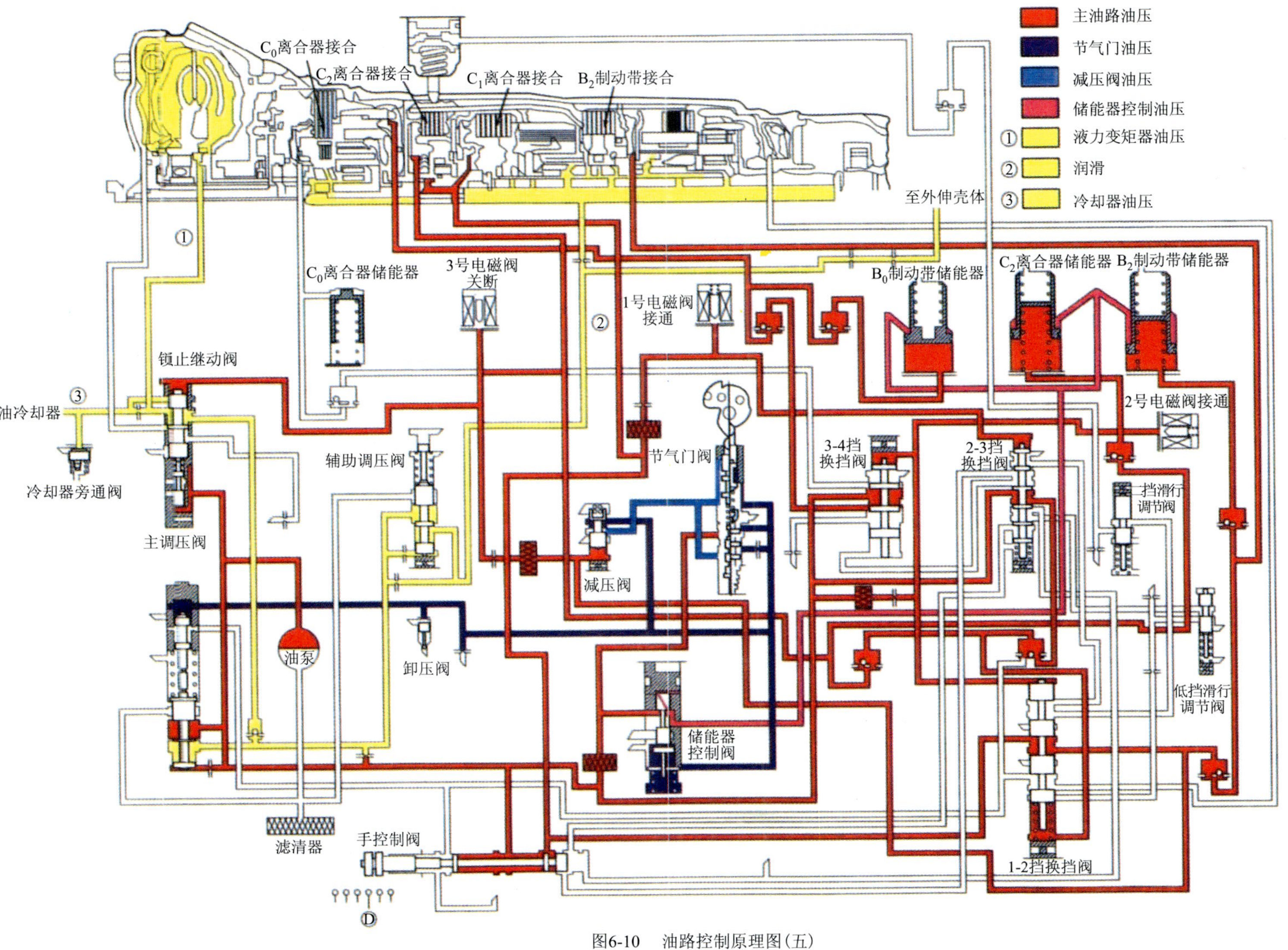

图6-10　油路控制原理图(五)

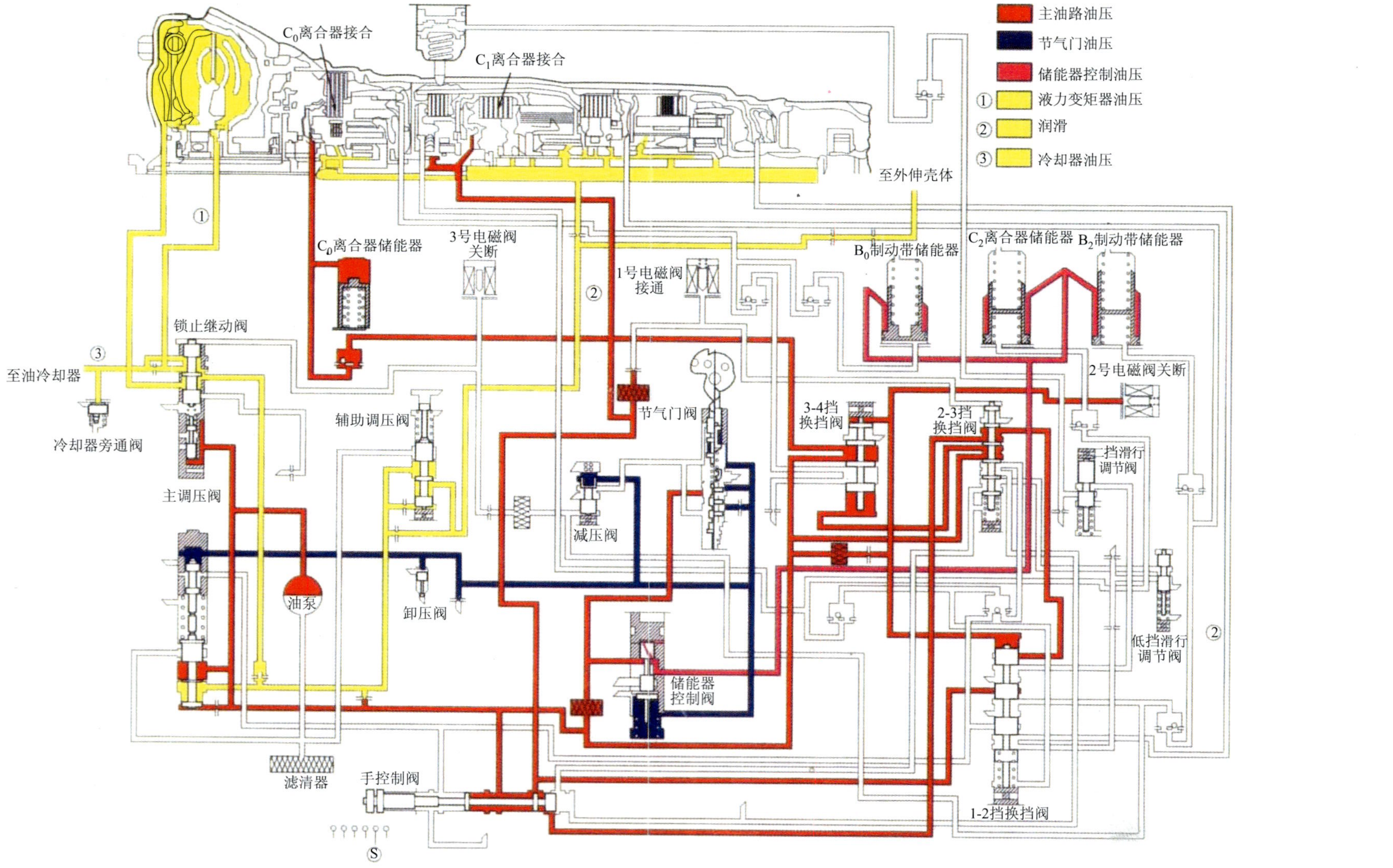

图6-11　油路控制原理图(六)

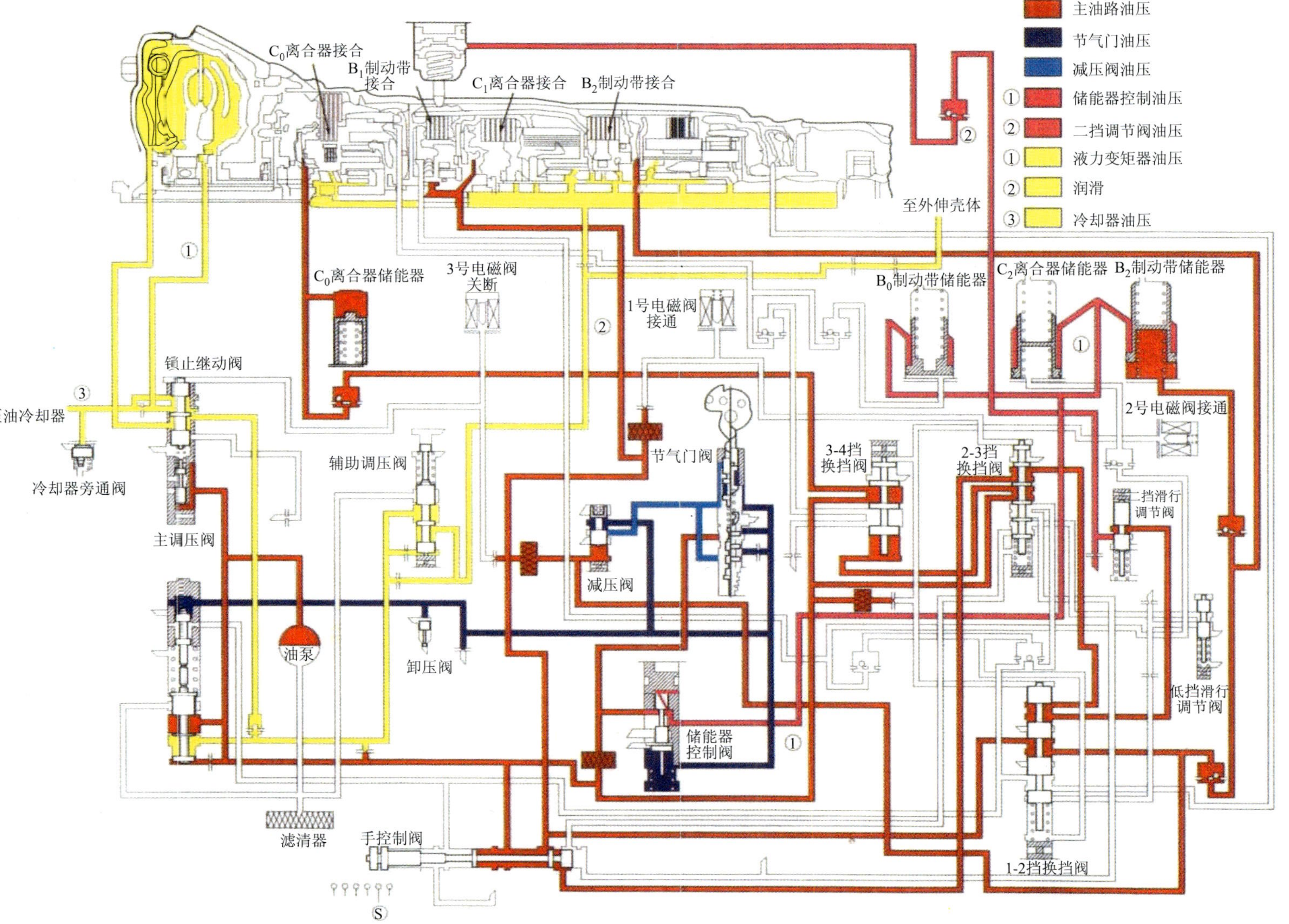

图6-12 油路控制原理图(七)